普通高等学校通识类课程教材

U0743084

# 西方文明史

（第三版）

主　　编　李秀珍

编写人员（按编写章节顺序）

李秀珍　刘　静

金　新　莫苗苗

西安交通大学出版社
XI'AN JIAOTONG UNIVERSITY PRESS

**图书在版编目(CIP)数据**

西方文明史 / 李秀珍主编. —3 版. —西安 ：西安交通
大学出版社，2018.8(2021.7 重印)
普通高等学校通识类课程教材
ISBN 978 - 7 - 5693 - 0855 - 6

Ⅰ.西…　Ⅱ.①李…　Ⅲ.①文化史-西方国家-高等
学校-教材　Ⅳ.①K103

中国版本图书馆 CIP 数据核字(2018)第 207972 号

| | | |
|---|---|---|
| 书　　　名 | 西方文明史(第三版) | |
| 主　　　编 | 李秀珍 | |
| 责任编辑 | 魏照民 | |

**出版发行**　西安交通大学出版社
　　　　　　（西安市兴庆南路 1 号　邮政编码 710048）
**网　　　址**　http://www.xjtupress.com
**电　　　话**　（029）82668357　82667874（发行中心）
　　　　　　（029）82668315（总编办）
**传　　　真**　（029）82668280
**印　　　刷**　西安日报社印务中心

**开　　　本**　727mm×960mm　1/16　　**印张**　13.375　　**字数**　255 千字
**版次印次**　2018 年 9 月第 3 版　　2021 年 7 月第 4 次印刷(累计第 9 次印刷)
**书　　　号**　ISBN 978 - 7 - 5693 - 0855 - 6
**定　　　价**　39.80 元

读者购书、书店添货，如发现印装质量问题，请与本社发行中心联系、调换。
订购热线:(029)82665248　(029)82665249
投稿热线:(029)82668133　(029)82664840
读者信箱:xj_rwjg@126.com

# 第三版前言

　　"通识教育"(general education)是相对于专业教育而言的,它是指所有大学生都应接受的有关基本知识、基本理念、基本技能和基本素养的非专业性教育。通识教育的目的在于引导学生拓宽视野,培养学生的独立思考能力、有效交流能力、批判思维能力和价值判断能力,提升学生的社会责任感,使之成长为健全的人,成长为健全的公民。

　　"通识教育"源于西方古希腊罗马时期的博雅教育(liberal education),在文艺复兴时期的英国发展到鼎盛,最终在美国发展为通识教育,并在全世界传播。虽然"通识教育"的表述源自西方,但这一理念深深蕴含于中国的传统教育中,儒家倡导的"六艺之教"就在于将学生培养成"通才"。到了近代,受西方影响,中国高等教育逐步偏离古典的通才教育传统,更多地转向实用专业教育,但蔡元培、梅贻琦等教育学家一直强调在专业教育的基础上,要重视通识教育或全人教育。20 世纪 50 年代,全国院系调整进一步强化了专业教育。到 20 世纪 90 年代,随着高校合并和社会发展对于综合型人才的需求,高等教育界意识到过于强调专业教育对跨学科人才培养和学生综合素质培养的不利影响,开始大力提倡人文素质教育,西方的通识教育概念重新被引入并在我国得到发展。

　　西安交通大学不落潮流,调整教学方案,积极推进"通识教育核心课程"建设。"西方文明史"就是这一轮调整中所开设的核心课程之一。之所以开设这门课程,是因为自近代以来以欧美为代表的西方国家走在了世界的前面,并把整个世界构建起一个以欧美为中心的依附性的不平等的体系,中国也被卷入其中。西方文明带给中国的影响是深刻而复杂的,要客观而理性地看待这一影响,就需要追溯源头,全面系统地了解西方文明。"西方文明史"从文明发展的角度,给学生提供了一个了解西方的视窗,同时也拓宽了他们,尤其是理工科大学生的知识面。应该说,

"西方文明史"课程自开设以来，多年的教学实践证明，这一目标初步达成。

教材建设是课程建设的重要一环。为配合"西方文明史"更好地走进课堂，我们在经过数年的实践之后，总结教学的经验及心得，组织任课教师编写了这本《西方文明史》教材，并于 2009 年出版。承蒙学生及广大读者厚爱，本书在 2014 年再版。2017 年的春天，我们又接西安交大出版社电话，《西方文明史》要出第三版！经过一年的努力，我们这一次在第一、二版的基础上，作了较大篇幅的修改。现诚恳奉上，期盼能对读者有所帮助。

编　者
2018 年 3 月

# 目　录

绪　论 ……………………………………………………………… （1）

　一、文明的含义 ………………………………………………… （1）

　二、文明的类型 ………………………………………………… （2）

　三、文明史的研究 ……………………………………………… （4）

　四、西方文明的历程及其特点 ………………………………… （6）

第一章　古希腊文明的滥觞与繁荣 ……………………………… （8）

　一、远古爱琴文明 ……………………………………………… （8）

　　1.古希腊的自然地理环境和居民 …………………………… （8）

　　2.爱琴文明的发现 …………………………………………… （9）

　　3.克里特文明（米诺斯文明） …………………………… （11）

　　4.迈锡尼文明 ……………………………………………… （14）

　二、古典希腊文明 …………………………………………… （16）

　　1.希腊的黑暗时代——荷马时代 ………………………… （16）

　　2.城邦时代——多中心格局与海外殖民 ………………… （17）

　　3.斯巴达和雅典 …………………………………………… （18）

　　4.希腊的宗教——多神崇拜与神人同形同性 …………… （23）

　　5.希腊的文化 ……………………………………………… （24）

　三、古典文明的东渐——希腊化时代 ……………………… （34）

第二章　古罗马文明的承继与发展 …………………………… （41）

　一、早期罗马政治文明的演进 ……………………………… （41）

　　1.罗马建城和罗马王政时代 ……………………………… （41）

　　2.平民和贵族的斗争与"十二铜表法" ………………… （43）

　　3.早期共和国的对外战争 ………………………………… （45）

    4.共和国晚期的社会斗争 ···················································· (50)

  二、帝国时代的罗马和社会经济发展·········································· (56)

    1.奥古斯都的元首政治 ···················································· (56)

    2.罗马帝国及其社会经济发展 ·········································· (58)

  三、古典罗马文化················································································ (64)

    1.法律 ············································································ (64)

    2.建筑 ············································································ (65)

    3.自然科学 ···································································· (67)

    4.文史哲学 ···································································· (68)

    5.宗教 ············································································ (68)

    6.历法 ············································································ (69)

第三章　走向新制度的中古文明 ················································ (71)

  一、中古欧洲文明的特征···················································· (72)

    1.日耳曼人与民族大迁徙 ·············································· (72)

    2.罗马文明 ···································································· (75)

    3.基督教文明 ································································ (76)

  二、西欧走向新制度·························································· (78)

    1.日耳曼君主政体 ························································ (78)

    2.加洛林王朝的统治 ···················································· (80)

    3.封建制度的形成:封臣采邑制 ······································ (82)

  三、基督教欧洲的形成······················································ (84)

    1.西欧的基督教化 ························································ (84)

    2.基督教的封建化 ························································ (85)

    3.基督教对西欧文化的影响 ·········································· (87)

第四章　欧洲的兴起 ································································ (89)

  一、君主专制制度的建立和发展·········································· (89)

    1.神圣罗马帝国 ·························································· (89)

    2.英格兰 ······································································ (91)

    3.法国 ·········································································· (94)

  二、十字军东征················································································ (95)

三、城市的兴起 ······················································ （98）

四、民族国家的建立 ·············································· （100）

  1. 奥地利 ····················································· （101）

  2. 匈牙利 ····················································· （101）

  3. 俄罗斯 ····················································· （101）

  4. 西班牙 ····················································· （102）

**第五章　中古文明向近代的过渡** ···················· （103）

一、文艺复兴 ······················································ （103）

  1. 文艺复兴的含义和形成原因 ······················· （103）

  2. 文艺复兴的成就 ······································· （105）

  3. 文艺复兴的影响 ······································· （109）

二、地理大发现 ···················································· （110）

  1. 地理大发现的形成原因 ······························ （110）

  2. 地理大发现的过程 ···································· （112）

  3. 地理大发现的影响 ···································· （113）

三、宗教改革 ······················································ （113）

  1. 宗教改革的社会历史背景 ··························· （113）

  2. 欧洲诸国宗教改革的过程 ··························· （114）

  3. 宗教改革的特点和影响 ······························ （118）

四、商业革命 ······················································ （119）

  1. 商业革命的社会基础 ································· （120）

  2. 重商主义的理论与政策 ······························ （120）

  3. 商业革命的影响 ······································· （122）

五、启蒙运动 ······················································ （122）

  1. 启蒙运动的观念 ······································· （122）

  2. 启蒙主义与理性主义 ································· （123）

  3. 启蒙运动的影响 ······································· （127）

**第六章　欧美的政治革命** ································· （128）

一、英国革命 ······················································ （128）

  1. 革命的背景 ············································· （128）

    2.革命的进程 ……………………………………………………（130）

    3.革命的意义 ……………………………………………………（135）

  二、美国独立战争 …………………………………………………（135）

    1.革命的背景 ……………………………………………………（135）

    2.战争的过程 ……………………………………………………（139）

    3.独立战争的意义 ………………………………………………（142）

  三、法国大革命 ……………………………………………………（142）

    1.革命的背景 ……………………………………………………（142）

    2.革命的过程 ……………………………………………………（143）

    3.革命的特点及影响 ……………………………………………（152）

第七章　工业革命的发生及影响………………………………（153）

  一、工业革命发生在英国的原因 …………………………………（153）

    1.宗教改革与新思想的确立 ……………………………………（153）

    2.资产阶级政治革命的胜利 ……………………………………（154）

    3.教育和自然科学的进步 ………………………………………（154）

    4.技术人才大量的涌现 …………………………………………（155）

    5.手工工场创造的条件 …………………………………………（155）

    6.对外贸易的积累 ………………………………………………（155）

    7.圈地运动的影响 ………………………………………………（156）

    8.近代经济制度的创新 …………………………………………（156）

    9.自然条件的优越 ………………………………………………（157）

  二、工业革命的进程 ………………………………………………（157）

    1.英国的工业革命 ………………………………………………（157）

    2.欧洲大陆及美国工业革命的进程 ……………………………（160）

  三、工业革命对英国及世界的影响 ………………………………（165）

    1.生产力大提高和海外贸易大发展 ……………………………（166）

    2.社会结构发生变化 ……………………………………………（166）

    3.人口急速增长和城市化进程加速 ……………………………（167）

    4.“城市病”出现及得到初步治理 ……………………………（167）

    5.催生了现代民主思想 …………………………………………（168）

    6.依附性世界体系建立 …………………………………………（169）

第八章　欧美政治文明的发展……………………………………………(170)

一、英国议会制度的改革……………………………………………(170)

　　1.议会权力的强化………………………………………………(170)

　　2.内阁制度的形成………………………………………………(171)

　　3.政党制度的发展………………………………………………(172)

　　4.选举制度的完善………………………………………………(172)

二、美国联邦制度的发展……………………………………………(173)

　　1.1787年宪法与联邦制的形成…………………………………(173)

　　2.南北战争与联邦制的巩固……………………………………(175)

三、法国共和制度的确立……………………………………………(177)

　　1.波旁王朝复辟(1814—1830)…………………………………(178)

　　2.七月王朝(1830—1848)………………………………………(179)

　　3.第二共和国(1848—1852)……………………………………(180)

　　4.第二帝国(1852—1870)………………………………………(181)

　　5.第三共和国(1870—1940)……………………………………(181)

四、德国和意大利的统一……………………………………………(182)

　　1.德国的统一……………………………………………………(182)

　　2.意大利的统一…………………………………………………(186)

第九章　西方文明的全球扩张……………………………………………(190)

一、西方国家的早期殖民扩张………………………………………(190)

二、西方主导的世界体系的形成……………………………………(194)

三、全球化时代西方文明的扩张……………………………………(198)

后　记……………………………………………………………………(203)

# 绪　论

## 一、文明的含义

　　文明是一个涉及广泛领域的整体性概念。日本学者福泽谕吉(1835—1901)认为:"文明是一个相对的词,其范围之大是无边无际的,因此只能说它是摆脱野蛮状态而逐步前进的东西。"的确,不论是就用法的复杂多样而言,还是从含义的驳杂混乱来看,"文明"都可以在"麻烦词排行榜"上居前几位。不仅学术界使用这个词,而且人们在日常生活中也经常提到它。不过,无论就何种含义而言,"文明"在中文世界都是一个舶来品,因为当今人们使用的"文明"一词,同中国古代文献的"文明"(如《周易》"见龙在田,天下文明")并无语义学的关联,而是"civilization"的汉译。

　　"civilization"一词出现于 18 世纪中期的欧洲,最初用来形容人的行为方式,与教养、礼貌、开化等类似。civilization 的词源是拉丁文 civitas(城邦),所以也有"公民""市民"等含义,与当时兴起的资产阶级关系密切。法国启蒙学者最先开始使用这一名词,是指对知识进步、技术进步、道德进步和社会进步的一种朦胧向往,也就是所谓"启蒙思想"。在使用中,文明的含义逐渐由指个人的行为而具有了社会的意义,与野蛮相对立,用来指社会的一种进步过程,一种进化所达到的状态,一种发展趋向。到了 19 世纪,文明这一概念成为西方国家进行民族扩张和殖民运动的辩护词。他们认为文明这一进程在自己的内部已经完成,从根本上说,他们自认为自己是一个现存的或是稳固的文明的提供者,是一个向外界传递文明的旗手。

　　当西方得意于自己的文明成就时,其社会科学也在不断推进,对人类历史演进的认识不断加深。1877 年,美国人类学家摩尔根(Lewis Morgan,1818—1881)在《古代社会》一书中全面提出"社会进化"的理论,阐述了人类从蒙昧时代经野蛮时代到文明时代的发展过程。1884 年,恩格斯在其《家庭、私有制和国家的起源》中沿用摩尔根的研究材料和时代划分方法,论证了历史唯物主义的国家产生学说。现代史学界一般认为,文明时代开始于新石器晚期后段(距今 4000～4500 年)结束之后。美国历史学家斯塔夫里阿诺斯(Leften Stavrianos,1913—2004)对文明作这样的解释:"文明一词的含义确切地说,究竟是指什么呢? 人类学者指出了将文明与新石器时代的文化区别开来的一些特征。这些特征包括:城市中心,由制度确立的国家的政治权力,纳贡或税收,文字,社会分为阶级或等级,巨大的建筑物,各种专门的艺术和科学,等等……这一组特征在确定世界各地各时期的文明的性质时,可以做一般的指南。"现代考古学上,一般认为文明的产生有三条标准:城市、文字和复杂的礼仪性建筑。部分东方学者提出,应补加冶金术的发明和使用。

历史行进到今天,我们纠结的不再是文明的起点,而是文明的内涵应如何界定。学术界关于文明的定义五花八门,不过一般说来可划分为两大类。一类比较强调它的物质内容,另一类比较强调它的精神内容。

法国历史学家布罗代尔(Fernand Braudel,1902—1985)的文明概念大致属于前一类。布罗代尔剖析了文明的基本结构,认为文明有四个方面的基本内容:第一,作为地理区域的文明。文明,无论其范围广大还是狭小,在地图上总能找到它们的坐标。每一种文明都立足于一个区域,每种文明都有其自身的地理条件,都有自身的机遇和局限。第二,作为社会的文明。离开社会的支持,离开社会带来的张力和进步,文明便不能存在。第三,作为经济的文明。每个社会、每种文明都依赖于经济、技术、人口等方面的环境,物质和生态条件总是在决定文明的命运上起到一定的作用。第四,作为集体心态的文明。集体心态是文明的最核心部分,在这里,宗教是文明中最强有力的特征,始终是过去和今天的文明的中心问题。在布罗代尔看来,文明是"一个文化的各种特征和现象的总和"。

和布罗代尔不同,美国学者亨廷顿(Samuel Huntington,1927—2008)的文明概念更多强调精神方面的内容。他认为文化实际上是所有文明定义的共同主题,在所有界定文明的客观因素中,最重要的通常是宗教,人类历史上的主要文明在很大程度上被等同为世界上的伟大宗教。因此,文明是人类最高的文化归类,人类文化认同的最广范围,人类以此与其他物种相区别。

## 二、文明的类型

18世纪,苏格兰启蒙思想家弗格森(Adam Ferguson,1723—1816)的《文明社会史论》一书出版,标志着文明理论正式形成,文明成为一个抽象概念,与"野蛮"相对,其内涵包括启蒙时代提倡的各种价值。这种文明理论可称为"文明价值理论"。伴随着对外部世界了解的加深,有些欧洲人认为,各地行为方式、风俗习惯和社会治理有别是因为自然环境不同,不同地域构成不同的文明。1819年,"文明"一词有了复数形式。按照这一观点,文明有类型之分,无高下之别。这种理论可称为"文明类型理论"。

两种文明理论都以全人类为对象,具有世界性,所以从中衍生出两种不同的历史观。"文明价值理论"派生"进步史观"。法国杜尔阁(Anne Turgot,1727—1781)是提出"进步史观"的第一人,他认为历史的本质就是人的理性的不断进步。

"文明类型理论"则派生"平行史观"。德国吕凯尔特（H. Ruckert，1823—1875）否认统一文明的可能性，认为多种文明类型在世界上同时存在，平行发展，彼此不可替代。社会学创始人之一涂尔干（Emile Durkheim，1858—1917）提出，文明与满足需求的方式有关，不同地区的人民需求不同，所以文明也有差异，因此文明不是目的，而是结果。统一的文明只是抽象概念，现实存在的是风格各异的民族传统。布罗代尔也在一定程度上认同文明类型理论，文明源于长期历史积淀，每一种文明都立足于一个区域，文明不过是一群人在一块地域长期安顿而已，是一种必要的归类。后现代主义肯定文明的多样性，认为统一标准的"文明化"就是权力垄断过程，无非是通过理性的虚构和修辞的美化强调"人类文明"的绝对和一统以及某种价值观念的普适性，肆意抹杀生活方式的相对性和多样化。

其实，沿着历史车轮的滚动，放眼世界范围各文明的演进，文明价值理论和文明类型理论都有相当的解释力。人类自进入文明时代以来，由于不同的地理环境、生产方式和生活方式等，造就了各具特色的文明类型。世界最早的五大文明古国，就已经呈现出不同的形态。迄今，世界文明的类型，大体上可以时空的发展为依据作出划分。

就世界文明发展的阶段性而言，国外学者通常以古代文明、中世纪文明、现代文明、后现代文明的历史时间顺序来划分。德国学者雅斯贝尔斯（Karl Jaspers，1883—1969）以人类具有唯一的共同起源和共同目标为信念基础，将人类迄今的发展历史划分为四个阶段：史前时代文明、古代文明、轴心期文明、科技时代文明。本书以生产方式的更替为依据，将世界文明划分为畜牧文明、农业文明、商业文明、工业文明、信息文明等几个阶段。

从地域性视角对文明的类型进行划分的，英国历史学家汤因比（Arnold Toynbee，1899—1975）最为著名。在其《历史研究》一书中，他在把人类文明划分为三种模式（希腊模式、中国模式和犹太人模式）之外，还将公元前 3500 年至公元 2000 年的人类文明史划分为包括独立文明和卫星文明两大类的 33 种文明，其中完全独立的文明包括：中美洲文明、安第斯文明、苏美尔-阿卡德文明、埃及文明、爱琴文明、印度河文明和中国文明。

斯塔夫里阿诺斯以公元 1500 年为界将人类文明划分为前后两大段。1500 年前又被划分为欧亚大陆古代文明（公元前 3500—1000 年，包括美索不达米亚文明、埃及文明、克利特文明、印度河文明、商朝文明）、欧亚大陆古典文明（公元前 1000 年—公元 500 年，包括希腊和罗马文明、印度文明、中国文明）、欧亚大陆中世纪文明（公元 500—1500 年，包括伊斯兰文明、突厥和蒙古文明、传统的拜占庭文明、传统的儒家文明），另外还有南北美洲和澳大利亚文明。

亨廷顿强调文明的精神内容，认为文明最主要的区别是宗教，所以他把当今世界上的主要文明确定为中华文明（儒教文明）、日本文明（中国文明的后代）、印度文明、伊斯兰文明、西方文明(基督教文明,其中的拉丁美洲文明被称为西方文明的次文明)和非洲文明等。

中国学者研究世界文明比西方学者晚。季羡林认为不同民族在不同的地理环境和生活方式作用下,表现出不同的特征,因而形成不同的文明特色,故把世界文明分为四类:中国文明、印度文明、伊斯兰文明和欧洲文明。梁漱溟把世界文明分为三类:西洋文明、中国文明和印度文明,并精辟阐述了各文明的文化特色。中国是伦理型文化,以讲五伦,互以对方为主;西洋文明的根基之一希腊是科学型文化,突出科学与理性;印度是宗教型文化,关注人与神的关系。

把文明具体化,需要着眼于它的殊相,即在历史长河中表现为地区的、民族的特殊文明。每一特殊文明都是一定群体创造的,反映他们是怎样对待与自然的关系和人与人之间的关系的,于是就有了不同的文明形态和内容。照汤因比的说法,自有人类历史以来,有二十多种文明已经消逝了,今天存在于世界上的几种文明,都是在长期历史中经过筛选传衍下来的。那些已经消逝或衰落下去的文明,现在都不能独立存在,有的已经成为"化石"了。然而它们对于人类文明的繁衍和发展,都曾是有功之臣,如底格里斯和幼发拉底对于两河流域文化的意义。文明,总是不停运动着的。各个民族文明之间在历史上从来没有停止过不同形式、不同程度的相互交流和融合。在这过程中,有的文明渐渐隐遁,留下了生命力比较强壮的文明。文明在融合中淘汰了那些不适于生存的文明,生存下来,并且在发展中又进行新的融合。这是文明史不同于一般历史的地方:用世界通史的眼光看,冲突无处不在,无时不在;用文明史的眼光看,则看到的是交汇和融合,以及在交汇和融合中的优胜劣汰。文明不是死物件,是人为了生活得更好而创造的,有人的能动性在里面。人和社会有追求完美的本能,因此就必定要把一切美好的东西向外界传导出去,或者从外界接受进来。

进入近现代以来,工业科技,尤其是交通通讯的手段日益发达,文明的传播也更加便利和频繁了。文明成果流动得越来越快,流动的空间也越来越不受区域的制约。以前交通不便,知识、思想尚且可以不胫而走,今天信息革命的时代里任何一个地方发生的事可以立即传遍四面八方,文明之不受边界的限制,更是势所必然的了。

# 三、文明史的研究

有了文明,也就有了文明史。1756 年,法国启蒙思想家伏尔泰(Voltaire,1694—1778)完成的《风俗论》(《论各民族的精神与风俗》)被认为是文明史的滥觞,虽然他并未使用"文明"一词。在书中,他竭力想写出中国、印度、埃及、巴比伦等的历史与文化,并且不乏对这些文明的赞美之词。不过限于当时的条件,他对这些地方的历史与文化知之不多,所以书中的主要内容还是西欧的中古史,而且更多的是政治史。

法国历史学家基佐(François Guizot,1787—1874)在法国大革命后写了《欧洲文明史》(1828年)和《法国文明史》(1829—1832年)。在《欧洲文明史》中,基佐说文明的内容包括社会生活的发展和个人的发展,即内心生活的发展,但书中主要写的是从西罗马帝国灭亡到法国革命的欧洲社会史和政治史。《法国文明史》主要写西罗马帝国灭亡后西欧的政治史、教会史和文化史等,侧重中世纪法国的封建制度、王权和城市,认为这三者是法国中世纪文明的主要内容。

真正开创文明史编写的是汤因比20世纪初所写的巨著《历史研究》。第一次世界大战使汤因比对西方文明的成就感到幻灭,破除了"欧洲中心论"的陈见,提出分析历史的单位是文明。他列出世界历史上的33种文明,指出每一种文明都有其发生、成长、衰落、解体的过程,其中大多数的文明已经死亡,只有基督教文明、东正教文明、伊斯兰文明、印度文明和远东文明还依然存在。汤因比认为,自地球上出现人类以来,已经有一百万年以上的历史,而各文明存在的时间最长也不过6000年,因此对各种文明都可以当作同时代的文明来分析对比。各种文明具有同等价值,并无优劣高下之分,这是汤因比文明观的进步之处。

美国历史学家奎格利(Carroll Quigley,1910—1977)在其代表作《文明的演变:历史分析导论》(1961)以及《悲剧和希望:我们这个时代的世界史》(1966)中,自称不是要写一部文明史,而是要提供一种分析工具,来帮助理解历史。他把汤因比的文明发展过程的四阶段改为七阶段,即混合、酝酿、扩张、冲突、普世帝国、衰落,然后或者是外族入侵,文明被毁灭;或者是进入又一次的混合,有新的文明发生。奎格利认为他的这一分析是对汤因比文明分期说的改进。

布罗代尔也写过一本文明史《十五至十八世纪的物质文明、经济和资本主义》,他认为文明史是要在过去的东西中寻找在今天依然有用的东西,告诉我们过去的什么和今天有关。他说历史有三种写法:第一种是传统的历史,即按照年代顺序详述一切事件,这种历史书读后即忘,不能使人评判和理解历史;第二种是把历史划分为一些阶段,如法国革命、工业革命、第二次世界大战等,然后加以解释,第三种就是要写出长时段的历史变迁,也就是文明史。但他不赞成使文明史像汤因比那样去适应一种哲学的解释,而是应该根据历史事实来加以论述。

文明是人类所创造的全部物质和精神成果,从这个意义上说,文明史也就是世界通史。过去的世界通史强调的是短时段的东西,政治事件、伟大人物,后来又加上了经济形势、文化情况等比较稳定的东西。文明史不同于世界史,它所研究的单位是各个文明,是在历史长河中各文明的流动、发展、变化。把文明作为研究单位,我们就要区别不同的文明,要划分文明的不同类型。但这是一件十分困难的工作。我们可以用西方文明这样的概念来指称整个的欧美文明,但也可以区别出法国文明和英国文明的不同之处,说明它们都是独立的文明单位。在历史上存在过众多的文明,这些文明确实有强弱之分,有大小之别,有的文明对人类的贡献较大,有的贡献较小;有的文明已然灭亡,有的文明还在世界上屹然挺立。我们只能根据不同的时代、各文明的不同表现和作用,来确定我们所要叙述的文明的类型划分。我们也只能分析一些在历史上起过重大作用、作过较大贡献的文明,而不可能对各文明作详尽罗列。

　　文明作为一个研究的单位,不同于国家、民族,所以在我们的分析中不可能照顾到国家、民族的演变线索。但文明的存在,要有一定的地域空间,与国家、民族有许多关系。文明虽然不是一个政治实体,但文明的发展和政治实体有许多不可分割的联系,政治实体的作用对文明的形成、发展也是十分重要的。文明不完全等同于文化,可是文明和文化的关系太密切了。语言、宗教、集体心理、风俗习惯,对文明的发展起着巨大的作用。个人在文明史的叙述、分析中,也许占不到什么位置,可是一个个人、一件政治事件,在文明史的发展上也并不都是无足轻重的。所以还是像布罗代尔所说的,文明史统括着一切的学科门类,和通史很难分开,对它的研究要采用社会科学和人文科学的所有方法。

# 四、西方文明的历程及其特点

　　每一个文明都有其发展和演变的过程,都有自己的历史。西方文明是人类较早发源的文明之一。西方文明的发源地希腊背靠海洋,境内多山多丘陵。独特又恶劣的地理环境,使西方文明在形成之初就具有了多样性、多元性的特性。从地中海东岸的多利亚人(Dorian),到地中海西岸的拉丁人(Latin),再扩展到西北欧的日耳曼人(Germanic Peoples)、维京人(Viking),西方文明历程中各个民族带着各自的文化模式,登上欧洲文明的舞台。彼此之间的相互交流、借鉴,使西方文明发展呈现出较大的历史差异性。在文化磨合过程中,几乎接连不断的"蛮族"(Barbarian)入侵,更使西方政治地图支离破碎,经济停滞不前。直到15世纪之前,西方一直是世界欠发达地区之一,生产力、生产水平远远落后于东方世界。如黑格尔(Georg Hegel,1770—1831)所说,当黄河长江已经哺育出精美辉煌的古代文化时,泰晤士河、莱茵河和密西西比河上的居民,还在黑暗的原始森林里徘徊。

　　怎样看待中间隔着的一千年的中世纪呢?这段"黑暗时期"怎么会突然面目一新起来呢?如果把中世纪的欧洲作一番考察,就会发觉近代欧洲是离不开中世纪的孕育的。中世纪跟任何别的历史时期一样,既有连续性,也有变化。我们可以把中世纪分成前五百年和后五百年。若讲"黑暗时期",主要是前五百年。罗马遭劫之后,哀鸿遍野、血流成河,民族迁徙延续了很长的时期,不稳定的局面到了八、九世纪才显露出一些新的希望。经过查理大帝(Charles the Great,742—814)、奥托一世(Otto I,912—973)的治理,到 10 世纪左右,采邑(Feoff)制度使被破坏的经济有了很大的恢复和发展,并成了生产和交换的单位,同时也是政治单位,这就为后来"市民社会"的形成做好了准备。马克思和恩格斯指出,市民社会是"以简单的家庭和复杂的家庭,即所谓部落生活作为自己的前提和基础的",而这个市民社会乃是"全部历史的真正发源地和舞台"。市镇或城市,是欧洲中世纪的一个巨大成就,它夹在古代与近代中间,把社会引向资本主义的方向。城市是商业造就的,它反过来给商业以活动的依托;商业引出手工业的"技术革命",据布罗代尔研究,"西方于 12 和 13 世纪经历了第一次机械革命。这里所说的革命是指由水磨和风磨的增多而导致的一系列革命"。

　　历史行进到 16 世纪,情况进一步发生变化。多样化的经济与分裂的政治,成了西方资本主义市场发育与近代国家共同体形成的活性酶。在一些相对独立与自治的城市里,产生了诸如自由、平等、共和等一系列有益于文明发展的重要观念。17 世纪、18 世纪的科学与启蒙,18 世纪、19 世纪的政治革命与经济革命,使西方文明加快了现代化的步伐。在世界文明史中,西欧社会最早迈入了工业时代,成为世界现代化的先驱,其中的经验和教训也成了人类可资借鉴的一面镜子。

　　综览西方文明,可以发现两大显著的特征:一是既有共性,又同源异流。西方文明不是单一的,它包蕴着"同一性中的多样性"和"多样性中的同一性"两种取向,同一性导向"欧洲主义"(某种意义上,北美、澳洲文明是欧洲文明在地理上的延伸),多样性产生"民族主义",西方文明之演进体现为"欧洲主义"和"民族主义"两者之间的相生相克、此消彼长。二是从发展趋势看,西方文明是通向现代化,并与全球化进程相联系的。全球化的历史进程是从西欧肇始、以地理大发现作为起点的。欧洲文明最早进入近现代,因此在几个世纪里一直具有一种向四外扩张的势头;它的生产方式、生活方式、思维方式,以至具体的制度方面的经验,不同程度地在欧洲和欧洲以外的地区传播。尤其是由于经济和科技跨地区的发展,各方面的相互依赖从欧洲开始,迅即扩及欧美,影响及于世界各地,从而把越来越多的民族和地区裹进了全球化的历史行程里。马克思和恩格斯在《共产党宣言》中所概述的打破民族界限的"各民族在各方面的相互往来和相互依赖"正在全世界蔓延。从"欧洲文明"到"西方文明",再到"全球文明",其中势必含有各种文明的交流与融合、矛盾与斗争;然而,世界各地都在这全球化的历史行程中做出自己的贡献,从而使一种全球意识与民族意识交错并行,现代化必会越来越缩小差距,超越东西方界限的狭隘观念,创造历史的未来。

# 第一章　古希腊文明的滥觞与繁荣

在世界文明史上,古希腊文明以其特异的风采与卓越的成就享誉后世,以至有"言必称希腊"之说。的确,古希腊文明光灿夺目,达到了人类文明的第一个高峰,被学界称之为"希腊的奇迹"。

## 一、远古爱琴文明

### 1. 古希腊的自然地理环境和居民

古希腊的地理范围包括希腊半岛、爱琴(Aegean)海诸岛和小亚细亚西部沿海一带。

希腊半岛是爱琴海区域的主要部分,依其地势可分北、中、南三部分。北希腊包括伊庇鲁斯(Ipiros)山地和帖撒利亚(Thessalia)平原。中希腊被一座座难越的关山隔离成小块的平原,古代著名城邦雅典(Athens)位于此。南希腊又称伯罗奔尼撒(Peloponissos)半岛,迈锡尼(Mycenae)和斯巴达(Sparta)是其中的两个重要城邦。半岛内相互隔绝的平原有助于形成独立的城邦,公元前 8 至公元前 6 世纪希腊大小城邦约有 200 多个,城邦间经常发生争执甚至战争,难以实现统一。半岛土壤贫瘠,不利于粮食作物生长,但适合种植葡萄、橄榄,于是希腊人大量栽种这两种作物,酿造葡萄酒和榨取橄榄油,运往国外与埃及和西亚诸国交换粮食。

爱琴海岛屿众多,共有 483 个大小岛屿,其中最大的是克里特(Crete)岛。克里特岛位于东地中海中心,多山而肥沃,海上交通极为方便,是沟通埃及、巴比伦(Babylon)和希腊之间文明交通的重要桥梁。克里特岛是爱琴文明的发祥地。

小亚细亚位于爱琴海的东岸,是东西方两个世界的交汇处,也是古代文化最发达的地区之一。早在爱琴文明时期,这里就有了最早的希腊移民。特洛伊(Troy)战争之后希腊人大规模的殖民运动,将这里变成了希腊世界的一部分。

希腊地区最早的居民不是希腊人,古代希腊作家称他们为皮拉斯吉人(Pelasgians)、勒勒吉人(Leleges)和卡里亚人(Carians),与小亚细亚半岛的居民有较多的关系。公元前 3000 年,一批来自多瑙河流域属于印欧语系的民族从马其顿(Macedonia)分批进入中南希腊,与当地居民融合而成为希腊人。希腊人有阿该

古希腊的地域范围

亚人（Achaeans）、爱奥尼亚人（Ionians）、多利亚人（Dorians）、伊奥利亚人（Aeolians）等四大分支。

**2. 爱琴文明的发现**

　　长久以来，有关爱琴世界的神话传说，如克里特岛上国王米诺斯（Minos）和住在神秘迷宫里的怪物米诺牛（Minotaur）的故事，能工巧匠代达鲁斯（Daedalus）和他的儿子伊卡洛斯（Icarus）展翅飞上高空的故事，《荷马史诗》（Homer's Epic）的故事为人们所熟知。古希腊人深信这些事件都是真实发生过的，他们认为神积极参与了他们历史的创造。公元前 4 世纪末的希腊哲学家欧赫墨恩斯（Euhemerns）不仅把《荷马史诗》中所叙述的事件及其英雄，甚至把神也看作历史上真实存在过。到罗马时代，认为特洛伊英雄真实存在的信念还是非常强烈，乃至于公元 2 世纪罗马皇帝哈德良（Hadrian，76—138）下令在特洛伊附近给《荷马史诗》中的英雄埃涅阿斯（Aeneas）修建华丽的坟墓。

　　但是，随着古典世界的衰亡，有关希腊神话、《荷马史诗》历史真实性的信念破灭了。在中世纪，对"异教的古代"的研究几乎完全中断。直到 14 至 16 世纪文艺复兴（Renaissance）时期，人们才对古代世界的历史发生兴趣，但研究古希腊历史的著作 18 世纪才出现。18 和 19 世纪的大多数研究者认为，希腊神话中大量关于强大国王和英雄的传说，关于人口众多的城市和希腊人与特洛伊人血战的传说，都是没有任何真实历史依据的奇谈，希腊历史应该从公元前 12 世纪多利亚人的入侵算起。但亨利·谢里曼（Heinrich Schilemann，1822—1900）是个例外，他坚信传说中的荷马世界真实存在过，19 世纪的新兴学科——考古学——帮他证实了自己的信念。

　　谢里曼 1822 年出生于德国，幼年时就在父亲的教导下熟读《荷马史诗》，他被古代英雄的形象深深吸引，坚信荷马的每句话都是真的。谢里曼长大后，曾干过各种工作，后来经商积累了一大笔财产，这为他以后进行大规模考古发掘奠定了基

亨利·谢里曼

础。谢里曼在经商的同时从未忘记研究古代希腊。他学会了多门欧洲语言,包括现代希腊语和古希腊语。到 19 世纪 60 年代,谢里曼的考古发掘计划成熟了,他决定先从特洛伊城开始。谢里曼判定特洛伊遗址位于达达尼尔(Dardanelles)海峡附近的希萨尔利克(Hisarlik)山丘下面,1871 年 10 月发掘工作开始。三易寒暑,谢里曼发现了大量的文物,有城墙、塔楼、宽街、宫殿以及被火焚烧的瓦砾层,传说中的特洛伊成为历史的真实。

特洛伊遗址

　　在发现大量特洛伊宝藏后,1874 年,谢里曼又开始了对迈锡尼(Mycenae)的发掘。迈锡尼是荷马时代最强大的希腊城市,荷马史诗中经常用"多金的""建筑完好的"等词语来形容迈锡尼。1876 年底,谢里曼的挖掘有了惊人发现:在迈锡尼城的西部发现了五个墓,墓中死者周围有大量的黄金物品,如胸甲、护腿、腰带、各式装饰品、器皿和死者脸上带的黄金面具。这证实了迈锡尼"多金"的说法并非神话虚构。
　　1876 年,谢里曼发掘迈锡尼的同时,还开始发掘另一个与希腊神话、荷马史诗有密切关系的城市梯林斯(Tiryns)。梯林斯位于迈锡尼不远处的山丘上,自古以其雄伟的城墙而著名,荷马把梯林斯称为"坚城"。梯林斯的发掘进行了多年,发现有王宫,王宫中央有圆形祭坛的大厅,墙上保存着彩色壁画。

　　谢里曼的考古发掘在整个欧洲引起了轰动,更引起了考古学界的极大重视,一些考古学家希望寻找到希腊神话中提及的克里特岛米诺斯王宫的遗址。1900年,英国考古学家亚瑟·伊文斯(Arthur Evans,1851—1941)在克里特岛北部的克诺萨斯(Knossos)发现了米诺斯王宫的遗址。其后,德国、美国、希腊的考古学家又在希腊半岛、爱琴海各岛屿和小亚细亚等地进行了富有成果的发掘,进一步丰富了爱琴文明的内容,终于使得被湮没数千年的爱琴文明,重为世人所知。

亚瑟·伊文斯

　　根据学者们对考古文物和文献资料的研究,爱琴文明大约存在于公元前3000年至公元前1200年,文明的中心先是在克里特岛,之后转移到迈锡尼及其周围地区,故又称克里特——迈锡尼文明。

**3. 克里特文明(米诺斯文明)**

　　克里特岛早在公元前4500—公元前3000年就已有人居住。希腊神话中有这样的传说:生于克里特岛上的众神之神宙斯(Zeus),变成一头美丽的公牛,劫持了腓尼基(Phoenician)阿革诺耳(Agenor)国王的女儿欧罗巴(Europa),一同渡海回到克里特岛,生下三个孩子——米诺斯、萨尔贝顿(Sarpedon)和拉达曼斯(Rhadamanthys),后来,米诺斯打败了他的两个兄弟,统一了克里特岛。当然,神话传说不等于历史,只能算作一种旁证,但克里特文明是欧洲文明的真正源头却是不争的事实。

　　从现有的考古资料看,在公元前3000年爱琴海地区居民的生产和生活中,航海业和捕鱼业居于重要地位。公元前2000年,克里特岛出现了国家,克里特人与爱琴诸岛、希腊大陆、小亚细亚和埃及等地居民的交往日益增多。在公元前

1600—公元前 1400 年克里特文明的全盛期,克里特人已经能够制造出桨船和帆船了。历史学家希罗多德(Herodotus,约公元前 480—公元前 425)和修昔底德(Thucydides,约公元前 460—公元前 396)都称克里特的米诺斯王为"海之王"。修昔底德指出,米诺斯是第一位组建海军的人,他控制了希腊海(爱琴海)的大部分,统治着基克拉底(Cyclades)群岛,驱逐了岛上的加里亚人,委派其儿子为岛屿的统治者。

在克里特丰富的考古文物中,给人印象最深的是散布在岛上各地如克诺索斯(Knossos)、淮斯托斯(Phaistos)、马里亚(Malia)的王宫。众多的王宫说明克里特没有一个统一的统治者,而各王宫坚固的围墙说明彼此之间常有纷争,围墙用于抵御邻邦的侵犯。希罗多德在他的《历史》中也记载了克里特各地区统治者之间的纷争。大概那时克诺索斯是最强盛最有势力的国家,克诺索斯王宫的规模、豪华富丽的装饰和宏伟的墙壁可为证明。公元前 16 世纪之前,克里特各王之间的斗争以克诺索斯统治者的胜利而结束,因此历史传说和神话通常把米诺斯称为"克里特王"。

克诺索斯王宫规模庞大,有着无数的房舍、错杂迷离的走廊和楼梯。王宫前门位于东南部,一个有顶盖的宽阔的石梯引向前门,石梯两边的一排排柱子支撑着屋顶。克诺索斯宫的柱子各式各样,它们上粗下细,非常漂亮,除了装饰外,还起着支撑沉重的石质天花板的作用。王宫壁画色彩鲜艳,精美异常。克里特的工匠们发明了一种用新鲜的湿灰泥涂画的技术,湿灰泥干后就涂上一层薄薄的透明液汁以防止褪色和干裂。

克诺索斯王宫遗址

克里特人的航海业和商业比较发达。在古希腊传说中,克里特人的舰队是无敌的,他们用岛上生产的柏树造船,既造重型货船,也造轻型帆船。有时还在船的甲板上设有一间专门的小房,当天气不好时可躲在里面遮风挡雨。克里特与埃及、巴比伦都有商业往来。在埃及许多城市的考古发掘中都发现了克里特器皿的残片,埃及文化也对克里特产生了巨大影响,从克里特的刻印、壁画、石器、文字中都可以感受到埃及人的影响。与巴比伦的商业文化联系可从克里特岛发现的巴比伦汉穆拉比(Hammurabi)国王时期的赤铁矿圆筒印得以印证。克里特岛与希腊半岛往来频繁,克里特文化传入大陆,对迈锡尼、梯林斯等地的文化都产生了影响。

广泛的贸易联系需要建立衡量制度和货币单位。克里特人发明了砝码,用石和铜制成平面的或角锥形的,表面刻满了植物或动物图案。克里特人还没有货币,他们把铜块做成牛皮的样子当钱使用,可能在铜块钱未出现前牲畜是交换的单位。

在克诺索斯南面的尤克塔斯(Juktas)山上,考古发现有古代人们膜拜自然女神、举行宗教仪式用的神堂。古代人认为女神不但掌管旱雨丰歉,还主宰百兽,于是克里特居民带着装有贡物的器皿来到这里祭拜,希望感动女神,赐予幸运。在神堂里,还可以看到持蛇女神的画像和与祭蛇有关的贡物。考古学家推测,克里特人认为蛇是维护房屋安宁的神。在克诺索斯,离王宫宝库不远的地方,发现了一套祭蛇用的器皿。和这种祭典有关的,还有许多持蛇女神的偶像。克里特人复杂的宗教仪式和礼节是在舞蹈和音乐伴随下进行的,童男持着器皿,童女拿着乐器,游行队伍的中央是祭祀,姑娘跳着祭祀舞蹈。

克里特人发明了文字。公元前 17 至公元前 15 世纪,克里特人从每个符号表示一个特定的字或概念的图画式表意文字,过渡到每个符号表示一个音节的线形文字,考古学家称之为线形文字 A(Linear A)。他们把线文 A 写在泥板、家用陶器、墙壁、皮革和棕榈树叶上,从左向右书写。线文 A 至今未被释读成功,不过可以确定的是,用线文 A 书写的泥板是一些经济报表的文件,从中可以看到犁和小麦、大麦、粟的图像。克里特人除了文字之外还有数字符号。他们制定了计数法,计数的基础是十进位法。他们以"1"表示一个单位,"—"表示十个,"O"为百位,"¤"为千位。他们不仅会加减乘除整数,而且懂得分数,会计算百分数。

公元前 15 世纪末,克里特繁荣的经济、政治和文化开始衰落。克诺索斯、淮斯托斯、马里亚及其他克里特居民点都烧成一片废墟。这次浩劫是有计划的、普遍性的,那么究竟是谁摧毁了克里特?希罗多德曾述及米诺斯远征西西里惨败的情况,以及强大的克里特王和克里特舰队在西西里的覆灭。"据说,米诺斯为了寻找代达鲁斯来到西加尼亚,即现在的西西里,并暴死于此地……当他们(即克里特人)乘船接近雅比基亚时,遇到了飓风,被抛上陆地;船只被毁坏了,他们无法再返回克里特。"希腊神话中也把米诺斯政权的衰落和米诺斯追踪代达鲁斯以及死于西西里联系在一起。但历史的事实是,来自希腊半岛的阿该亚人(Achaeans)摧毁了克里特文明。阿该亚人是希腊人的一支,他们来自多瑙河沿岸地区,后来来到巴尔干半岛南部,占领了几乎整个伯罗奔尼撒半岛,公元前 15 世纪下半期入侵克里特,毁灭了克里特文明。

## 4.迈锡尼文明

迈锡尼(Mycenaeans)位于伯罗奔尼撒东北部的亚哥里斯,《伊里亚特》(Iliad)把这个地方称为"甚旱的阿耳戈斯(Argos)"。这是一块山脉纵横、丘陵起伏的原野,直到现在还是非常干旱,只有亚哥里斯的西部才有条件发展农业。迈锡尼文明的最大中心城市迈锡尼、梯林斯(Tiryns)和派罗斯(Pylos)就在这一带。公元前 20世纪后期,迈锡尼、梯林斯、派罗斯等地出现了发达的青铜器文化,以迈锡尼为代表,故称之为迈锡尼文明(约公元前 1600—1100 年)。

迈锡尼文明的创造者是阿该亚人。阿该亚人利用伯罗奔尼撒得天独厚的航海优势,继承和发扬克里特"海上骑马民族"的传统,在著名的"王中之王"阿伽门农(Agamemnon)率领下,发动了一系列海上战争,不但取代了米诺斯在地中海的霸主地位,而且积累了大量财富,被称为"多金的迈锡尼"。除了海上战争,阿该亚人的商业和殖民活动遍及地中海东岸地区,西向的商业开发也有迹可寻。

迈锡尼文明有大量遗物流传到今天,如雄伟的城堡、豪华壮观的宫殿、圆顶墓、精美的壁画、陶器和金属工艺品,其中尤为珍贵的是几千块泥板文书。这种泥板文字和线形文字 A 不同,是用古希腊文书写的,考古学上称之为线形文字 B(Linear B)。英国语言学家温特里斯(Michael Ventris)和柴德威克(John Chadwick)经过多年研究,于 1953 年释读成功,1956 年由剑桥大学出版社以《迈锡尼时代的希腊文献》之名出版,使我们对迈锡尼文明有了更多了解。

线性文字 B

利用考古材料和线文 B,大致可以了解,这个时期的希腊不是一个统一的王国,而是诸王国并立。王国实行中央集权,国王不仅掌握了全部的政治权力,甚至还拥有神权。与这种集权式的政治结构相适应,迈锡尼时代的经济结构也是一个以王宫为中心的模式。在线文 B 的泥板文献中,有相当一部分是关于赋税、劳力、牲畜数量、农作物收入、土地占有情况、纺织品、陶器和贵重金属的详细记录。值得注意的是,所有这些线文 B 的档案都保存在王宫里,这说明它们记录的所有经济活动都直接涉及王宫利益。由此可以推断,王宫既是政治中心,也是经济活动的中心,国家形态在迈锡尼时代已发展到一个较为完善的阶段。

迈锡尼社会是一个奴隶制社会。奴隶劳动的事实在古希腊历史中早有记载,线文 B 中记有从事劳动的奴隶"1268 人,其中女奴 631 人,小女孩奴 376 人,男孩奴 261 人"。奴隶劳动在迈锡尼时代非常普遍,很多人不仅本身为奴,他们的子女也沦为奴隶。奴隶劳动为奴隶主创造了大量的社会财富,但统治者却对他们进行残酷的剥削和压迫,激起奴隶强烈的反抗。统治者为了维护他们的权力,修筑了坚固的城堡,如梯林斯用巨石砌成的围墙厚度达 20 米,迈锡尼有高大的城墙和塔楼,其石头城门"狮子门"的残迹至今犹存。

狮子门

在迈锡尼文明中,坟墓文化引人注目。公元前 1600 年左右,迈锡尼出现了一种竖井式坟墓,墓中随葬品丰富,有黄金面具、青铜剑、金银杯和珠宝,工艺水平很高。这时迈锡尼社会正处于由原始社会向奴隶制社会过渡的阶段,国家尚未出现,竖井式坟墓显然属于拥有一定财势的氏族部落首领。公元前 1500 年左右,迈锡尼进入奴隶制国家阶段。这时,墓葬流行圆顶墓,这是一种更为宏大富丽的石墓,有的圆顶直径达 14 米。圆顶墓被认为是国王的坟墓,因此这时统治迈锡尼的王朝又称为"圆顶墓王朝"。

在迈锡尼文明的末期,约公元前 12 世纪初,发生了著名的特洛伊战争。迈锡尼诸国在远征中受到很大损失。不久,希腊人的另外一支——多利亚人——从希腊半岛北部侵入,灭亡了迈锡尼诸国。从此,希腊历史进入一个新的时期——荷马时代。

# 二、古典希腊文明

### 1. 希腊的黑暗时代——荷马时代

公元前 12 世纪初,迈锡尼诸王国遭到了毁灭性打击,线文 B 也随之消失。其后约 4 个世纪的历史因缺乏文献记载而模糊不清,许多学者据此认为这期间文明出现了倒退,因而把它称为"黑暗时代"。《荷马史诗》是这一时期唯一的文字史料,反映了其间希腊社会的情况,因而学者又把这一时期称作"荷马时代"。

游吟诗人荷马

实际上,"黑暗时代"并没有将迈锡尼文明和古典希腊文明完全分开。从迈锡尼时代到荷马时代,在社会形态上存在着某种形式的延续性。荷马时代继承了迈锡尼时代的王权及其观念,也就是承袭了迈锡尼时代所形成的国家形态。虽然迈锡尼文明的衰落造成了王权的衰微,进入荷马时代后王权变得模糊起来,但在王权衰落的同时,贵族势力得到加强,形成了一个世袭的封闭的权力集团,主宰了社会的政治生活,同时也控制了大部分财富。《荷马史诗》中的英雄和武士实际上指的都是贵族,一部史诗就是围绕贵族首领的活动而展开的。《伊利亚特》所描写的是特洛伊战争最后一年中从阿喀琉斯(Achilles)因和阿伽门农发生争执而退出战斗,到赫克特尔(Hector)为阿喀琉斯所杀这段较短时间内的事,其间所出场的人物几乎全部来自于贵族阶层。《奥德赛》(Odyssey)中虽然也提到一些下层人物,但他们只是舞台上的配角。无论是在战场上,还是在日常的社会生活中,贵族阶层都占据了主导地位,充当了主角。

在政治上,荷马社会已经形成了一套以贵族阶层为中心的政治生活模式,标志是民众大会和元老会议。民众大会为贵族所控制,一般由国王召集。在召开民众大会之前,通常还举行元老会议。元老会议由国王和贵族首领组成,其作用是使国王在召开民众大会之前,能够听取贵族首领的意见。虽然在荷马社会,民众大会和元老会议还没有取得决策权和投票权,但它们已经成为政治生活的标志,同时也是社会成员参与政治生活的主要途径。无论是在日常的政治生活中,还是在战争期间,国王或军事统帅可以随时召开民众大会或士兵大会,讨论军政大事。虽然这时的民众大会主要还是由贵族所把持,在会上发言的也主要是他们,但社会普通成员有表达自己观点的权利。

荷马时代希腊开始由青铜时代向铁器时代过渡,社会生产力有了明显提高。随着生产的发展,社会出现了私有财产和阶级分化的现象。当时农村公社遍布各地,公社土地被划分为小块份地,分配给各个家庭。氏族贵族不仅拥有大量金银财产和大批牲畜,而且占有比普通氏族成员更多更好的土地。失掉份地和脱离公社的人,有的做雇工,有的沦为乞丐。氏族贵族剥削雇工,也剥削奴隶。奴隶的来源是战俘和海盗劫夺。这时的奴隶主要用于家务和放牧,直接用于农业和手工业生产的还不多。

**2. 城邦时代——多中心格局与海外殖民**

公元前 8 世纪,荷马时代终结,希腊进入奴隶制城邦形成时期。公元前 8 至公元前 6 世纪,在希腊半岛、爱琴海各岛、小亚细亚沿海、黑海一带以及意大利半岛南端和西西里岛出现了大大小小 200 多个城邦,其中重要的有小亚细亚西部沿海地带的米利都(Miletus)和以弗所(Ephesus),中希腊的底比斯(Thebes)、雅典和德尔斐(Delphi),南希腊的科林斯(Corinth)、麦加拉(Megara)和斯巴达等。这些城邦都是以一个城市为中心,由包括附近数公里以内的若干村落组成,与其他城邦之间往往有山脉河流为自然边界,具有自治性质和自给自足的倾向。城邦面积一般在100～300 平方公里之间,个别最大的城邦也不过 2500 多平方公里;公民人数在600～1200 人之间,总人口一般数千人。亚里士多德在《政治学》中指出,一个城邦最适当的人口限度应是大到足以自给生活之所需,又要小到观察所能遍及;一个城邦有 10 万公民就不再是一个城邦了,像雅典盛世人口达到 25 万,那是非常少有的。

希腊城邦因滨海这一独特的地理环境,大都商品经济比较发达。又因铁制工具的普遍应用,生产力发展迅速,农业和手工业都超过爱琴文明时期。这些城邦在形成过程中,由于阶级力量的对比和斗争的不同结果,产生了不同政体。主要两类:一类是以雅典为代表的民主共和政治,统治阶级中大多数人享有管理国家的权力;另一种是以斯巴达为代表的贵族寡头政治,极少数贵族掌握国家政权。尽管经济政治各自独立,但希腊各城邦在风俗习惯、语言文字、宗教信仰和文化传统方面基本是一致的。他们称自己为"希腊人",称非希腊人为"异邦人"或"蛮族人"。

这些自称"希腊人"的城邦之间常常因互相掠夺、彼此兼并而发生战争,但始终没有出现一个统领性的文明中心。公元前 6 至公元前 5 世纪末城邦发展达于极盛,古希腊文明大放异彩。进入公元前4世纪以后,城邦开始走下坡路,但即使到马其顿(Macedonia)统治时代,城邦作为一个独立的政治单位仍然存在。在希腊世界,虽然也出现过某种统一的趋向,如城邦联盟等,但并未能完成统一的任务。后来马其顿人的入侵只是外族对希腊的征服,最终也没有能完成统一全希腊的历史任务,正如历史学家汤因比所说的,希腊人虽曾谋求政治上的统一,但始终没有成功。因此,一部古希腊的文明史就是它的城邦发展史,是城邦产生、繁荣及式微的历史过程。故而有人说,古希腊史是不存在的,要有,也只是希腊世界各个城邦的历史。希腊的城邦时代呈现出典型的多中心格局。

因希腊本土人口增长过快和可耕地严重不足,加之希腊人很早就有航海的技能和传统,大约从公元前11世纪到公元前7世纪末希腊人向地中海和黑海进行殖民扩张。他们在地中海的东部和中部建立了许多殖民地。持续几个世纪的殖民运动,使希腊殖民据点如雨后春笋般拔地而起。希腊人所建立的殖民据点有两种类型。一种是农业型,这类殖民据点起初主要以农牧业为主,但不久就与邻近的国家和部落发生了贸易关系,工商业日趋繁荣,逐渐演变为以工商业为主的殖民据点。另一种是海运和商业型的。希腊人早已认识到通往黑海的赫勒斯滂海峡和博斯普鲁斯海峡的重要性,为确保自由航行,便在欧亚两岸建立了塞斯托斯、兰浦莎考斯、拜占庭(Byzantium)、白林托斯和加尔西顿等殖民据点,以作为停靠港、守护站和贸易站。希腊人就是通过这些殖民据点,长期供应希腊本土所需食物和原料,并供给土著居民希腊工业品,特别是陶器和珠宝类精美工艺品。到公元前6世纪末期,希腊人在希腊半岛、爱琴海各岛屿、小亚细亚西部沿海、黑海西南部沿岸、意大利半岛南部沿海以及西西里岛等地建立城邦近300个,"希腊世界"最终形成。

**3. 斯巴达和雅典**

在希腊近300个城邦中,斯巴达和雅典是最大的两个城邦。

(1)希波战争(公元前499—公元前449)

在希腊城邦向地中海沿岸扩展的同时,西亚的波斯帝国也在扩张,强大的波斯帝国征服了小亚细亚半岛上的爱奥尼亚(Ionia)等希腊城邦。公元前499年,小亚细亚半岛上的米利都等希腊城邦发动起义,得到雅典的支持。波斯国王大流士一世(Darius I,公元前558—公元前485)在镇压起义后,准备进攻雅典。公元前490年,波斯大军渡海西侵,但在马拉松战役中被人数居于劣势的雅典重装步兵击败。

公元前480年,波斯国王薛西斯一世(Xerxes I,公元前519—465)率50万大军再次进攻希腊。希腊各城邦也结成同盟,共御强敌。希腊联军的陆军以斯巴达人为主力,海军则以雅典舰队为主。希腊陆军在温泉关(Thermopylae)阻击波斯陆军,虽然兵败,但为希腊海军的集结赢得了时间。波斯人攻入了雅典,将全城焚毁,但希腊海军在萨拉米(Salamis)海战中一举击溃波斯海军,波斯人面临补给被切断的危险,不得不撤退。希腊人乘胜追击,解放了小亚细亚的希腊诸邦。公元前

449年,希波战争以双方签订《卡里阿斯和约》(The Treaty of Kallias)而告结束,波斯帝国从此承认小亚细亚之希腊城邦的独立地位,并且将其军队撤出爱琴海与黑海地区。

希腊在希波战争中的取胜,使得西方世界的历史中心由两河流域向地中海地区推移,希腊文明得以保存并发扬光大,成为日后西方文明的基础。而且,希腊的胜利亦确保了诸城邦的独立及安全,尤其斯巴达和雅典实力更加壮大,使得希腊继续称霸东地中海数百年。波斯在这场战争中失败,对外扩张的气焰受挫,逐渐走向衰落,最后被马其顿的亚历山大大帝所灭。

(2)斯巴达

公元前12世纪,多利亚人大举南下,进入伯罗奔尼撒半岛,征服了半岛原先的土著居民。斯巴达是多利亚人在伯罗奔尼撒半岛上建立的最大城邦,也是希腊最大的一个农业城邦。斯巴达城邦实行奴隶主贵族寡头政体,是希腊城邦中奴隶主贵族寡头政治的典型。

斯巴达实行"双王制",最高权力分配在两个人身上。王位由两个固定的家族世袭,早期是长子继承,后改为家族内部继承,但需要得到人民大会批准。国王负有最高祭司与军事统帅职责,并拥有有限的司法审判权力。两王也是30人元老院的成员,他们受到一年一任的民选监察官团的严格监督,后者甚至可以逮捕国王。

元老院是斯巴达的实权机构,拥有国家大事的决策权力。它由28位元老与2位国王组成。元老必须不小于60岁,由人民大会选举产生,实际上都由贵族充任。在监察官的权力扩大之前,元老院因拥有创制权与许多事务的决策权,并且拥有决定犯罪公民生死的裁判权,甚至拥有可以审判犯罪国王的权力,因而实际权力在很长时间内超过了国王与人民大会。

人民大会名义上在斯巴达国家制度中拥有最高的决策权力,一般每月召开一次,除选举公职人员外,还对诸如战和、政制之类的军国大计做出表决。但是,由于缺乏创制权或辩论权,它的最高决策权实际上只是表现为否决权,在早期它的决议有可能为元老院和国土所取消。人民大会的另外一项重要权力,是对国工、元老院成员和监察官等官员的选举权。

斯巴达还有一项重要制度是监察官制度。斯巴达人可能于公元前7世纪开始设立监察官,后来固定为5人,由全体公民选举产生,据说是代表5个部落。监察官的权力很大,国王以下直至普通公民都处于他们的监督之下。监察官甚至可以命令国王休妻他娶,以保证生养男性继承人。

斯巴达的社会结构分为三个等级:斯巴达人、皮里阿西人(Perioikoi)和希洛人(Helot)。斯巴达人既是奴隶主又是公民,享有一切政治权利,主要职责是作战。皮里阿西人从事农工商业,是拥有人身自由的小生产者。他们没有任何政治权利,不得参加斯巴达人的集会，但必须向国家纳税和服兵役。希洛人属斯巴达人集体所有，斯巴达人不能将他们任意买卖，但可以杀害。希洛人平时耕种份地，向斯巴达人交纳贡物；战时随斯巴达人出征服役，从事运输、修筑工事等苦役。

斯巴达是希腊的军事霸国，整个国家像一个大兵营，全民皆兵。斯巴达公民从小过集体生活，接受各种艰苦的锻炼。20 岁开始进入军营，60 岁才退役。斯巴达人公共生活的中心就是训练场和公共食堂，他们平时大部分时间都在训练场上从事集体性的身体锻炼或军事训练，用餐则在公共食堂。所有的男性公民，包括未成年的青少年在内，都在公共食堂用餐。法律规定，公民如不参加共餐，即丧失公民权。

公元前 6 世纪，斯巴达成为伯罗奔尼撒半岛的霸主，组建了具有军事性质的伯罗奔尼撒同盟，岛上主要的城邦都是其中的成员。公元前 5 世纪，为了争夺希腊世界的霸权，以斯巴达为首的伯罗奔尼撒同盟和以雅典为首的提洛（Delos）同盟进行了一场长达近 30 年的伯罗奔尼撒战争（The Peloponnesian War，公元前 431—公元前 404），双方两败俱伤。

（3）雅典

雅典位于中希腊的阿提卡（Attika）半岛，在迈锡尼时代处于迈锡尼势力统治之下。公元前 12 世纪多利亚人南下，未侵入阿提卡半岛，伯罗奔尼撒各邦贵族及一般平民纷纷避难雅典。可能由于阿提卡幅员广阔，移民以后人口又相对较少，因而在其他城邦由于人口压力纷纷外出殖民时，阿提卡居民没有参加这一运动。这一历史时期，雅典同其他大多数城邦一样，由君主政体逐步演变为贵族政体。

在此过程中，出现了传说中的提修斯（Theseus）改革。相传提修斯是雅典第十代王，公元前 9 世纪他废除了阿提卡各城镇的议事会和行政机构，设立了以雅典城为中心的中央议事会和行政机构；把阿提卡的公民分为贵族、农民和手工业者三个等级，规定只有贵族才能担任官职。提修斯的改革反映了雅典在阶级分化基础上由部落联合为国家的过程，是雅典国家开始萌芽的一个标志。马克思、恩格斯在谈到雅典国家产生时，都是从提修斯开始的，他们把提修斯看作雅典国家产生的开山始祖，雅典一直沿着提修斯开辟的道路走下去，直至氏族彻底崩溃、国家彻底形成。因此，提修斯的改革可以看作是向旧氏族制度的第一次挑战，是新生国家来到世界上的第一声啼哭。

提修斯改革之后，王权逐渐倾覆，贵族权力上升，分割了国王的权力，获得担任执政官的特权，国王的行政权、军事权落入贵族之手，只保留了宗教权。贵族议会是当时城邦的真正权力机构，享有保护法律、监督官员、管理国内重要事务等权力。贵族利用政治上垄断的权力，对平民进行残酷的经济剥削，致使许多平民负债累累。负债平民有的以土地为抵押，成为所谓“六一农”；有的以人身为抵押，随时有丧失人身自由被卖为奴的危险。平民与贵族的矛盾激化。

公元前 6 世纪初,平民武装反抗贵族的斗争一触即发。面对严峻的形势,公元前 594 年,贵族授权执政官梭伦以"仲裁者和立法者"的名义全权进行改革。

梭伦(Solon,公元前 638—公元前 559)改革大体分为经济和政治两个方面:经济改革最主要的是颁布"解负令",废除所有债务,禁止以本邦人为奴,废除奴役本邦人的债务奴隶制;颁布一系列鼓励工商业发展的措施,如鼓励橄榄的种植,促进农产品的商品化,以授予公民权为条件鼓励外邦手工业者来雅典定居执业等。政治改革方面规定公民大会在法律上成为最高权力机关;建立由公民普选代表组成的"四百人议事会",它可以被视为公民大会的常务委员会,这不仅是雅典政治制度的创新,也是世界政治制度史上的创新,是近代"代议制"的滥觞;以财产划分四个等级,公民的政治权利因所属财产等级的不同而有差异,与出身无关,这就在贵族门阀的壁垒上打开一个缺口;改变执政官任用办法,创立执政官抽签选举制,即先以 4 部落为单位,通过直接选举各自选出 10 名候选人,然后这 40 名候选人抽签产生 9 名执政官。梭伦的这套政治设计,可谓人类文明史上第一个"民主政治"的设计。梭伦还首创了陪审法庭制度,奠定了司法民主的基础。梭伦改革的目标经历了僭主(Tyrant)政治的挫折,通过克利斯提尼改革才最后实现,并在伯里克利(Pericles,约公元前 495—公元前 429)时代达到极盛。

梭　伦

伯里克利

梭伦改革因没有满足平民和贵族两方的利益,双方的斗争仍在继续,并且分为对改革态度不同的"平原派""海滨派""山居派",雅典深陷三派党争之中。公元前 560 年,庇西特拉图(Peisistratus,约公元前 600—公元前 527)依靠山居派支持,取得雅典统治权,成为所谓"僭主"。他不弄乱先前已有的各种官职,也不改变任何法律,根据既定的制度治理城邦。庇西特拉图的僭主政治用反民主和法治的方式,推动了梭伦改革目标的实现。公元前 527 年,庇西特拉图病逝,其子继为僭主,但因骄奢很快被推翻,雅典再度恢复民主政治,平民取得了一定权力。公元前 509 平民领袖克里斯提尼(Cleisthenes)出任执政官,再次推行民主改革。

克利斯提尼改革一是重构地方行政区划,废除过去四部落制,代之以 10 个新行政区;二是每个行政区选举代表 50 人,组成 500 人的新议事会,代替梭伦所创立的四百人议事会,任期仍为一年,议事制度更趋完善;三是规定公民大会每年定期举行 10 次,有重大紧急情况另行召集,使公民大会能正常发挥作用;四是陪审法庭进一步制度化、正常化;五是在执政官之外又设立十将军之职,完全由选举产生,此后将军逐渐成为最重要的军政首脑;六是制定"陶片放逐法",在年中举行公民大会时,讨论有无必要举行放逐表决,以决定放逐对象,总票数必须超过 6000 方为有效。

克利斯提尼创建的民主政治,经受了希波战争的严峻考验。希波战争以希腊方面的全面胜利而结束,雅典在战争中成为砥柱中流,功勋卓著。希波战争结束后,雅典成为海上霸主,成为提洛同盟的领袖。其商品经济发展达到了一个新的阶段,阿提卡的皮雷埃乌斯港(Piraeus)成为地中海世界最繁荣的商港。雅典民主政治的体制也有了进一步的改善:公职人员选任的财产资格逐步降低以至取消,公职津贴逐步推广以至全面推行(仅"将军"始终为无给职),下层公民的参政权利由此获得基本的保证。据说伯里克利在伯罗奔尼撒战争阵亡将士国葬典礼上曾经骄傲地宣称:"……我们的政体之所以被称为民主政体,就是因为我们这个政府是为了多数人,而不是为了少数人。我们的法律,在解决私人争执的时候,保证人人在法律面前一律平等,无所偏私;尽管人们的社会地位有高低不同,但在选拔某人担任公职的时候,所考虑的不是他的阶级出身,而是看他有没有真才实学。任何人,只要他能对国家有所贡献,绝不会因为贫穷而在政治上湮没无闻。我们在政治上所享有的这种民主自由,也广泛地体现于我们的日常生活之中。"这里伯里克利所说虽不免有夸饰之辞,但基本上符合当时的实际。雅典的民主政治由此进入了它的全盛时代。

(4)伯罗奔尼撒战争

伯罗奔尼撒战争,主要是古希腊两个强大城邦斯巴达和雅典之间为争夺霸权于公元前 431—公元前 404 年发生的连年战争,因以斯巴达为首的伯罗奔尼撒同盟而得名。

希波战争以后,雅典成为希腊的霸主。雅典海军是希腊各城邦中最强大的军事力量,雅典的民主制也在伯利克里执政时期达到黄金时代。希波战争中,希腊各城邦建立了以雅典为首的提洛同盟,战后逐渐成为雅典实现其霸权的工具。以斯巴达为首的伯罗奔尼撒同盟不满雅典的霸权,双方爆发多次摩擦。公元前 431 年,斯巴达的同盟底比斯进攻雅典的同盟普拉提,正式引发了伯罗奔尼撒战争。雅典依靠其强大的海军进行封锁,斯巴达则攻入雅典,试图迫其决战。双方互有胜负,但都未能取得决定性胜利,遂于公元前 421 年缔结和约。和平未能维持很久,公元前 415 年,雅典对西西里岛斯巴达的盟邦叙拉古(Syracuse)发动大规模远征,结果以惨败告终。西西里远征使雅典元气大伤,无力抵御斯巴达的攻势。公元前405年,雅典海军被全歼。次年,雅典向斯巴达投降,斯巴达成为希腊新的霸主。斯巴达的霸权也未能长久,希腊各城邦陷入混战之中。

**4. 希腊的宗教——多神崇拜与神人同形同性**

古希腊人信仰多神,早在远古时期就已出现多种神祇,氏族部落时代,每个部落都有自己的崇拜神。希腊人的宗教思想较为系统地反映在神话故事中。根据神话记载,很久很久以前,在大地、天空和海洋还没有分开,世界一片混沌。在这混沌之中,蕴藏着万物的种子。后来,从混沌中诞生了大地女神盖亚(Gaea)。盖亚生下了天空之神乌拉诺斯(Uranos)和海洋之神蓬托斯(Pontus)。也就是说,这团混沌分成了大地、天空和海洋,世界开始有了秩序。

盖亚和乌拉诺斯结合,生下6儿6女共12位泰坦神(Titans)。泰坦神又相互结合,繁衍子孙。盖亚生下泰坦神之后,又先后生下3个额头正中只长有一只巨眼的儿子(独眼巨人)和3个各长着50个脑袋、100只胳膊的儿子(百腕巨人)。面对盖亚生下的怪物孩子,乌拉诺斯勃然大怒,把他们关进地牢。盖亚冲乌拉诺斯大吵,鼓动泰坦神起来反抗。五个哥姐都因为害怕父亲不敢举动,只有力气最大的小儿子克洛诺斯(Cronus)挺身而出,赶走父亲乌拉诺斯,代替父亲支配了世界。但克洛诺斯不仅没有把关在地下的百腕巨人救出来,还把独眼巨人也关进了地下。盖亚非常失望,对克洛诺斯立下了诅咒:"就像你赶走你的父亲并夺取他的权力一样,你的孩子中也有一位将要赶走你并夺取你的权力!"

克洛诺斯和泰坦女神瑞亚(Rhea)结合,生下赫斯提亚(Hestia)、德墨忒尔(Demeter)、赫拉(Hera)、哈德斯(Hades)、波塞冬(Poseidon)。为逃避母亲盖亚的诅咒,克洛诺斯把这些孩子一一吞掉。第6个孩子宙斯(Zeus)出生时,也面临同样的命运。为避免不测,瑞亚事先把宙斯藏了起来,将一块同婴孩一样大小的石头包裹成褓褓,交给克洛诺斯。结果,石头褓褓被吞食,宙斯幸免于难。后来,宙斯在仙女的喂养下长大,并在祖母盖亚帮助下,迫使父亲克洛诺斯将吞进肚子里的5个孩子吐了出来,宙斯与这5个哥哥姐姐在奥林匹斯山上建筑堡垒,同时向父亲克洛诺斯开战。经过10年的战斗,宙斯凭借雷、电、霹雳三种武器战胜了克洛诺斯,成为主宰天空和上界的巨神。以后,宙斯生育了众多的子女,他与众神都生活在希腊北部的奥林匹斯山上。

宙斯神是奥林匹斯山上最高的天神,专司雷电霹雳和行云,具有无限的威力。宙斯既是众神之父,也是万人之王,拥有至上的权威。因此,古希腊人对他非常崇敬,修建巨大的庙坛奉祀他。奉祀宙斯的圣地奥林匹斯位于南希腊的伯罗奔尼撒西部,每隔4年希腊人都要在此举行隆重的祝祭宙斯的"奥林匹克节庆"。这种节庆通常与世俗娱乐活动联系在一起,人们除奉献牺牲之外,还载歌载舞,组织体育竞赛,奥林匹克运动会因此产生并得名。

在希腊神话中,神与人同形同性,即具有同人一样的身体和感情,同人一样的弱点和需求,而不同点则在于他们吃的是仙家美食,饮的是琼浆玉液,比人类更强大,更有力量,而且是永生不死。神不仅和人同形同性,还能与人结合,生出近似乎神的英雄。神倾听了英雄在困境中的祷告后会伸出援手,而英雄总能在神的帮助下取得各种胜利。依据古希腊人的这种设想,控制自然和社会的神就成了人类的保护者,神的职责变成了守护人类;而人类也可以借助与神的交往而影响到神的决定与行动,从而改善自己的处境。

古希腊人从来没有将神想象成是不受任何束缚、绝对自由的,神也有其抗争与痛苦。无论是普通人、半人半神的英雄,还是强大的神本身,都受制于不可抗拒、不可认识的命运。睿智的大神普罗米修斯(Prometheus)虽然可以预知未来,但是也必须接受命运的支配。即使是万神之主宙斯也逃不出命运的规约。命运的力量如此之大,以致俄狄浦斯(Oedipus)想方设法、竭尽全力想要逃脱弑父娶母的命运,最终也只是用所有的努力证明了命运的不可抗拒性。命运无法更改,但是人、英雄、神都不向命运低头屈服,更不向命运顶礼膜拜。俄狄浦斯在得知自己可怕的命运以后,千方百计试图躲开命运的安排,直至最后无法推开命运的车轮而刺瞎双目,以此表达内心的不甘以及对命运的愤恨。史诗《伊利亚特》所描述的特洛伊战争中,即使战争由于命运的驱使而胜负结果早已预定,但是参战的人、神全然不顾命运的安排,个个都奋力拼杀,以不屈的力量与强大的命运抗衡,以期战胜命运,进而成为命运的主宰。

借助这些神祇体系,古希腊人不仅表达了对强大自然力和社会力的不屈服,在精神层面上实现了自由,而且也由此获取了极大的勇气与精神力量,积极地改造世界。在这个过程中,古希腊人始终以积极的态度面对生存所遇到的困难,神祇体系仅仅只是精神上的一种安慰与依靠,古希腊人从来没有放弃过对自由的追求与捍卫。

**5. 希腊的文化**

希腊文化在世界文化史上占有重要的地位,对后世文化的发展有极大影响。希腊文化的成就是多方面的,尤其在哲学、文学等领域达到了古代社会的高峰。

(1)文字

文字是人类文明的一个重要标志,现代欧美各国的文字,追根溯源,多来自古希腊文,而古希腊文又来自古埃及的象形文字。公元前 3000 年以前,埃及人发明了 24 个象征符号。公元前 1600 年左右,掌握着地中海商业霸权的腓尼基人吸收了埃及的象形文字后,为便于记账把它简化为 22 个字母,为线性符号,只有辅音而无元音。公元前 14 世纪前后腓尼基人把它由海上传入希腊。古希腊史学家希罗多德说过,希腊人原本没有字母,是腓尼基人把字母传给了他们。大约公元前 10 世纪左右,希腊人根据腓尼基字母创造了 24 个希腊字母。

　　早期的希腊字母和腓尼基字母一样，是从右向左书写的，但公元前 5 世纪以后改为从左向右书写。为了书写方便，有些字母也反转了方向。同时，希腊人也对腓尼基字母做了某些改变，如腓尼基字母没有代表母音的字母，而腓尼基字母中有少数字母为希腊字母中所无的子音，希腊人遂用此类子音代表希腊字母，即用 A、E、I、O、U 表现希腊母音，逐渐形成完善的拼音文字，读音更加清晰准确。最初，希腊的拼音文字大都用于商业交易、记账和宗教，公元前 7 世纪左右，才应用于政治上，应用于学术文化上是更晚的事情了。

　　后来希腊字母西传、北传，再产生拉丁字母（罗马字母）和斯拉夫字母（格拉戈尔字母和基里尔字母），成为欧洲各国文字的鼻祖。

　　拉丁字母因拉丁语而传遍欧洲，使英语也废弃了自己的鲁纳字母（Runes）而采用了拉丁字母。现在欧洲印欧语系各种语言的拼音字母，都是从希腊字母发展而来。

| 腓　文 | ... |
| --- | --- |
| 希腊文前期 | ... |
| 希腊文后期 | ... |
| 拉丁文 | A D ... X ... Q S |
| 英　文 | A D TH X S Q S |
| | PH |

　　为了适应传播基督教的需要，公元 9 世纪斯拉夫人（Slavs）根据希腊字母和斯拉夫语的马其顿方言，创造了斯拉夫字母表，叫作格拉戈尔字母表（Glagolitic Alphabet）。这一套字母表经改进，称基里尔字母表（Cyrillic Alphabet），为许多斯拉夫国家采用。斯拉夫文字从此诞生。

　　（2）哲学

　　西方所用"哲学"一词源于古希腊，其本义为"爱好智慧之学"。公元前 8—公元前 6 世纪希腊奴隶制城邦形成时期，在哲学领域里出现了唯物论和唯心论的斗争。这一斗争主要是围绕着世界万物的本原及其运动变化的问题而进行的。一般说来，唯物论肯定运动变化的客观实在性，并为之寻求物质的根源；而唯心论则力图否认运动变化的真实性，并把事物的本原说成是某种非物质的东西。

　　公元前 7—公元前 6 世纪，在工商业发展较早的小亚细亚的爱奥尼亚地区，首先产生了米利都学派和赫拉克利特（Heraclitus，约公元前 540—公元前 470）一批早期唯物论哲学家。米利都学派的代表人物泰勒斯（Thales，约公元前 624—公元前 547）、阿那克西曼德（Anaximander，约公元前 610—公元前 546）和阿那克西米尼（Anaximenes，约公元前 585—公元前 525），既是哲学家，又是自然科学家。他们根据对自然界的观察，认为世界万物都是由物质构成的，而不是由神创造的。赫拉克利特认为，这个世界不是任何神创造的，也不是任何人创造的，它过去、现在和未来永远是一团永恒的火。他还指出，万物皆流，万物皆变，人不可能两次踏进同一条河流。赫拉克利特还朦胧地认识到，万物运动变化的原因，在于对立面的斗争。

同米利都学派和赫拉克利特朴素的唯物主义相对立，希腊还出现了最早的唯心论哲学——毕达哥拉斯学派和爱利亚学派。毕达哥拉斯（Pythagoras，约公元前 580—公元前 500）在数学方面有一定贡献，提出了"直角三角形斜边的平方等于其他两边平方之和"的"毕达哥拉斯定理"。毕达哥拉斯将数用于哲学领域，认为万物的本原是一种抽象的、非物质的东西"数"，数产生了物，没有数，人就不能认识事物，也不能思考什么。在毕达哥拉斯学派的影响下，在南意大利的爱利亚城（Elea）出现了另一个唯心主义哲学派别，代表人物是巴门尼德（Parmenides）和芝诺（Zeno）（皆生活于公元前 6—公元前 5 世纪）。爱利亚学派认为，万物的本原并非物质，乃是抽象的"存在"，"存在"是不生不灭、不动不变的，否认事物的变化和发展。

公元前 5 世纪，随着工商业和民主政治的发展以及自然科学的进步，哲学思想有了新的发展。出生于色雷斯（Thrace）的德谟克利特（Democritus，约公元前 460—公元前 370）提出了"原子论"思想。他认为万物的本原是原子和虚空。原子是一种最后的不可分割的物质微粒，运动是其固有属性；虚空的性质是空旷，原子运动于无限的虚空之中，它们互相结合，产生了各种不同的复合物。人的灵魂也是由原子构成的，当构成灵魂的原子分散时，生命灭亡了，灵魂也就消失了。

公元 5 世纪中叶，希腊社会兴起了一个哲人学派，代表人物是普罗塔哥拉（Protagoras）、高吉亚（Gorgias）和安提丰（Antiphon）。他们用人的眼光观察世界，把自然、社会、国家、政治、法律、道德、人类社会的形式和规则，以及人在世界中的地位和作用合理化了，起到了思想启蒙的作用。如普罗塔哥拉说"人为万物的尺度"，安提丰认为，所有的人在本性上都是平等的。哲人学派是希腊社会发展，特别是民主政治发展的产物，他们很少有系统著作传世，但在当时和对后世都有相当影响。

公元前 5—公元前 4 世纪，被并称为"希腊三贤"的苏格拉底、柏拉图和亚里士多德出现在希腊哲学史上，使得西方哲学的天空璀璨夺目。

苏格拉底（Socrate，公元前 469—公元前 399），出生于雅典雕刻工之家，青少年时代曾跟父亲学过手艺，熟读《荷马史诗》及其他著名诗人的作品，自学成名。苏格拉底的一生大部分是在室外度过的。他喜欢在市场、运动场、街头等公众场合与各方面的人谈论各种各样的问题，如战争、政治、友谊、艺术、伦理道德等等。苏格拉底曾三次参战，当过重装步兵，不止一次在战斗中救助受了伤的士兵。苏格拉底是贵族政治的拥护者，对民主政治，特别是对激进民主派表示反对。

苏格拉底可以说是古希腊哲学的一个分水岭。在他之前,古希腊哲学家都偏重对宇宙起源和万物本体的研究,如泰勒斯、毕达哥拉斯等,对于人生并不多加注意。苏格拉底扩大了哲学研究的范围,将哲学引到对人心灵的关注上来。他认为:研究物质世界的构造和法则、探索外界事物的本质不能说没有意义,但对于哲学家来说,应该有比树木、石头和星辰更有价值的问题,这就是心灵问题、道德问题、知识问题,这些问题和人息息相关。他引用德尔菲阿波罗神庙所镌刻的那句神谕来呼吁世人:"认识自己",旨在希望人们能通过对心灵的思考关怀而追求德行。可以说,苏格拉底把哲学的领域扩展了,对后来的西方哲学和宗教,乃至社会和民主制度的发展产生了不可磨灭的影响,也为基督教的欧洲化奠定了人文基础。几百年后的罗马哲学家西塞罗说,苏格拉底将哲学从天上召唤下来,使它在各地落脚生根,并进入各个家庭,还迫使它审视生命、伦理与善恶。

苏格拉底没有著作,他的思想通过柏拉图、色诺芬(Xenophon)的著作为后人所知。苏格拉底在70岁的时候,被已经堕落的雅典法庭以"不信神"和"腐蚀雅典青年思想"之罪名判处死刑。尽管他曾获得逃亡雅典的机会,但苏格拉底仍选择饮下毒酒而死,他认为自己必须遵守雅典的法律,因为他和国家之间有神圣的契约,不能违背。

世界名画《苏格拉底之死》

苏格拉底被称为"西方的孔子",他开创了一个新的时代,这个时代并不是靠军事或政治的力量所成就的,而是透过理性,对人的生命作透彻的了解,从而引导出一种新的生活态度。

柏拉图(Plato,约公元前427—公元前347),生于一个富裕的贵族家庭,7岁开始上学,12岁接受体育训练,20岁时跟随苏格拉底学习。苏格拉底处死后,柏拉图对现存政体完全失望,开始游历各地。公元前387年40岁时,柏拉图回到雅典,开始个人讲学,在雅典城外建立学园(Academy),这所学园成为西方文明史上最早的有完整组织的高等学府之一,后世的高等学术机构也因此而得名。学园存在了900多年,直到公元529年被罗马皇帝查士丁尼(Justinianus,483—565)关闭为止。学园培养了许多知识分子,其中最杰出的是亚里士多德。

世界名画《雅典学派》(中间左为柏拉图,右为亚里士多德)

　　柏拉图才思敏捷,研究广泛,著述颇丰。以他的名义流传下来的著作有 40 多篇,如《申辩》、《克力同》(Kriton)、《理想国》、《法律篇》等,另有书信 13 封。柏拉图的著作大多是用对话体裁写成的,人物性格鲜明,场景生动有趣,语言优美华丽,论证严密细致,内容丰富深刻,在哲学上和文学上都具有极其重要的意义和价值。

　　柏拉图认为,自然界中有形的东西是流动的,但是构成这些有形物质的"形式"或"理念"却是永恒不变的。柏拉图指出,当我们说到"马"时,我们没有指任何一匹马,而是称任何一种马。而"马"的含义本身独立于各种马("有形的"),它不存在于空间和时间中,因此是永恒的。但是某一匹特定的、有形的、存在于感官世界的马,却是"流动"的,会死亡,会腐烂。柏拉图认为,我们对那些变换的、流动的事物不可能有真正的认识,我们对它们只有意见或看法,我们唯一能够真正了解的,只有那些我们能够运用我们的理智来了解的"形式"或者"理念"。因此柏拉图认为,知识是固定的和肯定的,不可能有错误的知识,但是意见是有可能错误的。

　　柏拉图还向我们描绘出一幅理想的乌托邦画面。柏拉图理想国中的公民划分为统治者、护卫者和生产者三个阶级,分别代表心灵的三种品质,即理性、激情和欲望,他们分司国家的议政、保卫和生产之职。他认为国家的统治者最好由哲学家担任。柏拉图认为各阶级的产生是天经地义的,奴隶也是天生的。

　　柏拉图在西方世界影响巨大。他的作品是西方文化的奠基文献,在西方哲学的各个学派中,很难找到没有吸收过他著作的学派。在后世哲学家和基督教神学中,柏拉图的思想保持着巨大的辐射力。有的哲学史家认为,直到近代,西方哲学才逐渐摆脱了柏拉图思想的控制。

　　亚里士多德(Aristotle,公元前 384—公元前 322),生于爱琴海北岸的希腊殖民城市斯塔吉拉(Stagira),其父是马其顿宫廷御医。17 岁时亚里士多德来到雅典,就学于柏拉图,时间长达 20 年之久。柏拉图死后,亚里士多德离开学园,公元前 343 年应聘任马其顿王子亚历山大的家庭教师。公元前 335 年返回雅典,创办学校"吕克昂"(Luceion)并从事研究和写作。亚里士多德喜欢在吕克昂林荫道上漫步讲学,所以他和他的弟子有"逍遥学派"(Peripatetic School)之称。亚里士多德是一位百科全书式的学者,他总结前人的研究成果,写出巨量著作,涉及哲学、逻辑学、政治学、伦理学、诗学、修辞学以及动物学等门类。恩格斯称他是古希腊"最博学的人物"。

在哲学观点上,亚里士多德徘徊于唯物论与唯心论之间。他认为自然界是客观存在,无可怀疑的,不需要另外寻找自然界存在的根据。从这一唯物主义观点出发,亚里士多德批判了柏拉图的"理念论",指出"理念论"错误地把事物的一般(概念)和特殊(个别事物)人为割裂开,一般只能存在于个别之中,不能说在个别的房屋之外,还有什么一般的房屋。这样,亚里士多德抓住了唯心主义的要害,因为将一般与个别割裂开来正是一切唯心主义哲学的基本特征。亚里士多德虽然承认物质的客观存在,但他认为物质只是一种消极的可能性,唯有形式才给物质以积极的现实性。在他看来,物质是事物的最初基底,形式是外部结构。比如一件大理石雕像,大理石是质料,雕像便是形式;大理石具有发展的可能性,只是由于雕刻家赋予某种雕像形式,才使它转化为现实性。

亚里士多德在政治思想上属于温和的民主派。他认为作为"政治动物"的人,应当是城邦的积极公民。在他看来,贫富悬殊是引起社会动荡不安的根源,只有"拥有适度财产的"中等奴隶主"最容易遵循合理的原则",由他们执掌政权,建立一种能够照顾到贫富两方面利益的"共和政体",方能使国家得以安定。亚里士多德这种缓和阶级矛盾、维护城邦秩序的主张,与他"中庸"的伦理观是一致的。他一再强调,"中庸"即是毋过毋不及,即是平等或均等,做到这一点,也就实现了社会"正义"。

(3)历史学

西方通常所用"历史"一词起源于古希腊,其本意是"经调查研究的记事"。古希腊的历史学萌芽于公元前6世纪,当时在小亚细亚沿岸的希腊城市中,出现了一些用散文形式记述上古希腊史和神话传说的作家。他们还算不上真正的历史学家,没有能将自己掌握的材料加以鉴别分析,但为后来希腊历史著作的出现准备了条件。

希腊第一个著名的史学家是希罗多德(Herodotus,约公元前484—公元前425)。他生于小亚细亚的哈里卡纳苏(Halicarnassus),后因反对僭主政治而被迫离开故乡,曾游历埃及、巴比伦、叙利亚及黑海北岸等地,访查传闻逸事,凭吊历史遗迹,了解风土人情。公元前447年他移居雅典,结识伯里克利和索福克利斯等,参与雅典的文化政治活动。希罗多德对希波战争中希腊诸城邦打败波斯侵略的英雄业绩十分敬佩,搜集了许多这方面的资料;公元前443年他移居雅典在南意大利的殖民城市图里,专心写作,写出了后来著名的《历史》一书。

希罗多德

　　《历史》又名《希腊波斯战争史》,共 9 卷。前 4 卷叙述了埃及、巴比伦、波斯、小亚和黑海北岸各地区的历史;后 5 卷记载了希波战争的过程。就此书所涉及的范围,可以说是当时西亚、北非和希腊的一部通志。希罗多德文笔流畅,叙事生动,书中有相当部分是根据他亲身查访而写成的,包括了许多珍贵的史料。不过希罗多德自己也承认,他是有闻必录,因此就不免把一些不可信的故事或传说,混淆在史实之中。虽然他尽力寻求历史事件发生的原因,想为某些事件找出合理的解释,但又往往用神意支配人类命运来说明历史。希罗多德是西方第一个系统叙述历史的学者,他创立的以史事为中心的记叙体成为后来欧洲历史著作的正规体裁。在西方,希罗多德有"历史之父"的美称。

修昔底德

希罗多德之后的雅典史学家修昔底德（Thucydides，约公元前460—公元前396）出身于一个显贵之家。公元前424年曾当选雅典最高军职十将军委员会的成员。在伯罗奔尼撒战争之初，因"贻误战机"而被放逐，公元前403年获释回雅典。此后20年他往来于色雷斯和伯罗奔尼撒之间，搜集有关这次战争的第一手材料，结合亲身经历，写成《伯罗奔尼撒战争史》。

《伯罗奔尼撒战争史》共8卷，按编年体记事，至公元前411年（未完成）。这部著作除详尽记录战争事件外，还叙述了战争过程中发生的不同政治集团、不同阶层之间的斗争，奴隶的反抗和逃亡，以及雅典同盟国的暴动等事件。所有这些对研究公元前5世纪后半叶的希腊历史，都是十分宝贵的材料。修昔底德是一位严谨的历史家，在运用史料方面以批判分析的态度加以取舍，叙事可信。修昔底德还力图探讨事件发展的因果关系，避免以神意来说明历史，并能够注意到经济因素在历史进程中的作用，这在当时显得尤为可贵。

《伯罗奔尼撒战争史》的问世，标志着在希腊形成了一种以战争、军事事件为题材的政治军事史的专史传统和风格。这种专史风格为后来的色诺芬、波里比阿（Polybius，公元前204—公元前122）以及罗马的历史学家所继承，成了西方历史学的主流。

另一位希腊史学家和作家是色诺芬（Xenophon，约公元前430—公元前354）。他生于雅典，是苏格拉底的弟子。色诺芬反对民主制度，同情斯巴达的贵族寡头政治，后来投身斯巴达军队，被雅典当局判以终身放逐。色诺芬著有《苏格拉底回忆录》《远征记》，前者对研究希腊社会思想，后者对研究西亚的地理历史，都提供了重要资料。色诺芬的主要历史著作是《希腊史》，这是一部修昔底德著作的续编，接《伯罗奔尼撒战争史》第8卷（未完成）的结尾，从公元前411年起写到公元前362年曼丁尼亚（Mantinea）战役为止，完整记录了斯巴达霸权从顶峰到衰落的过程。

（4）文学戏剧

希腊最早的文学作品是诗歌，其中最具代表性的是《荷马史诗》和《伊索寓言》。《荷马史诗》可谓欧洲文学史上的里程碑，包括《伊利亚特》和《奥德赛》两部分。《伊利亚特》描写特洛伊战争的故事，《奥德赛》描写希腊英雄奥德修在特洛伊战后还乡的故事。《奥德赛》是欧洲文学中第一部以个人遭遇为主要内容的作品。

《伊索寓言》是希腊民间寓言故事集，由伊索（Aesop）汇集成编。相传伊索是萨摩斯（Samos）岛一个获释的奴隶，聪明绝顶，一生创作了许多寓言故事，但现在传世的只有120余则。不过，根据考证其中有很多故事来源于亚洲或非洲，并非伊索所作。《伊索寓言》主要是通过一些动物的言行来寄寓道德教谕，著名的故事包括"狮子和老鼠""狐狸和仙鹤""披着羊皮的狼"和"狐狸和葡萄"等。《伊索寓言》短小精悍，思想性颇强，对后世文学产生了极大影响。伊索寓言是最早介绍到中国的欧洲文学作品之一，在明代就已出现名为《况义》的译本，在清代又有名为《意拾蒙引》和《海国妙喻》的译本。

戏剧是希腊文学的主要成果。公元前 6 世纪戏剧出现于雅典,而后迅速传遍整个希腊世界。古典时代,露天剧场成为城邦的标志性建筑之一。为了使公民都能够观看戏剧表演,剧场规模一般都很大,可容纳数千人乃至万人,雅典的狄奥尼索斯大剧场可容纳 15000 人左右。

古希腊剧场遗址

希腊戏剧分为悲剧和喜剧两种。悲剧是作为祭祀酒神狄俄尼索斯(Dionysus)的春季仪式的一部分来表演的,盛期出现在古典时代。公元前 6 至公元前 5 世纪,希腊先后出现了三位悲剧大师:埃斯库罗斯(Aeschylus,公元前 525—公元前 456)、索福克勒斯(Sophocles,公元前 497—公元前 406)和欧里庇底斯(Euripides,公元前 480—公元前 406)。埃斯库罗斯的代表作是《被缚的普罗米修斯》,索福克勒斯是《安提戈涅》(Antigone)、《俄狄浦斯王》(Oedipus the King),欧里庇得斯是《美狄亚》(Medea)、《特洛伊妇女》。通过他们及其作品,悲剧走向成熟。

喜剧的出现比悲剧晚,也产生于对酒神狄俄尼索斯的祭祀。喜剧的特色,在于以轻松揶揄的手法,描写现实生活中的各种问题,特别是战争与和平、社会政治斗争等。古希腊最有名的喜剧作家是阿里斯托芬(Aristophanes,约公元前 450—公元前 385),他写过 44 部喜剧,传世的有《阿哈奈人》《骑士》《和平》《鸟》《蛙》等 11 部。

由于戏剧是祭祀的重要组成部分,各城邦均大力支持。雅典甚至将其视作推行民主政治的重要手段,下令对在戏剧节期间前往观剧的公民发放"观剧津贴",数量为两个"奥波尔"(Obelos,银币单位),约当于一天的生活费用。戏剧节举行戏剧竞赛,按照程序,参加竞赛的剧作家需事先报名,并拿出自己的新作,然后由执政官批准其中 3 人参赛。比赛结果也以颁奖定胜负,奖牌分为三等,得到第三等意味着失败。戏剧节竞争十分激烈,因为戏剧的内容多为人们熟悉的神话故事或传说,其情节和事件已为民众耳熟能详,如果作者在言辞、动作乃至内容、风格上不能使观众耳目一新,便无法吸引观众。

（5）建筑雕刻

希腊的建筑艺术成就主要体现在神庙建筑上。公元前 7 世纪,希腊形成了两种围柱式神庙构筑法,即多利亚式(Doric Order)和爱奥尼亚式(Ionic Order)。前者盛行于巴尔干半岛的希腊人地区、大希腊和西西里岛,后者则为小亚细亚的希腊人广泛采用。公元前 5 世纪末,在爱奥尼亚柱式的基础上形成了科林斯柱式(Corinthian Order),并于公元前 4 世纪被广泛采用。

多利亚柱式　　　　　　爱奥尼亚柱式　　　　　　科林斯柱式

希腊雕刻以表现人物为主,雕塑家创造了众多被理想化了的人体雕像,其中包括大量表现运动员的雕像。公元前 5 世纪雕塑艺术的代表人物有以表现运动中的竞技者著称的米隆(Myron),以精妙的青年运动员青铜雕像闻名的波利克利图斯(Polyclitus)和以雕塑神像享有盛名的菲迪亚斯(Pheidias)。菲迪亚斯领导建筑的耸立于雅典卫城上的帕特农(Parthenon)神庙(设计师为伊克蒂诺 Ictinus 和卡利克拉特 Callicrates),至今仍被视为古希腊建筑艺术的最高成就。他为这座神庙塑造的雅典娜女神像也享有盛名。

掷铁饼者　　　　　　　　帕特农神庙遗址

（6）体育

　　早在克里特文明时期，米诺斯人就在庆典和盛宴上形成了竞技的风气。《荷马史诗》中的英雄大都热衷于举行战车竞技、拳击、角力、徒步赛跑等活动。公元前9世纪，奥林匹斯山下就有一个村庄，开展敬奉宙斯神的竞技盛会。

　　第一次有纪录的奥林匹克运动会，是在公元前776年举行的。每隔4年，希腊各城邦的选手们就在夏季举行一次竞技运动会。参加竞技的选手，提前10个月进行经常性训练，并在比赛前1个月向裁判报到以供检查。合格选手的姓名公布在显眼之处，退出比赛者将被罚款并为人们所不齿。运动会于夏至后第二次或第三次月圆时开始，为期5天。第一天主要用于游行及对宙斯神的祭祀，运动员们站在宙斯神像前宣誓，保证不以不公平的手段获取胜利。此后开始正式比赛。每天早晨先由一位主持人宣布竞赛项目，介绍运动员及其父亲的姓名，他们曾在奥运会上获胜的项目，以及他们所代表的城邦。运动员在众人的注视下抽签决定次序。每项比赛吹号发令，裁判决定胜负。当主持人宣布胜利者姓名后，优胜者就走出来让裁判长加冕，戴上一个由橄榄树枝做成的王冠。

　　奥运会在古希腊一共举办293次，后因罗马的侵入而完全中断。公元394年，罗马皇帝狄奥多西（Theodosius，347—395）下令停止举行比赛，此后1500年间，奥运会再也没有举办过。19世纪末期，法国人顾拜旦（Coubertin，1863—1937）倡议恢复古希腊奥运会，以继承和发扬奥林匹克精神。1896年，奥运会最终得以在雅典恢复，并且成为具有世界影响的体育比赛。

古奥运会遗址

# 三、古典文明的东渐——希腊化时代

　　马其顿位于希腊北部，爱琴海西北部。在兴起之前，这个地区被希腊人视为蛮荒之地，排除在希腊世界之外。实际上，马其顿人是希腊人的近亲，属于多利亚人，文明开始得比较晚。一般认为，卡拉努斯（Karanus，公元前808—公元前778）建立了马其顿王朝,之后在一系列杰出君主如亚历山大一世(Alexander I,公元前 498—公元前 454)、阿齐劳斯一世(Atchelaus I,公元前 414—公元前 99)、腓力二世(Philip II,公元前 383—公元前 336)的治理下,马其顿的影响逐渐扩展到希腊北部地区。

尽管马其顿处于希腊世界的边缘地带,但自古风时代起就与希腊文化发达地区如爱奥尼亚、雅典等保持着密切的联系。希波战争期间马其顿是波斯的附庸,但热爱希腊的亚历山大一世并没有真正站在波斯一边,作为第一位参与希腊政治的马其顿君主,他开始模仿希腊文化。

公元前 4 世纪中叶,腓力二世执政(公元前 359—公元前 336 在位)马其顿。腓力是位极富才干的国王,他年轻时谙熟政务和军务,并勤奋学习希腊文化。登基后,腓力着手改组军队,积累财富,开始雄心勃勃的扩张计划。腓力首先征服了边邻伊利里亚(Illyria)、色雷斯(Thrace),使马其顿有了稳固的后方。公元前 349年,腓力挥师南下,进攻希腊东北部加尔西迪斯半岛上的奥林托斯(Olynthus)。雅典虽然派军驰援,但腓力还是攻占了奥林托斯。公元前 338 年,马其顿大军与雅典、麦加拉、科林斯等城邦组成的反马其顿同盟会战于中希腊的喀罗尼亚(Chaeronea),结果希腊联军大败。马其顿大军乘胜势南下伯罗奔尼撒,基本实现了对希腊的征服,斯巴达孤悬岛上。

公元前 337 年,腓力二世在科林斯召开全希腊会议(仅斯巴达缺席),宣布希腊和平,停止城邦战争,建立马其顿-希腊永久同盟,盟主是马其顿。科林斯会议标志着希腊城邦时代的结束,马其顿时代的开始。腓力成为希腊世界霸主后,宣布为了希腊人的利益,应惩罚波斯人对圣庙的亵渎,攻打波斯人。但正当他准备远征波斯时,突然遇刺身亡。时势把年仅 20 岁的亚历山大推到了历史前台。

亚历山大出生于公元前 356 年 7 月,他的成长与马其顿的迅速崛起同行。他亲眼看到马其顿如何在父亲的手中建立起中央集权统治,父亲创建的常备军如何所向披靡,享受征服者的胜利和荣耀,他对父亲的功业钦羡不已。据说,每当他听到腓力胜利的消息时,常常愁眉紧锁,唯恐自己没有机会去享有征服世界的光荣。少年时代的亚历山大就暗下定决心,要做世界之王,做"万王之王"。

亚历山大

　　为培养亚历山大做接班人，腓力也是不遗余力，13 岁起为亚历山大聘请亚里士多德为家庭教师。师生七年朝夕相处，潜移默化中亚历山大接受了亚里士多德的许多政治主张。亚历山大思想趋于成熟的同时，还在父亲指导下躬身实践君王的文武之道。当腓力领兵出征时，把国家政务往往交由亚历山大处理。腓力还有意识地让亚历山大在战争中锻炼勇武精神，在决定希腊命运的喀罗尼亚战役中，腓力大胆起用年仅 18 岁的亚历山大为先锋。在腓力的精心培养和锻炼下，亚历山大文武兼备，才干卓群。

　　腓力留给亚历山大最为宝贵的遗产是他未竟的宏图大业。亚历山大继位后，首先稳定住国内局势，再次确立马其顿在科林斯会议中的领导地位，然后便带领 3 万步兵和 4500 名骑兵，踏上了远征东方的路途。

　　亚历山大从公元前 334 年开始东征，9 年时间内在欧亚非三洲建立了一个面积达 518 万平方公里的前所未有的庞大帝国，范围西起西西里、希腊、马其顿一线，东到印度河流域的旁遮普，南及尼罗河第一瀑布，北界小亚细亚、高加索、里海、药杀水（Jaxartes）一带。

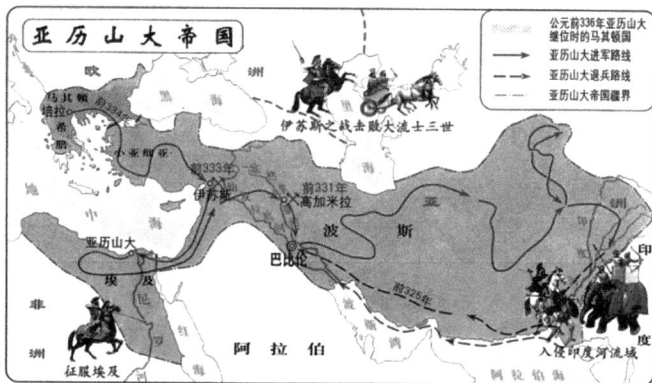

亚历山大帝国

　　在远征过程中，亚历山大对各地采取的政策有所不同。对于顽强抵抗的地区，残酷镇压。如在腓尼基的推罗、小亚细亚的哈利卡纳苏城、中亚的塔内河和印度的许多地方，他把造反和纵火者当场抓住，或杀死或贬为奴隶。这种政策对被征服地区起了震慑作用。但是，在一些民族意识浓厚的地区，他则采取温和政策。公元前 333 年伊苏（Issus）战役时，亚历山大对被俘的波斯国王大流士三世（Darius Ⅲ，约公元前 380—公元前 330）的眷属，不仅没有侮辱她们，还以她们原有的头衔王后、公主加以称呼，礼遇跟大流士在位时一样。波斯帝国统治 200 余年，传统势力影响很大，亚历山大优待俘虏的目的，是为了收买波斯人心，分化瓦解敌人。在印度，波拉斯国王的战象队，曾使马其顿骑兵大吃苦头，但为了争取这支庞大的军事力量，亚历山大在发动了强大的攻势之后，向波拉斯劝降，把波拉斯原有王国的主权交还给国王。一些统治人物为亚历山大的高官厚禄所俘虏,成为他忠实的信徒。

为扩大帝国统治的社会基础,亚历山大竭力促进马其顿和东方融合。当时亚历山大遇到的最大困难,是其旧部在接受东方专制制度上和他发生的矛盾。为此,他一方面积极倡导马其顿人和东方女子结婚,目的是使东方的风俗习惯渗进希腊人的日常生活,以缩小矛盾,利于他和旧部之间关系;另一方面,为了补充一批能够并且也习惯于听命于专制王权的官僚和军队,亚历山大大量引用波斯人做官,吸收他们参加军队。

亚历山大在武力征服的同时,对宗教采取宽容和利用政策。征服埃及后,他立即前往利比亚去拜访阿蒙(Amun),并将大量财物赠与神庙。埃及祭司感激之余宣布他为太阳神之子、法老的合法继承人。在耶路撒冷,亚历山大皈依了犹太教耶和华神;在巴比伦城,他派人把巴比伦最崇拜的拜尔神庙重新修建起来。

但是这个新帝国没有统一的经济基础,更大程度上只是一个暂时性的、不稳固的军事联合体。公元前 323 年,年仅 33 岁的亚历山大因恶性疟疾突然去世,他所建立的世界性帝国不久也就随他而去。

亚历山大驾崩后,他的将领们为王位继承权在巴比伦开会。会议斗争的结果,拥立皇弟腓力三世及即将出世的遗腹子亚历山大四世同时为帝,帝国由六大总督分区统治。最初一年,各将领相安无事,可他们都以亚历山大"继承者"自居,据地自雄,都有统一帝国的政治野心,因而很快争夺统治权的混战就开始了。经过兵连祸结、生灵涂炭的 42 年混战(公元前 323—公元前 281),被打得分崩离析、四分五裂的帝国出现了相对稳定的局面,形成三个各据一方的势力,即马其顿王朝、塞琉古(Seleucid)王朝和托勒密(Ptolemy)王朝。各王国都开始从事内部建设,并且本着亚历山大的世界政策,传播希腊文明,融合东方文明,完成了西方文明史上光芒四射的希腊化时代的历史任务。

在希腊化时代,除三大王朝外,还有很多独立的小国也在希腊化世界扮演重要的角色,成为希腊化文明不可忽视的部分。其中主要有帕加马王国(Pergamum,公元前 241—公元前 133),它的面积在公元前 187 年达到最大,约为 18 万平方公里;另外几个希腊化小国分别是犹太土国(公元前 142—公元前 63)、巴克特里业(Bactria)地区的大夏王国(Tochari,约公元前 250—公元前 140)和安息(Parthia)王国(公元前 247—公元前 226)。

虽然亚历山大远征是侵略性的,但他对希腊文化的传播和移植,使东方世界更为希腊化,他的文化帝国比军事帝国更为长久。为了统治庞大的帝国,亚历山大不但对许多地方的宗教习惯与社会风俗加以容纳,而且也将希腊文化带了进来,使希腊文化得以发扬传播,在欧洲和东方的影响经久不衰。

亚历山大在远征过程中,在一些战略要地和交通要道上建立了许多以亚历山大命名的新城。最著名的就是位于尼罗河三角洲被称为"黄金之城"的亚历山大里亚（Alexandria）。这座由亚历山大亲自标划出草图、以他名字命名的城市，不仅是希腊化世界最重要的城市，而且也体现着希腊城市建筑艺术的先进水平。亚历山大里亚城周长 24 公里，城内两条长达 6 公里的大街把城市分为四个大地区：埃及人区、犹太人区、希腊-马其顿区和皇家区。城内最繁华之处是皇家区，博物院就建在该区的王宫之中。博物院原名"缪斯（Muses）神宫"，是一个兼理教学研究的学术机构。这里吸引了希腊化世界著名的学者，有诗人、哲学家、语言学家、天文学家、地理学家、医生、艺术家和数学家。亚历山大里亚成为当时国际性的学术中心，希腊化时期的文化巨人、文化成就多从这里诞生。

（1）自然科学

这一时期希腊的自然科学从哲学中脱离出来，开始独立的分科发展，数学、几何学、物理学、天文学、地理学取得了很大成就。数学、几何学的代表是欧几里得（Euclid，约公元前 330—公元前 275），他的《几何原本》被誉为"数学圣经"；西西里岛叙拉古学者阿基米德（Archimedes，公元前 287—公元前 212）是数学家和物理学家，发现了后来以"阿基米德原理"命名的比重原理，奠定了力学、流体力学、现代积分计算的基础，被恩格斯称为"精确的和有系统的科学研究"的代表人物之一；天文学家阿里斯塔克（Aristarchus，约公元前 301—公元前 230）提出"太阳中心说"；地理学家埃拉托色尼（Eratosthenes，约公元前 276—公元前 193）实测了子午线，主张地圆说，指出由现在的西班牙沿同一纬度航行，最后可以到达印度。

（2）哲学

这一时期的希腊哲学仍以不同形式继续进行着唯物主义和唯心主义的斗争。当时著名的唯物主义哲学家是伊壁鸠鲁。

伊壁鸠鲁（Epicurus，约公元前 341—公元前 270）出生于萨摩斯，14 岁开始学习哲学，曾就学于柏拉图学派和德谟克利特学派，并熟悉亚里士多德等早期哲学家的哲学。伊壁鸠鲁继承和发展了德谟克利特的哲学，认为哲学的任务是研究自然的本性，破除宗教迷信，分清痛苦和欲望的界限，以便获得幸福生活，因此他的哲学可以分为物理学、准则学（主要讨论逻辑和认识论问题）和伦理学三个组成部分。公元前 306 年伊壁鸠鲁在雅典自己购买的一所花园里办学，因此伊壁鸠鲁学派也称"花园学派"。伊壁鸠鲁的学校里有男有女，还有奴隶，以充满友谊而著称。据记载，伊壁鸠鲁的著作多达 300 多卷，其中重要的有《论自然》《准则学》《论生活》和《论目的》等，现存的只有 3 封书信和一些残篇。伊壁鸠鲁的学说广泛传播于希腊罗马世界。

第欧根尼（Diogenes，公元前 404—公元前 323）出生于一个银行家家庭，是犬儒学派（Cynicism）哲学家。他认为除了自然的需要必须满足外，其他的任何东西，包括社会生活和文化生活，都是不自然的、无足轻重的。他强调禁欲主义的自我满足,鼓励放弃舒适环境。作为一个苦行主义的身体力行者,他居住在一只木桶内,过着乞丐一样的生活。每天白天他都会打着灯笼在街上"寻找诚实的人"。第欧根尼揭露大多数传统标准和信条的虚伪性,号召人们回复简朴自然的理想状态生活。后来他师承苏格拉底的弟子安提斯泰尼(Antisthenes),以身作则发扬了老师的"犬儒哲学",试图颠覆一切传统价值。他从不介意别人称呼他为"狗",他甚至高呼"像狗一样活着"。人们把他们的哲学叫作"犬儒主义"(Cynicism)。他的哲学思想为古希腊崇尚简朴的生活理想奠定了基础。归到他名下但现已失传的各种著作中,有对话、戏剧和一部《共和国》,该书描绘无政府主义者的乌托邦,人们在其中过着"自然"的生活。

第欧根尼和亚历山大

德国古典学家赫尔曼·本森(Hermann Bengtson,1909—1989)说:"腓力和他的儿子亚历山大,这两人把马其顿人和希腊人通往世界的大门打开了。马其顿帝国主义伴随着希腊精神一起浸润了整个古代世界。假如没有这两位国王的成就,罗马帝国也好,基督教的传播也好,都是不可想象的。"是的,希腊化时代是一个伟大的、承上启下的、东西方文明首次大规模交流的时代。疆域的突破、民族的融合、宗教的碰撞、视野的开阔使这一时期出现了众多的思想家、作家、科学家和艺术家,出现了许多新术语、新观念、新思想,所获得的科学技术成就在 17 世纪之前一直是人类文明的顶峰,纯粹学术研究也为近代严格意义上的学术研究打下了坚实的基础。

不过,希腊化时代最伟大的成就是把希腊文化传播到古老的中东各地,传播到新兴的罗马世界。在东方,亚历山大及其继承者建立的众多城市是传播希腊文化的重要据点,城市里建立了大量公共设施,便于各种文化在此传播、融合。为了便于贸易,许多东方人学习希腊语言。为了以示高贵,一些东方人阅读希腊文学。上层犹太人修建希腊剧场、体育馆,采纳希腊语言、服饰甚至希腊姓名。在西方,罗马对希腊文化几乎全盘接收,并呈现出新的特质。这一切都有利于打破民族界限,促进文化交流,突破狭隘意识,增加人类的认同感。一句话,产生了人类大同思想,而罗马帝国就是这一思想的载体,并把它流传到近代西方。

# 第二章  古罗马文明的承继与发展

## 一、早期罗马政治文明的演进

### 1. 罗马建城和罗马王政时代

古代意大利是由北向南伸向地中海的狭长半岛,东、南、西三面环海,北面是阿尔卑斯山。境内河川纵横,土质肥沃,气候温和,雨量充足,极利于农耕。中南部有良好的牧场,适于畜牧。半岛上的居民有印欧人、埃特鲁斯坎人(Etruscan)、希腊人和高卢人(Gallus),其中印欧人又分为翁布里人(Umbrian)、马尔西人(Marsi)、萨莫奈人(Samnites)、伏尔西人(Volsinii)、萨宾人(Sabine)、赫尔尼西人(Hernici)、拉丁人(Latin)等。古代罗马就是拉丁人在拉丁姆(Latium)平原台伯(Tiber)河下游东南岸所建的一座城市,此地距离海岸远近适中,并有台伯河流经其间,肥沃土地。生活在这样条件下的拉丁人,尽享大自然的天佑,过着自给自足的田园生活。

关于罗马城的建立有一个流传甚广的传说。特洛伊战争中,希腊女神阿芙洛狄忒(Aphrodite)之子、特洛伊王室成员埃涅阿斯(Aeneas)在特洛伊城被希腊联军攻陷后,带着父亲安喀塞斯(Anchises)和儿子阿斯卡尼俄斯(Ascanius)逃出。他们流浪了很多年,最后来到拉丁姆平原。埃涅阿斯去世后,阿斯卡尼俄斯创建了阿尔巴·龙加城(Alba Longa)。从此王位一代代下传,当传至努米特(Numitor)时,其王位被弟弟阿穆留斯(Amulius)推翻。为防止哥哥的后人报复,阿穆留斯把努米特的儿子杀害,女儿西尔维娅(Silvia)罚做女祭司,禁止结婚。然而战神马尔斯(Mars)却爱上了西尔维娅,西尔维娅生下了一对双胞胎兄弟罗慕路斯(Romulus)和勒摩斯(Remus)。愤怒的阿穆留斯命人将双胞胎扔进台伯河,以绝后患,但兄弟俩幸存了下来,先由母狼喂养,后被牧羊人抚养成人。最终两兄弟得知自己的身世,杀死阿穆留斯,夺回阿尔巴·龙加城,将王位还给祖父努米特,并决定在台伯河岸他们被抛弃的地方建一座新城。由于罗穆路斯看到了预示吉兆的围绕着帕拉丁(Palatino)山飞翔的 12 只秃鹫,而勒摩斯只看到了 6 只,哥哥获得了命名城市的权利。嫉妒哥哥好运的勒摩斯从正在修建的城墙上跳了下去,以此嘲笑城墙的高度。罗穆路斯大为恼怒,拔剑杀死了弟弟,之后完全按自己意愿建起了罗马城。根据罗马史学家的推算,罗马城建成的那一天是公元前 753 年 4 月 21 日,于是这一天就成为罗马城的建立日。

罗马狼孩雕塑

　　根据神话传说，罗慕路斯成为创建罗马城的第一位国王。在他之后还有 6 位王，即努马·庞皮留斯（Numa Pompilius）、图鲁·霍斯梯留斯（Tullus Hostilius）、安库·马尔修斯（Ancus Marcius）、塔克文·库里斯库斯（Tarquinius Priscus）、塞尔维乌斯·土利乌斯（Servius Tullius）和塔克文·苏佩布（Tarquinius Superbus，高傲者塔克文）。这 7 位王构成了罗马历史传说中的王政时代。根据现在掌握的材料，前 4 位王更多具有神话色彩，后 3 位王较为可信。

　　王政时代在罗马历史上持续了近两个半世纪，这期间罗马从氏族社会过渡到国家。据文献记载，罗慕路斯时代的罗马还处在氏族部落阶段，共有 300 个氏族。氏族是基层单位，每 10 个氏族组成一个胞族，称库里亚（Curia），合计 30 个库里亚；10 个库里亚组成一个部落，称特里布斯（Tribus），合计 3 个特里布斯；3 个特里布斯组成 1 个公社。公社在后几位王任内逐渐完善管理，形成三大管理机构：一是人民大会，又称库里亚大会，源于氏族部落议事会，由全体氏族成年男子参加，管理有关宗教、家庭事务以及整个公社的事务，有权通过或否决元老院预先讨论过的法律，选举包括"王"（Rex）在内的高级公职人员，决定战争和审判重大案件。二是元老院，由 300 个氏族长组成，预先讨论各项新法律，然后交付库里亚大会通过。元老院还是"王"的顾问，对"王"提出建议。"王"去世时，权力临时移交给元老院，由它通过王位空缺时期的制度，元老院在新王的选择中起着决定性作用。三是"王"，握有军政大权，平时是国家的行政首脑，战时是军队的最高统帅，可以以首席元老的身份促使元老院和人民大会通过他所颁布的法令。"王"是终身制，但不世袭。另外公社还有一个祭司团，就新王选择的批准、主要的政治和法律事务征求神的旨意。

　　王政时代，罗马的土地所有制开始从公有制向私有制过渡，罗穆路斯时代萌芽的贵族和平民阶层逐渐形成，并且矛盾日益激化。为缓解矛盾，公元前 6 世纪中后期第六任王塞尔维乌斯·土利乌斯实行改革。改革的内容有三大方面：全体公民进行财产普查，不论贵族、平民，凡能服兵役者皆按拥有财产多少分为五个等级，贵族、平民之间的身份级差意义有所下降，平民上层的经济地位稍有上升；创设百人队会议(又称森都利亚会议 Comitia Centuriata),取代按血缘关系组织起来的库里亚大会;设立四个地区部落代替原有的三个血族部落,斩断了氏族血缘关系纽带,建立了以地域关系为主的特里布斯。这是对氏族制度的一次革命性否定,完成了罗马由氏族向国家迈进的最后一步,标志着罗马国家的最终形成。

塞尔维乌斯改革之前,以血缘关系为基础的库里亚大会是罗马唯一的公民大会。平民被排斥于库里亚组织之外,无权参加库里亚大会。第五任王塔克文·库里斯库斯曾策划了一个扩大公民编制,把平民编入罗马部落组织的改革计划,但是没有成功。塞尔维乌斯打破原有的部落三分法,扩大部落组织编制,把平民编入部落组织之中。与设立平民部落相配合的政策是给平民一定的政治权利,塞尔维乌斯创制了一个新的议会"百人队会议",只要具有一定财力就能参加。百人队会议和地域部落组织使平民彼此加强了联系。这种联系不仅表现在共同的经济生活和社会生活方面,还表现在政治生活和军事斗争中。他们聚居一地,在共同的生产劳动中逐渐形成了共同的阶级利益,一批具有组织经验和战斗经验的平民领袖脱颖而出。这一切都为将来的平民运动做好了组织上和人才上的准备。

公元前 534 年,高傲者塔克文谋杀了塞尔维乌斯并夺取政权,成为罗马王政时代的第七任王。他在位期间,无视元老院和百人队会议的权力,置个人权力于法律之上,厉行苛政,横征暴敛,最终激起罗马全民的愤怒。公元前 509 年,罗马的贵族和平民联合起来,把统治罗马 25 年之久的塔克文政权推翻。罗马王政时代结束。

**2. 平民和贵族的斗争与"十二铜表法"**

罗马人驱逐了塔克文之后,对其政治体制进行根本改革,废除王位,选举两名执政官(Consul)作为国家最高权力代表,扩大元老院权力,赋予它广泛的国事大权,这标志着罗马历史进入到它的第二个阶段——共和时代。

共和体制是罗马人独创的一种纯粹的罗马化政体形式。体制中的执政官代替了原来的"王",行政上负责处理国家一切事务,是国家决策的主要制定者;军事上握有至高无上的权力;财政上有权动用国家资金,数额多少由他们视情况决定。执政官设两名,任期 1 年,两人拥有同等权力,彼此可以否决对方。执政官在职期间如有渎职行为,将在卸任后加以追究。两名执政官均来自贵族,退任后进入元老院。元老院是整个共和时代权力的核心,拥有监管国库和否决人民大会全部决议的权力,建议执政官的人选,监督执政官并调解两人之间可能出现的争端。公民大会闭会期间,元老院是一切国家大事的最高决策机关。在宗教生活中,元老院还有权规定宗教团体的人数和宗教节日,主持宗教仪式,批准新宗教的引入,负责解释神兆等。元老来自贵族阶层,终身制。如遇非常时期,元老院则推举一名独裁官(Dictator)全权解决处理危急事件。独裁官拥有最高统治权,甚至在城区内握有无限制的绝对权力,但任期不得超过 6 个月,危机结束即卸任。

　　罗马的共和体制是一种典型的贵族政治。贵族掌握了全部的国家政权,他们利用手中的权力竭力维护和扩大其特权。政治上贵族把持着国家高级官职和元老院,平民不能跻身其中;经济上贵族侵占大量公有土地,平民却分配不到,只得向贵族租佃土地,借贷财物,很多人因此负债累累,甚至沦为债务奴隶;宗教上贵族垄断了所有职位,平民不得染指;婚姻上禁止平民与贵族通婚。可以说从共和国诞生之日起,贵族就高踞平民之上,使得从王政时代两者就存在的矛盾不断激化。最终,围绕着政治权力、土地分配和债务奴役三个问题,平民从公元前 5 世纪起与贵族展开了激烈的斗争。平民除了经济上要求重新分配公有地、减免和取消债务奴役以外,还要求享有与贵族通婚的权利,要求各级官职包括执政官对平民开放。

　　平民对贵族斗争的第一个胜利是平民保民官(Tribunus Plebis)的设立。公元前 494 年,罗马与邻近部落伏尔西人、埃魁人(Aequi)发生战争,在强敌压境之际,平民全副武装离开罗马,撤到罗马东郊的圣山,拒绝出战,以此抗议贵族拒不停止不利于平民的债务法。贵族被迫让步,承认平民有权选出两名保民官来代表自己的利益。不论是元老院的决议还是高级长官(独裁官除外)的命令,凡是损害平民利益的,保民官都可行使否决权,甚至有权否决国家的决定与法案。公元前 471 年平民保民官由 2 人增加到 4 人。公元前 449 年的一项法律规定保民官的人身具有神圣不可侵犯性,人数也增至 10 人。

　　平民对贵族斗争的第二个重大胜利是《十二铜表法》的制定。公元前 451 年至公元前 450 年,在平民斗争的压力下,贵族被迫同意制定了罗马历史上第一部成文法典《十二铜表法》。法典只是把罗马传统的习惯法加以整理和记录,并没有给平民带来多少好处。如法典明确规定维护债权者的利益,债务人在承认自己的债务或已经通过法庭判决之后,可有 30 天的“法定延期”来筹措钱财清偿债务;延期结束后仍无力偿还,债权人可强行将债务人交付法庭判决,直至给债务人戴上足枷、手铐,甚至处以分尸的极刑。法典还极力维护贵族的特权地位,强调平民不得与贵族通婚。法典个别条款还有着明显的“以牙还牙”的原始性,如凡故意伤人肢体而又未能取得调解时,伤人者也应受到同样的伤害。尽管如此,相较之前没有成文法时,习惯法的解释权完全属于贵族,由他们任意解释迫害平民而言,法典的制定本身就是平民的一个胜利。有了成文法就得按律量刑,贵族无法再像过去那样任意解释法律。另外法典中也对贵族的专横和滥权作了一定限制,如借贷年利不得超过本金十二分之一。

　　在《十二铜表法》通过以后,平民与贵族的斗争继续深化。公元前 445 年通过了保民官卡努留(Canulius)法案,废除平民不得与贵族通婚的限制。公元前 376 年通过了保民官李锡尼-绥克斯图法案,平民可以占有和使用公地;平民所欠债务一律停止付息,已付利息应作债款的本金计算,下余未偿本金三年之内分期偿还;两名执政官中一名须由平民出任。这一年第一任平民执政官被选举产生,这一事件标志着贵族政治垄断地位被打破。公元前326年通过波提利阿法,禁止以人身抵债,平民的人身自由获得法律保障。公元前287年,平民又争得了平民会议(Concilium Plebis特里布斯会议)的立法不经元老院批准即在全国生效的权力。在抗争的过程中,平民还争取到了出任军政官、财务官、监察官、执法官、大祭司和占卜官的权利。平民的参政缓和了平民与贵族之间的矛盾,减少了内耗,增强了民族凝聚力,使得共和体制更为完善和巩固,这就为罗马向地中海周边地区的大规模扩张奠定了基础。

### 3. 早期共和国的对外战争

罗马在它所处的意大利半岛仅是一个蕞尔小邦,四周强邻环绕,时常受到骚扰。进入共和时期以后,为了改善处境,罗马便和一部分拉丁城市结盟,共同对付附近的其他部落。在经常作战和打败各部落的过程中,罗马在拉丁同盟中地位不断抬升。公元前5世纪,北方劲敌埃特鲁斯坎人势力衰落,给罗马人带来了重大转机。公元前479年,罗马从征服埃特鲁斯坎的维爱城(Veii)开始,迈出了征服意大利的第一步。从这时起,罗马人在意大利半岛上主要进行了三次大规模扩张。到公元前272年,罗马征服了除波河(Po)流域外的全部意大利。

第一次大扩张是在公元前5世纪初至公元前4世纪初期通过三次维爱战争(公元前479—公元前478,公元前428,公元前405—公元前396)取得的。维爱城位于罗马城东北约20公里的地方,是埃特鲁斯坎人在台伯河北岸一个富庶的重镇。维爱战争对罗马具有极其重要的意义。罗马作为战争的胜利者,获得了大量的财富和肥沃的土地,使战争的消耗得到及时补充,贫穷的公民分到渴望已久的土地和战利品,从而缓解了罗马共和国内部平民与贵族之间的矛盾;罗马的领土扩大了一倍多,不仅铲除了其北方的劲敌,迫使埃特鲁斯坎人势力从此一蹶不振,而且对一些充满敌意的拉丁城市也起到强大的威慑作用,更加巩固了其在拉丁同盟中的领袖地位;常年的战争,使罗马军队得到锻炼,军事实力不断增长。维爱战争期间,罗马还依靠拉丁同盟的力量,先后取得了对埃魁人、赫尔尼西人、萨宾人和伏尔西人的胜利,并成功地阻挡了北部波河流域高卢人的南侵,确立了其在北方的统治地位。维爱战争的胜利是罗马向意大利半岛扩张迈出的第一步。

第二次大扩张是罗马通过三次萨莫奈战争(公元前343—公元前341,公元前327—公元前304,公元前298—公元前290)进行的。这场战争是罗马与意大利半岛中南部地区最强大的势力萨莫奈人为争夺意大利中部富庶的坎佩尼亚(Campagna)平原而展开的。萨莫奈战争的胜利使罗马控制了北至波河流域,南达路卡尼亚(Lucania)北部的大片领土,成为意大利北部和中部地区最强大的势力。下一步,罗马人将目光转向已成为近邻的南部意大利诸城邦,希腊人建立的他林顿(Tarentum)成为首要目标。

　　他林顿战争(公元前280—公元前272)是罗马进行的第三次大扩张,即向意大利南部的扩张。他林顿是希腊人建在意大利半岛南端的殖民城市,经济军事势力强大。这场战争中罗马人的主要对手是赶来援助的希腊西北部伊庇鲁斯国(Ipiros)国王皮洛士(Pyrrhus)率领的希腊军队。罗马人进行的这场征服南意大利的战争与以往所进行的战争大为不同,所遇困境、所遭损失都是过去战争无法相比的。首先,罗马人奋战的疆场设在比皮洛士离他的祖国还要远的意大利南部地区,这是罗马第一次进行的远距离战争。军队的给养、士兵的心理素质和同盟者的援助都面临着一次严峻的考验。其次,罗马人第一次遭遇职业化的军队,士兵的作战能力与将领的指挥经验也经历着一场严酷的考验。最终罗马人克服了重重险境,经受住了考验,赢得了这场具有深远历史意义的战争。从此,罗马成为意大利半岛上最强大的势力,开始引起地中海世界的注意,埃及的托勒密王朝从此时起与罗马建立了外交关系,西部地中海强权帝国迦太基(Carthage)也对罗马人刮目相看。

　　到公元前264年第一次布匿战争前夕,罗马的统治地位已经在意大利半岛的每个角落都得到了确认。罗马之所以能够成功地将势力扩展到意大利半岛,从拉丁姆地区一个毫不引人注目的小国发展成为意大利的霸主,主要原因是,在政治上先进的共和体制的强有力保证下,罗马人怀着渴求土地的强烈欲望,不断向外扩张。战争中,他们培养了一支能征善战的强大军队,爱国意识和勇武精神得到了充分发挥,使得罗马共和国能够在频繁的对外征战中不断取得胜利。另外,在对意大利半岛的征服中,罗马没有推行一种格式化的统治模式,而是根据不同的地区、不同的城市、不同的部族及其对罗马的不同态度,采用不同的政策,巧妙地在实践中运用"同盟""自治城市""拉丁殖民地"和"授予罗马公民权"等看上去比较宽容的政策,以获取兵源和财力,实现求取更大利益的勃勃野心。罗马的意大利政策是罗马走向征服世界之前的一种政治准备,也为罗马将进行更大规模的扩张提供了现成的经验。于是,意大利半岛上的硝烟还未散尽,罗马就匆匆向地中海区域进军,实现其称霸世界的帝国之梦。

　　罗马人在地中海周边区域的扩张首先遇到的劲敌是西部地中海霸国迦太基。迦太基是公元前9世纪腓尼基人在北非建立的殖民地,因地理位置优越,海陆交通便利,很早就成为地中海世界的一大商路枢纽和贸易集散地。到公元前4世纪时,迦太基已成为一个囊括北非西部沿岸、西班牙南部、巴利阿里群岛、撒丁岛、科西嘉岛和西西里岛的帝国,在西部地中海世界实力最为强大。当公元前3世纪罗马兵锋指向西部地中海时,一场酷烈的战争不可避免地爆发了。因罗马人称腓尼基人为"布匿人"(Punics),所以这场战争被称为"布匿战争"。罗马同迦太基的战争共有3次,第一次从公元前264年到公元前241年共持续23年,第二次从公元前218年到公元前201年长达17年,第三次从公元前149年到公元前146年,迦太基城被消灭,迦太基国成了罗马的"阿非利加省"(Africa Province)。

迦太基势力范围

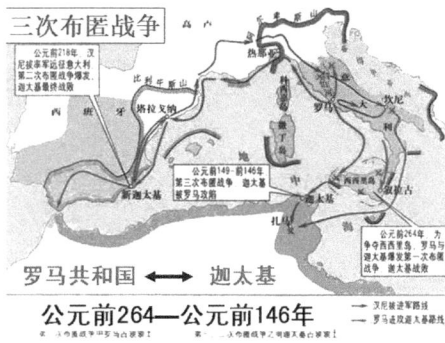

三次布匿战争

　　迦太基人以航海和经商著称，为保障商船的安全，迦太基很早就建立起一支强大的海军。而罗马人在与迦太基开战时，还是"旱鸭子"，根本不识海战。第一次布匿战争中，罗马为战胜迦太基，建立了自己的海军。但相较于对手，罗马海军起步较晚，在海战经验上大大逊色于迦太基。为对付迦太基海军，他们在自己的战船上安装了一种被称为"乌鸦"的接舷小吊桥。当与敌舰靠近时，趁机迅速放下小吊桥，吊桥前端的长钉会使它牢牢钉住敌舰。罗马士兵借此冲上敌舰，与敌人肉搏，变海战为"陆战"。罗马人就是利用这种独特的"陆军海战队"，赢得了第一次布匿战争的胜利，占领了自古以来就有"粮仓"美誉的西西里岛。

　　但罗马并不满足于有限的胜利，这只是它建立地中海霸权的开端。迦太基人更不甘心自己的失败，于是双方又因在西班牙的利益冲突发生了第二次争夺霸权的战争。这次战争中罗马人遭遇迦太基卓越的统帅汉尼拔（Hannibal，公元前247—公元前183），先是在公元前217年的特拉西美诺湖（Trasimeno）战役中几乎全军覆没，后又在公元前216年的坎尼（Cannae）战役中损失惨重。面对接连的失败，罗马采取了各种措施：一是紧急征兵，充实兵源；二是调整官制，启用独裁官制，并将一年一任的执政官任期延长，使其权力相对稳定；三是倾国库所有财富以及征收加倍的财产税支付庞大的军费开支；四是寻找能与汉尼拔匹敌的统帅，最后找到了西庇阿（Publius Scipio，公元前236—公元前183）。公元前202年，双方决战于扎马（Zama），汉尼拔被打败。次年，两国缔结条约：迦太基丧失非洲以外的一切领土，50年内向罗马赔款1万塔兰特（Talent），除保留10艘舰船外，其余舰只全部交给罗马，不经罗马允许迦太基不得与任何国家进行战争。从此，迦太基从强国的名单上消失了，沦为罗马的附庸国，西部地中海的霸主由罗马取而代之。第二次布匿战争罗马除了取得军事上的胜利，还引发了国内政治、经济、社会的一系列变化。政治上的变化是，战争造就了一批手握重兵的卓越将领，他们不断积攒实力，最终把共和制埋葬进坟墓；经济社会的变化是，战争使罗马掠获了大量战俘，刺激了奴隶制经济的发展,小农经济遭到严重冲击,自由民纷纷破产,共和国赖以生存的经济基础发生动摇。

卢浮宫的汉尼拔雕像　　　　　西庇阿

第二次布匿战争之后,迦太基在军事政治上已经无力与罗马竞争,但是经济上仍有对罗马构成威胁的潜力。为消除隐患,公元前149年罗马对迦太基发动第三次灭城之战,三年的围攻使原本60万人的迦太基城只剩下5万人。公元前146年,迦太基城被攻陷,这5万人被卖为奴隶,整个城市被彻底摧毁,罗马人在迦太基的废墟上建立了阿非利加省。

布匿战争使罗马人控制了整个地中海西部地区,同时也使罗马开始接触东部地中海的一些国家,从而导致了罗马对希腊化东方的征服。通过三次马其顿战争(公元前215—公元前204,公元前200—公元前197,公元前171—公元前168)、塞琉古战争(公元前192—188,又称叙利亚战争)以及在西班牙的用兵等一系列军事行动,逐一征服了马其顿、希腊半岛和西班牙的大部分地区。塞琉古王国虽然还没有完全被兼并,但实际上已沦为罗马的附庸。原先强国林立的东部地中海世界,现在就只剩下一个托勒密王朝统治下的埃及。至此,罗马人控制了整个地中海周边地区,版图跨越欧亚非三洲,奠定了以后罗马帝国的框架。

罗马人之所以能够在控制意大利半岛之后一个世纪的时间里把地中海变成"内湖",主要归功于罗马先进的政治体制和军事组织。

罗马著名的历史学家波里比阿(Polybius,公元前204—公元前122)指出:"罗马国家在管理上体现了三种政体形式的特色,即君主专制、贵族寡头政治和民主政体……从执政官的权力来看,完全是君主政体或王权政体;从元老院的权力来看,又像贵族政体;可是从公民大会中群众拥有的权力来看,似乎又有些民主政体的色彩。"这种独特的混合政体,在保持政治高效率的同时又能够避免任何一方专权而导致腐败。

军事组织方面,罗马在王政时代和共和初期实行一种以财产为资格的亦农亦

公元前 2 世纪末的罗马

兵的公民兵制度,后来适应频繁对外作战的需要,改为发放薪饷的职业化军队,军队最基本的作战单位是军团。罗马军团是一种把严密的组织性和机动灵活的战术结合起来的具有罗马特色的新军制。公元前 4 世纪以前,罗马由于人口少,势力弱,军团的数目一般保持为 4 个。公元前 4 世纪以后,随着战争规模扩大,敌人增多,4 个军团已远不足以应付战争的需要,第二次布匿战争期间,罗马军队同时在各处作战,军团的数目达到 10 多个。到共和末期,军团的数目甚至达到数十个之多。军团采用进攻能力极强的重投枪和椭圆形大盾等新式武器。可以说,在古代地中海世界,罗马的军事装备一直处于领先地位,这主要是罗马人能够不断适应新的作战条件和吸收改进其他民族的优秀成果。波里比阿曾说:"没有哪种人比罗马人更能毫不迟疑地采用新式样,效法他们见到的别人的优点了,这也是他们的长处之一。"

为了保持良好的军纪,军团实行严明的奖惩制度。对战功卓著的士兵给予各种各样的物质和精神奖励。如在公民大会上给予表彰、增加薪饷、多分战利品、提升官职、颁发荣誉奖章等。对在战斗中第一个登上敌人城墙、壁垒、军舰等的战士,或是在激战中拯救了战友的战士,则奖以花冠,这是一项崇高的荣誉。另外,胜利的统帅如在一次战役中歼敌 5000 以上,且有开疆拓土之功,则由元老院决定授予月桂花冠,并举行凯旋式,这是给予将军的最高奖励。与此相应,罗马军队的惩罚手段却是异常严酷的,其严酷程度有时令人咋舌。在罗马军队中,任何违背命令的行动都是不允许的,不管这种行动的动机和结果如何,都要受到严厉的惩罚。如在公元前 340 年的一次战争中,罗马执政官曼里乌斯(Manlius)之子就是因为违反统帅的禁令,在侦察中同敌军指挥官单独决斗而被处死。罗马军法规定,凡是违反军令,临阵脱逃和表现怯懦者,都要在战士队列前受到鞭挞,然后砍头示众。如果是整个部队在战斗中胆怯溃逃,则采取严酷的所谓"什一抽杀律",即把战败或溃逃的军团士兵排成一排并从中抽出十分之一处死。此外,哨兵站岗时睡觉则要被押解到军事法庭受审并用石头或木棍殴打至死。对较轻微的过错也要给予处罚,如鞭笞、降薪、降职、服苦役以及剥夺公民权等。

先进的政治体制,合理的军事组织,优良的军事装备和严明的纪律造就了一支强大的罗马陆军。正是依靠这支军队,罗马国家东征西伐,征服了古代地中海世界所有的国家和民族,并奠定了后来罗马帝国繁荣和强盛的基础。

### 4. 共和国晚期的社会斗争

公元前 2 世纪中叶以后,罗马成为地中海世界独一无二的霸主。伴随霸业的确立,罗马社会也在发生着深刻的变化,大量奴隶的流入刺激了奴隶制经济的迅速发展,也激化了各种社会矛盾。这一时期罗马的社会矛盾主要有奴隶和奴隶主的矛盾,平民和大地产所有者的矛盾,统治阶级内部的矛盾。

（1）奴隶和奴隶主的矛盾

罗马对外征服的一个直接后果是大量战俘奴隶涌进意大利半岛。公元前 262 年,罗马在第一次布匿战争期间占领了西西里一城市,把当地 2.5 万居民卖到意大利当奴隶;公元前 218 年,侵占西班牙时俘获 2000 名技工到罗马当奴隶,从事武器生产;公元前 209 年,攻陷他林顿城,将 3 万居民卖为奴隶;公元前 205 年至公元前 201 年第二次布匿战争期间,在北非俘虏了 2 万多战俘。大量战俘奴隶的涌入,为罗马社会提供了大量廉价的劳动力,奴隶劳动广泛地应用到农业、手工业以及矿山等各个生产领域。在脑力劳动各领域（如乐师、医师、教师）也使用奴隶。另外,在包税商和高利贷盘剥下很多自由民也沦为债务奴隶,还有海盗抢劫来的奴隶也是奴隶的重要来源。

罗马各大中城市都设有奴隶交易市场。奴隶的价格各不相同,做杂活的 2000 赛斯退斯（Sestertius）,有知识的 8000 赛斯退斯,擅长烹饪的高达 1 万赛斯退斯。奴隶在法律上被视为主人的物品和财产,而不被当人看待,他们没有"人格",只是"会说话的工具"。伤害或杀死别人的奴隶,只需向奴隶的主人作一定赔偿,对奴隶本人不负法律责任。奴隶的婚姻不被法律承认,子女一生下来就是奴隶。

奴隶的处境大多非常悲惨。他们在矿山、工地和农庄里劳动时,往往带着镣铐,额头打上烙印,住在潮湿的地窖里,吃不饱穿不暖,在监工的鞭打下从事着艰苦的劳动。在奴隶主的摧残下他们大都在壮年就丧失了劳动能力,被奴隶主如同处理废品一样地卖掉。

奴隶主的残酷剥削激起了奴隶的反抗怒火,他们甚至发动起义以反抗奴隶主。公元前 2 世纪初,拉丁姆、埃特鲁斯坎等地发生了奴隶起义,但很快被镇压下去。公元前 138 年西西里岛发生了一次规模浩大的奴隶起义。起义军转战各地,打击奴隶主,号召奴隶和贫民参加,人数壮大到 20 万左右。起义军还建立了"新叙利亚王国",设立了议事会。统治者大为惊恐,调兵进行围攻,公元前 132 年起义被镇压下去。公元前104年,因释放奴隶问题,又引发了第二次西西里奴隶起义,持续3年之久,使罗马人再次受到沉重打击。在第二次西西里奴隶起义时,希腊、黑海北岸等地也都发生了奴隶起义,但对罗马统治者最构成实质性威胁的当属公元前73年的斯巴达克斯(Spartacus)起义。

　　斯巴达克斯出身色雷斯王族,在与罗马的战争中被俘为奴。因体魄强健、勇武过人,斯巴达克斯被送进角斗士学校训练。角斗士学校非人的虐待令人不堪忍受,斯巴达克斯秘密联络了一批奴隶,准备以斗争的方式取得自由。公元前73年春,起义的密谋泄露,斯巴达克斯率领70多人逃上附近的维苏威(Vesuvius)火山,举起义旗。无数渴望自由的奴隶从四面八方云集而来,起义的队伍不断壮大。在斯巴达克斯的领导下,起义军多次与罗马军队交锋,屡获胜利,声威大震。罗马元老院欲任命一名新的全权司令官来挽回败局,但所有的人都害怕,没有人敢于毛遂自荐。最后元老院任命大富豪克拉苏(Crassus,公元前115—公元前53)为司令官,授以类似独裁官的巨大权力。克拉苏采取严酷的"什一抽杀律",严明军纪,恢复士气,在与起义军的较量中逐渐占据上风。而此时起义军内部出现意见分歧,再加上原先答应为起义军提供船只的海盗背约,起义最终失败,斯巴达克斯在战斗中壮烈牺牲。克拉苏对起义者施以残酷报复,将6000名被俘者钉死在加普亚到罗马大道两旁的十字架上,以示警戒。

斯巴达克斯起义

尽管斯巴达克斯起义以失败告终，但还是给罗马统治了敲响了一记警钟，迫使他们减缓剥削奴隶的程度，尽可能调动奴隶生产的积极性。尤值一提的是，斯巴达克斯起义后不久，罗马农业生产领域中出现了把农庄分成小块出租给奴隶的隶农制。

（2）平民和大地产所有者的矛盾

罗马共和国以农为本，共和早期土地分为国有土地、公民份地和贵族土地三种所有制形式，分配的原则比较公平。无论元老贵族、执政官还是普通士兵，都分得同样数额的份地。小土地所有制是共和早期罗马政治、经济和军事制度赖以存在与发展的基础。但是随着不断的对外征服，罗马占有了大量的土地和奴隶，出现了大地产所有者，对小土地所有制造成严重冲击，甚至公元前1世纪末大土地所有制取代了小土地所有制，共和国的土地问题再度尖锐起来。

为缓和因土地问题引发的社会矛盾，维护共和国的统治，公元前133年，担任保民官的提比略·格拉古（Tiberius Gracchus，公元前168—公元前133）提出了保护平民利益的土地法案：限定每户占有公地面积不得超过1000犹格（约250公顷）；超过规定数量的土地收归国有，然后分成30犹格一块，分配给贫民使用，不准出卖，但可世袭；分配土地的工作由每年选举的"三人委员会"负责处理。格拉古的改革是为了缓解当时因土地兼并所激化的社会矛盾，措施比较温和，即便如此，还是激起了占有大量公有地的元老贵族的强烈反对，最终竟野蛮地使用木棒、凳子将提比略及其追随者300人活活打死。

十年之后，和哥哥一样才能出众的弟弟盖约·格拉古（Caius Gracchus，公元前154—公元前121）出任公元前123年的保民官，并在任内成功连选连任。他继承哥哥未竟的事业，重提土地法案，使提比略的土地法案在盖约时代真正地得以实施。盖约还提出了粮食法、审判法、筑路法、军事法和亚细亚省包税法，他躬身力行，表现出非凡的能力。公元前122年，盖约提出了两项更为激进的法案，殖民地法和公民权法，后一项法案要求给被征服的意大利人以罗马公民权，遭到元老院的反对和暗算。公元前121年，盖约及其支持者3000余人被杀。

表面来看，格拉古兄弟的改革因大土地所有者和元老院的激烈反对先后失败，但实际反映了共和体制已无法适应新形势的需要，小农的分化和破产已不可遏止。

（3）统治阶级内部的矛盾

大地产和奴隶制经济的盛行，小农的破产，使得建立在小农经济之上的罗马公民兵制度瓦解，军队内部纪律涣散，战斗力日益减弱。这在公元前111年至公元前104年对北非努米底亚（Numidia）国王朱古达（Jugurtha）的战争中充分暴露出来。罗马的公民兵军队屡战屡败，损失惨重。为挽回败绩，曾担任过保民官、行政长官和西班牙行省总督、执政官等职的马略（Gaius Marius，公元前157—公元前86）被推到历史的前台，进行了一场军事改革。改革主要内容是：以募兵制代替征兵制；根据服役年限领取作为生活补贴的薪饷（普通士兵每年1200阿司 Aes，百人队长

2400 阿司，骑兵 3600 阿司）；增设工兵和机械兵等新兵种，改良军事装备，投枪、短剑成为主要武器；创设军团团徽，每个军团都有自己的鹰徽；加强军训，严明军纪。马略的改革结束了公民兵制度，解决了兵员枯竭问题，但改革也使得原有的公民兵变成了长期服役的职业军队，造成了军人的跋扈，为以后的军事独裁埋下了引线。

马略的部将苏拉（Lucius Sulla，公元前 138—公元前 78）成为罗马历史上第一位建立军事独裁的人。苏拉在朱古达战争中开始崭露头角，在公元前 90 年至公元前 88 年罗马人同意大利人的同盟战争中更是尽显军事才能，声望超过了马略。公元前 88 年苏拉当选为执政官。就在这一年，小亚细亚发生了本都（Pontus）国王米特里达梯六世（Mithridates VI）挑起的米特里达梯战争，声势浩大，威胁到罗马的统治。苏拉和马略都希望自己能够率军征讨本都王，以捞取更多的资本，最终苏拉胜出。马略不甘心失败，他在苏拉军队还未开出意大利时，就策动支持自己的保民官普布利乌斯·卢福斯提议免除苏拉的东征职务，提议被通过。苏拉闻讯，迅速调转军队前进的方向，倒戈罗马城。入城后，苏拉大肆捕杀马略党人，马略逃往非洲，他和他的支持者被宣布为"罗马人民的公敌"，财产全部充公。苏拉随即颁布新法，强化元老院的权力，使之成为国家最高权力机关，剥夺保民官的否决权，限制保民官参政议政的权力。

在罗马局势稳定之后，苏拉率军前往东方，用利剑重新恢复了罗马在希腊半岛和小亚细亚的统治。就在苏拉忙于东方战争期间，马略从非洲返回罗马，与支持他的执政官秦纳（Lucius Cinna，？—公元前 84）联合攻陷罗马城，搜杀苏拉党人，宣布苏拉为"公敌"，没收其财产。公元前 86 年，秦纳、马略任执政官，不久马略病逝，秦纳大权独揽。公元前 83 年，苏拉带着一支完全效忠于他的军队，乘着在东方的胜势，杀回罗马，大肆屠杀政敌，烧毁他们的房屋，没收他们的财产，整个罗马城乃至意大利一时间血雨腥风。最后，苏拉又操纵元老院，宣布他为"终身独裁官"。苏拉凭借武力和军队，成为罗马历史上第一个无任期限制的独裁官，在罗马历史上第一次建立了独裁统治，这成为共和国走向灭亡的重要一步。公元前 79 年，就在苏拉权势如日中天的时候，在一次公民大会上突然宣布引退，回到农庄过起隐居生活，第二年病逝。

苏拉的独裁统治违反了罗马的共和传统，早已引起社会各阶层的不满，在他死后，国内爆发了反苏拉运动。苏拉的部将庞培（Gnaeus Pompeius，公元前 106—公元前 48）率军四处征讨，在这一过程中权势日益增强。在庞培镇压反苏拉运动的同时，大富豪克拉苏在元老院的任命之下也在忙于扑灭斯巴达克斯起义之火。庞培在镇压下反苏拉运动后，又帮助克拉苏镇压了斯巴达克斯起义。公元前 70 年，罗马的局势暂时恢复平静，共和制度似乎回来了，公民大会和保民官的权力恢复，执政官按时选举。庞培、克拉苏被选为公元前 70 年的执政官。他们颁布了一些有利于平民的政策。克拉苏还从自己的私产中拿出 1/10，以献祭神的名义摆宴招待百姓,并且给罗马公民每人 3 个月的粮食补贴。

就在庞培和克拉苏活跃于罗马政治舞台上之时,又一位人物恺撒（Gaius Julius Caesar,公元前 102—公元前 44）出现了。当然,与克拉苏、庞培相比,恺撒要逊色得多,他既不能在军功上与庞培竞争,也不能在财富上同克拉苏匹敌。然而,当时罗马的形势却为恺撒实现政治野心创造了契机。

恺撒出身名门望族,是马略的内侄,18 岁时娶秦纳的女儿为妻,并因此受到苏拉的迫害而逃亡。苏拉死后,恺撒返回罗马,积极参与罗马的政治生活。公元前 77 年,24 岁的恺撒大胆揭露前马其顿行省总督的贪污案,使罗马政界为之震惊,并开始对他刮目相待。恺撒抓住机会,先后出任财务官和市政官。在此期间,他凭借对马略的悼念活动,打击苏拉党羽,抬高自己的身价和声誉。为了笼络人心,恺撒慷慨捐资,不惜耗尽资产,甚至欠债。例如,他负责监修阿皮乌斯大道（Via Appius）时,自己掏腰包补贴这一工程的建设。公元前 63 年,恺撒当选大祭司长。次年,担任行政长官,期满后出任西班牙总督。公元前 60 年在西班牙捞得盆满钵满的恺撒载誉回到罗马,竞选执政官,这时的恺撒已经可以和庞培、克拉苏比肩。三人都野心勃勃,欲谋大权,但必须除去元老院这块绊脚石,可单靠自身的力量又远远不够,于是三人决定联合起来,共同对抗元老院。公元前 60 年,三位政治家达成互相支持的协议,建立了秘密政治同盟,这就是罗马历史上的“前三头同盟”。这是一个反对元老贵族和为夺取国家权力而临时结成的政治同盟。三头中庞培握有军队,克拉苏腰缠万贯,恺撒在民众中有较高的威望,他们虽然代表着不同集团的利益,但是其中任何一个人也没有力量独揽权柄与元老贵族抗衡,三人只有暂时妥协和联合。恺撒在庞培和克拉苏的支持下,当选了公元前 59 年的执政官,后经公民大会投票,恺撒在执政官期满后,担任高卢总督,为期 5 年,后又续任 5 年。恺撒选择高卢是怀有政治目的的。他要利用征服高卢之机,树立在军事上的权势,培训一支可供自己调遣的军队,同时又可掠夺大量财富,以便在日后夺取罗马政权的斗争中占据优势。

就在恺撒纵横捭阖,利用种种机会和资源拥揽大权之际,公元前 53 年克拉苏战死于东方战场,三头同盟变成了两雄对立。为击溃庞培,独揽大权,公元前 49 年,恺撒突然从高卢进军罗马,迫使庞培和一批与他站在一起的元老仓皇出逃。恺撒在夺取了罗马政权后,公元前 48 年又出兵彻底击败庞培,庞培逃至埃及被杀。恺撒追至埃及,与美丽的克娄帕特拉（Cleopatra,公元前 69—公元前 30）产生了爱情,并帮助她做了埃及女王。

恺撒成了三头同盟中的唯一主宰,公元前 48 年,他被选为终身保民官,并担任 5 年执政官。公元前 45 年,又被宣布为终身独裁官。此外,他还兼有大元帅、风俗长官、大祭司长等头衔,以及“祖国之父”的称号。继苏拉之后,恺撒在罗马历史上又一次建立了独裁统治。

　　大权在握的恺撒对罗马社会进行了大刀阔斧的改革。他放宽元老的遴选资格，把元老院人数从 600 增至 900；增加高级官吏人数，所有官吏一半由人民大会选出，一半由他任命；向行省居民授予罗马公民权，扩大国家统治的社会基础；改革行省官制，严惩犯有贪污勒索罪的行省官吏；遣散无业游民；改革币制和历法，推行新的单一金币制，采用太阳历。恺撒的改革解决了当时罗马政治和经济领域许多急需解决的现实问题，但也给了共和制度以致命的打击，促进了共和制向帝制的转变，得罪了国内的共和派。公元前 44 年，当恺撒的部将安东尼（Mark Antony，公元前 83—公元前 30）把一顶王冠戴到恺撒头上，彻底摒弃共和传统时，早已对恺撒独裁不满的共和派决定铤而走险，3 月 15 日指使贵族布鲁图（Brutus）和卡西乌斯（Cassius）等人在元老院会议厅将恺撒刺杀。

恺撒之死

　　恺撒被刺后，罗马并没有迎来共和的太平盛世，相反国家再度陷入混乱之中。人们开始怀念恺撒带来的好处和秩序。这样一种政治氛围对恺撒的支持者安东尼、雷必达（Marcus Lepidus，公元前 89—公元前 13）和屋大维（Gaius Octavius，公元前 63—公元 14）十分有利，三人趁机结成同盟，即所谓"后三头同盟"。后三头同盟首先以武力威逼解散了原来的政府，迫使公民大会通过决议，承认三头同盟的合法性。接着，三头同盟进行公敌宣判，打着"为恺撒报仇"的旗号，清除反对势力，大约 300 名元老和 2000 名骑士被杀，财产被没收。在慑服了罗马和意大利之后，公元前 40 年，他们划分了势力范围：安东尼统治东方行省并负责对帕提亚的战争；雷必达统治阿非利加行省；屋大维统治意大利、高卢和西班牙。势力范围的划分只是暂时缓和了三头争夺罗马最高权的斗争。屋大维借助坐镇意大利之便，逐渐和元老贵族、骑士富豪达成谅解，势力不断壮大。公元前 36 年，屋大维剥夺了雷必达的军权，把罗马西部地区和非洲各行省置于自己的统治之下。安东尼以埃及为据点在东方发展自己的势力。在偶遇埃及女王克娄帕特拉并爱上她后，安东尼被爱情冲昏了头脑，要把属下的土地作为爱情的礼物赠送克娄帕特拉。这一举动恰恰授屋大维以口实，他操纵元老院和公民大会宣布安东尼为"祖国之敌"，并向埃及宣

战。公元前 31 年,屋大维同安东尼、克娄帕特拉决战于希腊西海岸的亚克兴
(Actium)海角,后者大败,逃回埃及亚历山大里亚,自杀身亡,埃及并入罗马版图。
屋大维凯旋罗马,再次建立了军事独裁,共和国被最终埋葬,罗马进入了帝制时代。

# 二、帝国时代的罗马和社会经济发展

### 1. 奥古斯都的元首政治

亚克兴战役后,屋大维承袭了恺撒的全部权力。不过,他吸取历史教训,不全
盘抛弃罗马近 500 年的共和传统,当然也不轻易丢掉已经到手的个人权力。于是,
他找到当时民意肯于接受的外部形式,打出"恢复共和"的旗号,他本人则选中"第
一公民""奥古斯都"(Augustus)的头衔,从而创造了一种新的政体——元首制。
元首制是世界古代文明史上出现的一种十分独特的政体,德国历史学家蒙森
(Christian Mommsen,1817—1903)称之为"两头政治",即元首和元老院分别管理
一部分帝国,实行共治。但实际上,元首制不过是披着共和外衣的君主专制政治,
元首的权力是一种不受制约的专制君主的权力。

首先,奥古斯都对当时不仅人数庞杂而且对自己职责漠不关心的元老院进行
清洗和改造。他将元老院的人数确立为 600 人,规定元老拥有的财产数额,器重元
老的个人品质,规定元老院开会的固定日期。为严密控制元老院,奥古斯都成立了
一个非正式的半年委员会,起初由 2 名执政官、其他高级行政官各 1 名和抽签选出
的 15 名元老组成,但是到奥古斯都晚年,该委员会只由皇帝的亲朋好友组成。奥
古斯都向元老院提出的重大问题,事先都经过该委员会的讨论。因此,政治决策的
核心不再是元老院或人民大会,而是皇帝的亲朋了。

奥古斯都时代,人民大会几乎名存实亡。据统计,在奥古斯都执政的前 20 年,
有 21 项法令由人民大会通过,而后 20 年仅 4 项法令由人民大会通过。人民大会
成了批准元首法令的点缀品。人民,特别是城市贫民,对行使政治权利兴趣索然,
他们只关心面包和娱乐。因此,似有若无的人民大会只不过是皇帝手中的橡皮图
章。奥古斯都时代虽有某些官员的共治,但却找不到元首同其他官员之间的制衡
关系,也看不出元老院和人民大会对元首权力有何制约,更不用说批评或弹劾
元首了。

奥古斯都还紧控财政大权。他设立了专门的皇帝金库,凡皇帝行省的收入均
存入该金库。当国库拮据之时,奥古斯都便从皇帝金库拨款给它。同样,为执行公
务,奥古斯都有权在取得元老院同意后从国库提取资金。虽然元首和元老院共同
负责发行铸币,但他们的权力并非平等。公元前 15 年,奥古斯都在高卢建立了一
个皇帝铸币厂。公元前 12 年起,该铸币厂成为帝国境内唯一铸造金银币的工厂,
设在罗马的元老院铸币厂只能发行青铜币和铜币。

屋大维

　　奥古斯都在牢牢控制住大权之后，顺应民意，满足人民渴望摆脱战乱之苦、休养生息的愿望，下令让元老院三次关闭亚努斯（Anus）神庙，以示赢得了陆上和海上和平，即所谓"罗马和平"。在保卫"罗马和平"方面，奥古斯都以两种方式运用手中的武装力量：一是以武力相威胁，迫使周边国家和民族屈服于罗马；二是直接出兵镇压起义和扩大帝国边界。在罗马历史上，奥古斯都征服的领土比以往任何统治者征服的领土都多。为此，奥古斯都特别重视军队在维护和平与稳定方面的柱石作用，在他统治时期最终完成了职业化常备军的建立。奥古斯都还建立了巡警大队负责城区的消防，同时另设警察大队维持治安，创建享有特权的近卫军保卫元首安全。

　　奥古斯都把净化人的心灵的道德教育看成维护政治稳定的必要条件。面对人心不古、世风日下的局面，他积极鼓励弘扬传统民族精神，恢复了古老的神龛，建立了许多新的宏大神庙。他让人们相信，得到神助的元首制会化解任何危险，利用宗教进行身心统治并不亚于武力镇压。

　　以法治国是奥古斯都维护政治稳定的最主要的手段。贪污受贿、奢侈浪费、卖官鬻爵、叛逆通奸等腐败行为是社会动乱之源，奥古斯都决心通过立法根除这些社会弊端。他修订了原有的法律，又颁布了一些新法，统称"朱里亚法"。反奢侈浪费的朱里亚法规定了工作日午宴、节日午宴和婚宴的最高花费。反暴力的朱里亚法规定，凡在公共场所武装行凶者，当判流放之刑；若非武装行凶，没收罪犯 1/3 的财产；如果强奸少女、寡妇或其他人，强奸者和同案犯均应判处死刑。反贪污的朱里亚法规定，如果法官在任职期间贪污公款，应当判处死刑，同谋者和窝赃者也一律处死。反贿买官职的朱里亚法则以流放之刑惩处那些卖官鬻爵之徒。

**2. 罗马帝国及其社会经济发展**

**(1)罗马帝国的历史发展**

奥古斯都死于公元 14 年 8 月,在位 16 年,由他所开启的帝国时代可以分为前后两个阶段,前期是公元前 30 年到至公元 283 年,后期是 284 年至 476 年。

前期帝国在奥古斯都之后经历了四个王朝:克劳狄王朝(Claudian Dynasty, 14—68)、弗拉维王朝(Flavian Dynasty,69—96)、安敦尼王朝(Antonine Dynasty, 96—192)和塞维鲁王朝(Severan Dynasty,193—235)。235 年至 284 年,政变多发,元首频繁更替,共更换了 24 位,致使政局一片混乱。王朝以元首为中心,王位由其亲属或部下继承,同一王朝中的历代元首,除血统联系外,还属于同一政治集团。四个王朝中,王权极盛、统治稳固的当推安敦尼王朝。安敦尼王朝的六位元首涅尔瓦(Nerva,96—98 在位)、图拉真(Trajan,98—117 在位)、哈德良(Hadrian, 117—138 在位)、安敦尼(Antonius,138—161 在位)、马可·奥勒留(Marcus Aure-lius,161—180 在位)、康茂德(Commodus,180—192 在位)在位近一个世纪,把帝国的疆域扩张至极点,经济繁荣,文化发达,社会有序,被称为帝国的"黄金时代"。随着 192 年康茂德死于宫廷政变,帝国前期的和平与安宁宣告结束。

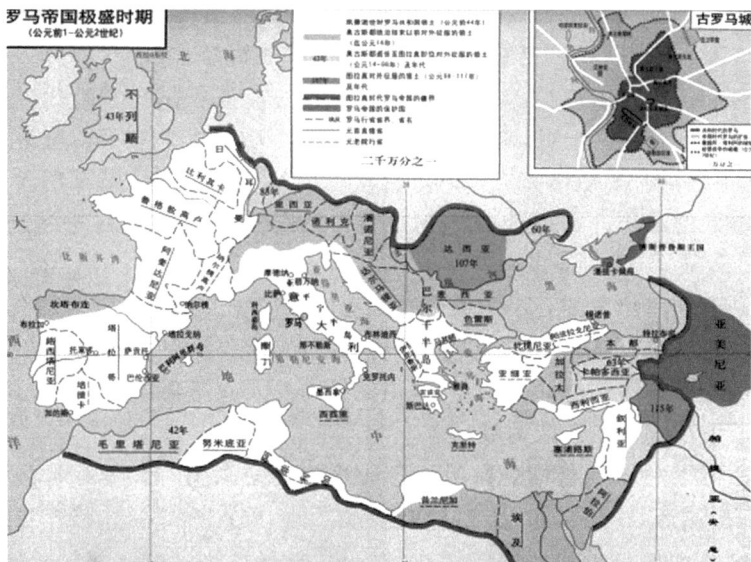

罗马帝国极盛时期

自屋大维公元前 30 年建立"元首政治"起,这种政体沿用了近三百年。270 年奥勒良(Aurelian,214—275)继位之后摒弃"元首"称谓,自命为"君主和神",所有罗马人都是他的臣民,这在加强君主专制统治的道路上又跨出了一大步。284 年宫廷近卫军首领戴克里先(Diocletian,244—312)被军队拥立为君主,他除了被尊称为"奥古斯都"之外,"君主"已经代替"元首"而成为其正式称号。他自称是"众神之父"朱庇特(Jupiter)的儿子,权力不是得之于元老院或公民大会,而是得之于"天"。戴克里先公开仿效波斯君主,头戴王冠,穿着镶有珍珠宝石装饰的紫袍,臣下晋见时行跪拜吻袍之礼。昔日共和时期所遗留下来的机构与官职,诸如元老院、执政官、保民官等等,名义上还存在,但已经不发挥任何政治作用了。帝国的独裁特征在此时表现得更加明显,君主被认为是世界的统治者,万物的主人,以严格的宫廷仪式为特征的觐见包含了所有这些含义。违背君主不仅被认为是犯罪行为,而且是亵渎神灵的行为。帝国从元首制时期过渡到君主制时期。

戴克里先和他的"四帝共治"

戴克里先开创了一个新时代,为了使罗马从长期军事混战的泥潭中脱离出来,他对政治统治模式进行新的探索,将整个帝国划分为 12 个行政区,12 个行政区隶属于 4 个大行政区,由他和三位副手分别统治,但戴克里先握有最高权力,历史上将这种统治模式称为"四帝共治制"。戴克里先通过这种方式,使整个帝国分而不割,保持统一,结束了 50 年来军事混乱的局面,确保了帝国领土完整,使帝国保持20 余年的相对和平,奠定了晚期罗马帝国的基本政治框架。但改革是不完善的,他没有从根本上解决罗马帝国的政治和宗教信仰等方面的问题,只是凭借个人的权威,保证四帝共治统治模式的正常运作,王位继承制度仍是一个悬而未决的问题。戴克里先希望通过恢复罗马的传统宗教和迫害基督教,来加强君主的权威,保证思想的统一,但在人们对多神教的信仰出现危机、基督教蓬勃发展的形势下,这只是凭借政治权威强制执行的一种政策,注定以失败告终。君士坦丁(Constantine,272—337)在吸取戴克里先改革的经验和教训的基础上,完成了罗马帝国的重建,最终确立了君主专制制度。

君士坦丁废除"四帝共治制",扩充官僚机构,由皇帝亲自任命民政等高级官员。同时,他将帝国划分为高卢、意大利、伊利里亚和东方四大行政区,其下设行政区,再下为各行省。330 年,君士坦丁把帝国首都迁到东方的拜占庭,改名为君士

君士坦丁大帝

坦丁堡(Constantinople)。君士坦丁维护奴隶制度,废除 2 世纪时奴隶主不得任意杀死奴隶的法律,重申奴隶主有权杀死奴隶,重惩逃亡奴隶及煽动逃亡者,允许把被释奴隶及其子女重新变为奴隶,力图把隶农降到和奴隶相似的地位。他试图通过这些措施挽救日益崩溃的奴隶制。君士坦丁的功绩主要体现在对基督教所持的政策上。

公元 1 世纪兴起于巴勒斯坦地区的基督教,屡遭罗马当局的迫害。64 年,罗马城发生大火,传言为皇帝尼禄(Nero,37—68)所放,尼禄却归罪基督徒,进行全城搜捕,拉开罗马政府大规模迫害基督徒的序幕。在随后的近三个世纪里,罗马政府一直对基督徒进行全国性的大迫害,但是政治的迫害阻挡不住基督教的传播。3世纪末,基督教已经在罗马社会的各个阶层广泛传播,不仅在东方行省,而且也在西方行省甚至在罗马城拥有人数众多的信徒。当时在 100 万罗马城人口中,基督教徒约有 5 万人,就连戴克里先和君士坦丁的妻女都信仰基督教。面对基督教拥有巨大力量的现实,迫害和取缔显然已不可能解决问题。公元 313 年,君士坦丁顺应时势,在米兰发表《米兰敕令》(Edict of Milan),规定无偿归还基督教徒的集会场所以及教会财产,允许基督教与其他宗教并存,拥有合法的地位。从此以后,帝国的统治者改变了对基督教的政策,392 年,基督教最终成为帝国国教。

337 年君士坦丁死后,帝国发生了 16 年争夺皇位的混战,随后也无法建立稳固的政权。到狄奥多西(Theodusius,346—395)时,曾一度恢复统一的残局,但他395 年死后把帝国传给两个儿子,帝国被一分为二,即以罗马为首都的西罗马帝国和以君士坦丁堡为首都的东罗马帝国。至此,统一的罗马帝国不复存在,罗马的繁荣成为明日黄花。

分裂后的罗马帝国,东部地区由于奴隶制危机并不严重,经济又相对景气,社会稍显稳定。相比之下,西部地区显得危机深重,表现就是人民起义此起彼伏,如高卢的巴高达运动(Bagaudae,高卢语意为"战士")、北非的亚哥尼斯特运动

(Agonistici,意为"信仰的斗士")大大削弱了罗马统治的基础,使帝国不堪一击。雪上加霜的是,4世纪下半叶,来自东方世界的匈奴从里海向西突进,导致了西哥特(West Goths)、汪达尔(Vandals)等日耳曼"蛮族"的连锁西迁,一部分"蛮族"进入西罗马境内,与罗马人发生冲突,并于410年攻陷罗马城。451年,匈奴领袖阿提拉(Altila,406—453)再攻罗马,罗马人无奈之下,联合"蛮族"共同御敌,从此罗马皇帝成为"蛮族"雇佣兵的傀儡。476年,西罗马最后一个皇帝罗慕路斯(Romulus Augustus,463—?)被"蛮族"雇佣兵首领奥多维克(Odovacar,435—493)废黜,西罗马帝国灭亡。

(2)帝国的社会经济

①生产工具的改进、手工业和农业的发展。帝国前期,由于公元前2世纪以来的经济发展、各地生产经验的交流,和某些科学技术的应用,生产工具有了明显的进步。这时,在希腊和意大利北部出现了带轮的犁,在高卢出现了割谷器。工业方面,水磨在磨粉和矿业中逐步推广,复滑车和起重装置应用于建筑工程,矿山则利用了排水器械。与此同时,意大利和行省的手工业都有了显著发展,表现在手工业门类增加、产品种类繁多、技术分工细密、各地素享盛名的传统手工业复兴等方面。意大利、埃特鲁斯坎、坎巴尼亚的金属工业(青铜和铁)、玻璃吹制,阿列提乌姆的制陶业,莫德纳的制灯业,都兴盛一时。庞贝城(Pompeii)的发掘反映出当时城市手工业的兴旺景象。庞贝遗址中有呢绒、珠宝、石工、香料、玻璃、铁器、磨粉、面包等作坊。罗马城的手工业行业更达80余种。当时意大利的城市手工业生产以中小作坊为主,其中有奴隶三人、五人和雇工数人,也有役使上百奴隶的大作坊(如阿列提乌姆的制陶作坊)。

庞贝古城遗址

前期帝国经济发展的一个显著特征是,意大利的农业落后于手工业,而整个意大利的经济又落后于行省。帝国社会经济的繁荣主要表现为行省经济的发展。北方的高卢人一向以手工灵巧著称,自公元前5世纪起,武器、首饰、陶、木和造车等手工业即已逐步达到较高水平,到帝国时期更得到进一步发展。高卢南部和莱茵河沿岸各地兴起了金属、纺织、制陶和玻璃行业,产品行销中欧、不列颠和西班牙。地中海东岸和北非的一些古老城市的奢侈品工业和传统产品再度繁荣。腓尼基的染料、花玻璃器皿、埃及的化妆品、麻纱等盛销于罗马上层社会。采矿业和冶金业则在西欧各地兴起,西班牙的铅、锡和银矿,高卢的铁矿,不列颠的铅矿和达西亚的金矿等均兴盛一时。农业的进步也比较明显,埃及扩大了灌溉网和耕地面积,成了供应罗马粮食的谷仓,多瑙河沿岸的潘诺尼亚(Pannonian)和米西亚省(Moesia)也成为罗马的新谷仓,高卢和西班牙都培植了葡萄和橄榄,高卢的葡萄酒成了意大利酒的竞争对手。爱琴海诸岛的葡萄与橄榄和其他经济作物的种植也得到复兴。

②城市与贸易的发达。城市发达是手工业和商业发展的结果,因而是社会经济发展的一个标志。帝国初期,城市的发展达到前所未有的程度。新城市纷纷兴起,旧城市富庶繁华,一度被夷为废墟的迦太基和科林斯也重获新生。一些著名的城市,如不列颠的伦丁尼姆(伦敦)、高卢的卢格敦(里昂)、多瑙河上的文多波那(维也纳)、新吉敦(贝尔格莱德)等都兴起于此时。意大利的奥斯提亚、加普亚、那不勒斯、拉文那等城市颇为繁华。罗马、亚历山大里亚一类大城市成为商品集散地和内外贸易枢纽。地中海变成了帝国的"内湖",使地中海各地之间的交往畅通无阻。海上航路、内陆河道、陆上通道和古老商道成为内外贸易的动脉,商旅往来,络绎不绝。帝国西部的高卢商人沿莱茵、多瑙、维斯杜拉河到达波罗的海和斯堪的纳维亚等地进行贸易,而帝国东部的希腊和叙利亚的商人则长途跋涉,远达印度、锡兰(Ceylon,今斯里兰卡)甚至中国进行贸易。北欧的琥珀,非洲的象牙,东方的香料、宝石和技艺高超的工艺品以及精致的纺织品,特别是中国的丝绸运销各地备受称羡。中国丝绸经过著名的"丝绸之路"到达欧洲,极受珍视。当时的希腊和罗马人都称中国为"塞勒斯"(Seres),意即丝绸之国。

③三世纪危机。"三世纪危机"是指公元2世纪末到3世纪末,罗马社会爆发的全面危机。意大利的奴隶制农庄,共和末期已比较普遍,帝国初期继续流行,但危机在2世纪已露出端倪,3世纪不断发展激化,最终导致农业萎缩、商业衰落、城市萧条、财政枯竭、政治混乱、奴隶起义此伏彼起,整个罗马社会陷于动荡之中。本来,在前一时期生产力的发展中,已经出现了轮犁、割谷器等先进工具,但是,奴隶劳动的强制性,妨碍了先进生产工具的推广。奴隶不仅缺少劳动积极性,而且不断以怠工、破坏生产工具、逃亡,甚至武装起义等方式进行反抗斗争。在这种情况下,劳动生产率日益下降,使用奴隶劳动已越来越无利可图。但是,奴隶制的长期统治,给整个罗马社会扎上了一根毒刺,这就是自由人鄙视生产劳动,把劳动看作耻辱。另一方面,奴隶主阶级及其统治机构,已经腐化不堪,寄生性越来越强。大奴隶主阶级在庄园中开辟别庄,将大批土地围成猎场或建池养鱼,以供取乐。他们挥

金如土,竞相豪华。同时,在贫富分化加剧的情况下,流氓无产者人数剧增。1 世纪时,罗马流氓无产者为 20 万至 30 万,到 3 世纪已达 80 万人左右。他们靠社会养活,颓废堕落,不事生产,成为寄生在奴隶制社会肌体上的赘瘤。罗马的国家机器维持庞大机构,需要浩繁的开支。这些开支不仅用于对内镇压和对外用兵,而且用于支持统治集团的内讧和混战,还用于举办各种庆典娱乐活动。帝国时代为了炫耀国威和满足奴隶主阶级狂欢纵欲的需要,屡屡增加娱乐日。1 世纪时,罗马全年娱乐日为 66 天,2 世纪时增加到 123 天,4 世纪则增至 175 天。在娱乐日里,演出奴隶角斗、斗兽、戏剧、海战和骑战等。各种开支多由国库支出,而财政不足,又要以捐税补充,劳动人民不胜负担的沉重捐税必然对社会经济起到破坏作用。这样,奴隶制生产关系和上层建筑的腐朽使得社会基本矛盾激化,终于导致全面危机。

罗马的经济危机首先表现为农业的衰落。帝国时期,意大利和一些行省的农业是以使用大批奴隶劳动的大庄园为基础的。到 3 世纪,庄园已入不敷出,无利可图。其原因一是奴隶的反抗斗争使奴隶制生产难以维持;二是从 2 世纪起罗马帝国对外转为守势,奴隶来源减少,奴价上涨;三是农产品销售市场缩小(以意大利来说,以前奴隶制庄园把葡萄酒、橄榄油等农产品向西班牙、高卢、北非、莱茵河和多瑙河流域推销,如今这些地区本地生产发展起来,东方又有希腊、小亚等地产品的竞争,所以意大利产品就丧失了销路,庄园多改为牧场,农业生产日益衰败。这一过程在 3 世纪也扩展到非洲、高卢等地)。由于这些原因,以剥削奴隶为基础并与市场有密切联系的大庄园,便逐渐转变为以剥削隶农为基础,具有自给自足倾向的大地产。隶农制萌芽于共和末期,扩展于 1、2 世纪,3 世纪时盛行。隶农与奴隶有所不同,他们独立经营,占有部分收获物,有少量工具,生产有一定的积极性。但后来隶农所受剥削日重,依附性日强,原有的自由身份逐步丧失,与奴隶的境遇日趋接近,这样就造成了奴隶、隶农联合起义的前提。

手工业的衰落是与农业衰落相联系的。这方面尤以意大利为突出。共和末期到帝国初期,意大利手工业有所发展,形成了青铜、银器、铁器、陶器、砖瓦、灯和玻璃制造业,还有麻和羊毛纺织业、榨油和酿酒业等。手工业作坊中的劳动者,80%～85% 是奴隶和释放奴隶,其他为少数雇工。到 3 世纪,因高卢等地手工业发展,意大利除他林顿的毛纺业仍能维持外,其余如玻璃、陶器、灯和金属冶铸等业,都因奴隶劳动无利可图和在市场上受到排挤而衰落下去。

农业和手工业的衰落导致商业和城市的萧条,而政府的税收和金融政策更起到加剧这一过程的作用。政府为了维持浩繁的开支,不仅征收沉重的赋税,而且发行劣质货币,饮鸩止渴,致使商业凋敝,城市没落。

戴克里先、君士坦丁的统治,虽然缓和了 3 世纪危机的某些方面,但不能从根本上挽救日趋没落的奴隶制度。相反,奴隶及隶农与奴隶主之间的阶级对立和斗争,在这一时期发展到了空前广泛、激烈的程度。337 年君士坦丁死后,帝国统治集团又发生皇位争夺战,无法建立稳固的政权。狄奥多西虽曾一度恢复统一,但他死后把帝国分给两个儿子,导致帝国的一分为二。至此,统一的罗马帝国不复存在,昔日罗马的繁荣景象亦一去不复返了。人民贫困,人口锐减,经济衰败,城乡萧条,政局混乱,国家分裂,这一切便是罗马帝国的末日迹象。

# 三、古典罗马文化

罗马是意大利半岛和地中海世界的小字辈,直到建国才不过是刚刚摆脱异族统治的一个小城邦,它没有可以炫耀的光辉历史,也没有值得自豪的高度文明,此时对外只有采取开放和虚心学习的态度,才能和国力上自强的要求相匹配,使自己得以立于不败之地。不管当时罗马人是否有这种认识,但主动吸取外来优异文化,却是罗马人的一贯行为。罗马人采用的青铜盾牌、剑术、希腊方阵,是跟埃特鲁斯坎人学的,造船技术是跟希腊人、迦太基人学的。希腊被征服后,希腊文化如潮水般涌入罗马,可以说罗马文明的每一个领域(雕刻、建筑、哲学、语言、演说、科学、艺术、宗教、道德、风俗、衣饰以及观念等)都受到了希腊文化的影响。希腊文化是以吸取东方各民族几千年创造的优秀文化为基础的,罗马人正是由于接受了这些文化,才迅速越过荒蛮时代,发展成为一个各种制度都相当发达的昌明隆盛之邦。不过当罗马人在快速吸收希腊文化时,他们也极力保持自身文化的独特性;当罗马人在探索自身艺术时,也注意把这两者相区分。因为在希腊化的同时,还存在另一个倾向,即罗马化。也就是说,罗马人自身对人类文明也有着独特的贡献。

## 1. 法律

一般认为,罗马人留给后世的文化遗产,第一当数法律。罗马法以个人权利为本位,强调私权神圣,是西方法文化的源头,现今所有西方法律中的普通法和制定法,都是围绕着保护个人权利这一点而展开的。

罗马最早的成文法是公元前 5 世纪中叶的《十二铜表法》,它涉及土地占有、债务关系、婚姻、家庭、财产继承、伤害以及诉讼等方面的法规。这部法律虽然粗糙、保守,但成为后世一切公法和私法的渊源。

进入共和国时期,随着平民反对贵族斗争的逐步胜利和频繁的对外征战,罗马法律出现了新的变化:一是公民法占据统治地位,公民法主要包括国家的行政管理、国家机关及一部分诉讼程序问题;二是万民法逐渐兴起,它涉及罗马广大的被征服地区,调整财产关系的内容较多。

罗马法发展的黄金时代在元首制时期,由于奥古斯都及其继任者的重视,法学家在法庭审判中被赋予了很大权力。公元 2 至 3 世纪,罗马皇帝甚至颁布法律,规定凡在法律上遇有难题而成文法无明确规定时,依照当时五大法学家盖约(Gaius)、巴比尼安(Papinianus)、包鲁斯(Julius Paulus)、乌尔比安(Domitius

Ulpianus)和莫迪斯蒂努斯(Modestinus)的著作来解决。法学家还具有解释法律的权力,获得公开解答权的法学家,所作的解答对有关案件有拘束力,法官办案应加以采用。虽然解答具有较强的针对性,对其他同类案件,法官并没有遵循的义务,但由于解答者对法学有较深的造诣,又是出于皇帝的授权,因而具有较高的权威性,所以审理其他同类案件时也多被引用。由于官方的重视,这一时期的罗马上层人物都以学法为荣,以不懂法为耻。要想做高官,一定要先当一段时间的法官,退职的大法官,多进入元老院,也往往被派到外地去当总督。

到帝国中后期,罗马法已形成一个比较完整的体系,由公民法、万民法和自然法三部分组成。公民法是罗马及其公民的法律,有成文法和非成文法两部分,前者包括元老院的法令、元首的命令、大法官的布告,后者主要是一些具有法律效力的古代习惯。万民法是公民法的补充,主要适用于帝国统治下的非罗马公民,可以说是罗马统治范围内的"国际法",它规定奴隶制和私有财产合法,维护买卖、合作和契约的原则。自然法不是罗马人司法实践的产物,更多受到罗马哲学中斯多葛派(Stoics School)的影响,强调所有的人天性相同,都有资格享有某些基本权利,政府无权干涉,它对后世司法的独立和公正观念产生了至关重要的影响。

### 2. 建筑

罗马文化成就中第二个为后人津津乐道的是建筑艺术。罗马的建筑宏伟瑰丽,罗马城本身就是一个典型,它有 30 道城门,城内有 420 座神庙、9 个大剧场、5 个普通剧场、2 个圆形剧场、16 个公共浴场,还有许多宫殿、凯旋门、记功柱等。

神庙中最著名的是"万神殿"(Pantheon)。它既是一座庙宇(殿内不仅供奉着罗马人自己的神明,还有帝国境内各民族的神明),又是一座皇家纪念物,是帝国最喜欢建筑的皇帝哈德良亲自设计建筑的,始建于 118 年,落成于 128 年。万神殿外部结构简洁,形体单纯,内部恢宏壮阔,庄严崇高。它的主体是圆形的,顶上覆盖着一个直径43.3 米的大穹顶。这个穹顶,历经 2000 年一直是全世界最大的。万神殿是古罗马建筑中最辉煌的成就之一,当年它刚一建成就引起人们的赞叹。古谚说,如果一个人到了罗马而不去看看万神殿,那么"他来的时候是头蠢驴,去的时候还是一头蠢驴"。

万神殿

　　建于 69—89 年的科罗赛姆圆形大剧场（Colosseum）是帝国强大的标志。大剧场位于罗马城中心，外面用灰白色的凝灰岩砌筑，高四层 48 米，下层是通路，上面三层各有 80 个拱门，中心舞台周长 524 米。大剧场又叫"大角斗场"，主要是用来表演人与人或人与兽角斗的，这是一种极其野蛮的表演，参加角斗的人、兽要进行真刀真枪的生死搏斗。角斗结束时，只要观众高喊"米特"，比赛的组织者就会做出一个拇指朝下的手势，得胜者必须杀死斗败者；如果观众高喊"伊乌古拉"，组织者则会做出一个拇指朝上的手势，斗败者便可暂时得以幸存。大剧场还可以从输水道引水成湖，表演各种海战场面。248 年，在大剧场举行了一次罗马建城一千年的庆典，规模盛大。科罗赛姆圆形大剧场对于罗马意义非同一般，一本中世纪基督教的《颂书》曾这样写道："只要大角斗场屹立着，罗马就屹立着；大角斗场颓圮了，罗马就颓圮了；一旦罗马颓圮了，世界就会颓圮。"

罗马大角斗场

　　公共浴场是体现罗马建筑艺术的又一场所。2 至 3 世纪，几乎每个罗马皇帝都在帝国各地建造公共浴场，仅罗马城就有 11 座大型浴场和 800 多个小型浴场。以皇帝名字命名的卡拉卡拉（Caracalla，186—217）浴场同时可容 1600 人，戴克里先浴场则可容 3000 人同浴。公共浴场是一种多功能综合性的建筑，里面有演讲厅、音乐堂、图书馆、交谊厅、棋牌室、画廊、商店、小吃铺、健身房等，成为罗马人的休闲娱乐场所。

　　与此同时，罗马还修建了许多输水道和道路等。高架输水道是实用工程与优美建筑的结合体，据说帝国末期罗马城内有 11 条高架输水道，最长的 100 多公里，输水道的水渠完全架在石头建筑的拱形结构上，使遥远山区的水源通过整个输水道到达城市。出于军事统治的需要，罗马从公元前 4 世纪到公元 2 世纪在帝国境内修建了 372 条大道，总长度 8 万多公里。有罗马南下通往重镇卡普亚的阿皮乌斯大道（Via Appius），罗马北下通往重镇阿里米昂的弗拉米尼大道（Via Flaminia），罗马至西北热那亚的奥雷利亚大道(Via Aurelia)，横贯亚平宁半岛、通往亚得里亚海岸的瓦雷利亚大道(Via Valyria)等，这些大道大都以罗马城为起点，辐射向帝国的各个方向，所以后世才有"条条大路通罗马"的说法。罗马大道用石料建造，一般由四层构成，最下面两层铺以沙石作为基础，第三层是核心层，完全使用混凝土，最上面一层用厚度半米左右的大石块铺成坚实的路面。路面微凸，便于雨水流向两边，路边沿砌有路边石保护。

罗马高架输水道

除了罗马城，帝国境内，从北非到西班牙，到东欧，到小亚细亚，到处都建立起罗马样式的城市，城市中都建有广场、神庙、竞技场、公共浴室和输水道等建筑。这些建筑成为后世模仿和学习的对象。

**3. 自然科学**

罗马人的自然科学比较发达，在农业科学、地理学、医学、天文学方面取得了诸多成就。

公元前 2 世纪到公元 1 世纪，罗马出现了三位著名的农学家，加图(Marcus Cato，公元前 234—公元前 149)写出了古罗马第一部农学著作《农业志》，论述了如何经营奴隶制庄园和生财致富之道。瓦罗(Varro，公元前 116—公元前 27)的《农业志》采用对话体叙述了农业技术问题，并对一些农业理论问题及社会问题提出见解。科鲁迈拉(Columella，4—70)是公元 1 世纪的农学家，他在旅行、观察及研究的基础上写出了 12 卷的《论农业》，不仅提出如何改善衰落的意大利农业经济，而且论及农业生产技术、管理经验和社会经济，对中世纪的西欧庄园管理产生了重要影响。

罗马军人的东征西讨和商人的远途贩运促进了地理学的发展。公元 1 世纪，罗马人就写出了专门的地理学著作，绘制出包括欧洲、非洲和亚洲的世界地图。

罗马医学是在希腊医学影响下发展起来的。公元 14 年，罗马建立了第一所公立的医学学校。生活于 1 世纪的名医塞尔苏斯(Aulus Celsus，10—?)用拉丁文写了一部内外科医学论著,影响及于文艺复兴时代。2 世纪出生于帕加马的名医盖伦(Claudius Galenus,129—199)继承希腊人的"体液说",提出人分为黏液型、多血型、易怒型和抑郁型四种气质类型。他还在解剖学、生理学、病理学及医疗学方面有重大发现。

天文学领域最著名的是托勒密(Claudius Ptolemaeus,约 90—168),他的《天文学大全》论证了球形大地是宇宙的中心,其他天体均环绕地球运行。这一错误的理论后来为教会所利用,统治欧洲 1400 年之久。

### 4. 文史哲学

古罗马真正具有文学价值的作品是在与希腊人接触以后出现的,其"黄金时代"在屋大维时期,代表人物和作品是维吉尔(Publius Vergilius,公元前 70—公元前 19)颂扬罗马的史诗《埃涅阿斯》,贺拉西(Quintus Horatius,公元前 65—公元前 8)歌颂罗马人传统精神的《颂歌》和奥维德(Publius Ovidius,公元前 43—?)歌颂爱情的《爱情诗》。

罗马史学领域首推 2 世纪的著名史学家波里比阿,他 40 卷本的《通史》不仅给后人留下了有关布匿战争以及罗马在地中海东部征服活动的大量资料,更难能可贵的是论及了史学理论和史学方法。帝国时代著名的史学家还有李维、塔西佗、普鲁塔克和阿庇安。李维(Titus Livius,公元前 59—公元 17)的留世名作是 142 卷的《罗马建城以来史》,叙述了罗马自公元前 754 年至公元前 9 年的历史,文字流畅,辞章典雅,资料丰富。塔西佗(Publius Tacitus,约 55—120)著有《演说家对话录》《阿古利可拉传》《日耳曼尼亚志》《历史》和《编年史》,其中《日耳曼尼亚志》是关于日耳曼诸部落在氏族公社后期政治、经济和社会生活情况最早的详细记录。普鲁塔克(Plutarchus,约 46—120)的《希腊罗马名人传》,为近 100 位希腊罗马名人作传,通过人物点评发挥他的伦理思想。阿庇安(Appianus,约 95—165)24 卷的《罗马史》按地域、行省、民族、事件分卷记述了从罗马建国到图拉真统治时期的历史,对历次重大事件都有详细记载,是一部至今仍有重要价值的历史著作。

罗马哲学深受希腊哲学的影响。共和时期以西塞罗(Marcus Cicero,公元前 106—公元前 43)为代表的唯心主义哲学到帝国时代更加发展,流派繁多的唯心主义和宗教神秘主义,如新斯多葛派、怀疑论派、新柏拉图主义等占据了主导地位。这些思潮后来与基督教相结合形成了教父神学。唯物主义哲学以卢克莱修和琉善为代表,卢克莱修(Titus Lucretius,约公元前 99—公元前 55)的《物性论》继续发扬了希腊的原子唯物论,琉善(Lucian,约 125—180)的《神的对话》抨击宗教迷信,主张人人平等,财产公有。

### 5. 宗教

罗马人相信"万物有灵",世间有多少种事物,人类有多少种行为,就有多少种神明。从公元前 6 世纪卡皮托山(Capitol)上第一批建筑物出现起,其后百余年间,不可胜数的神庙纷纷矗立起来。除了举国信奉的神祇外，每一个家庭中还有关注日常生活的各种保护神，它们或管播种，或保收成，或守家护院。罗马人每天、每餐都要参拜灶神"维斯塔"（Vesta）。罗马王政时代的第二位王努马·庞皮留斯确定了对维斯塔的祭奉活动，并建造了罗马第一座维斯塔神殿。在这座神殿里，保存着不灭的圣火。每当罗马地盘扩大或建立新居地时，人们都要从维斯塔神殿取得火种。

伴随着罗马的疆域四向扩展，异国的宗教也涌入了进来。罗马人的宗教观宽容开放，他们不仅虔诚地敬奉自己的种种神灵，也敬奉别人的神灵。每当攻打一座城市及攻下后，罗马军队都要举行仪式，邀请那座城市的保护神前往罗马。最典型的就是把古希腊奥林匹亚诸神迎来，然后改名换姓，如宙斯改为朱庇特（Jupiter），赫拉改为朱诺（Juno），阿瑞斯改为马尔斯（Mars），阿芙洛狄忒改为维纳斯（Venus），雅典娜改为米涅娃（Minerva），波塞冬改为尼普顿（Neptunus），让这些神明与自己的神共享香火。

罗马有很多祭祀团，国家遇有重大事件都要求神问卜，占卜的方法有两种：一是观察用作牺牲的动物的内脏，二是观察飞鸟的情况，以此预测吉凶。罗马专门设有占卜官"奥哥"，如在选出执政官正式授予其权力前，占卜官要进行占卜，若结果吉利，就说明神同意了他们的选择，当选者就可以就职。军事行动前，也要进行占卜，通过观察母鸡的行动作出判断，如果母鸡的食欲很好，就意味着吉利，计划就可以付诸实施。

### 6. 历法

罗马最早的历法是阴历，相传是罗马城的建立者罗慕路斯受希腊历影响在公元前 738 年制定的。按阴历月份计时，罗马历起初一年只有 10 个月，304 天；后来又加上了两个月，一年增至 355 日。在罗马不断向外征服，和其他文明接触的过程中，认识到自己的历法太不准确，决定吸取埃及人先进的历法，进行一次全面的修改。公元前 46 年，恺撒听从埃及天文学家索西琴尼（Sosigenes）的建议，修改早就

格列高里十三世

陷入混乱的罗马历。新历以这位最高执政官的名字命名，称"儒略历"（Julian Calendar）。儒略历精确度较埃及历有所提高，全年分 12 个月，除二月外每月含 30 或 31 日，双月为小，单月为大，只有二月平年 29 日，每个第四年份（闰年，366 日）的二月则 30 日。新历的月份名称基本上沿袭旧制，恺撒出生的月份用他的名字 Julius 来命名，是为七月。后来，为了纪念恺撒继承者屋大维的政绩，从二月减去 1 天加到七月之后的八月，八月的名称也改为 Augustus，这个双月于是也成为含有 31 日的大月。

1582 年，罗马教皇格列高里十三世（Gregory XIII，1502—1585）在文艺复兴时期西方天文学家研究成果的基础上又改进了儒略历，确保其两万年内误差不超过 1 日的精确度。这就是我们现在实行的公历，又称"格列高里历"。

# 第三章　走向新制度的中古文明

中世纪的西方文明,既承接上古璀璨华丽的希腊罗马文明,又下启近代创新实用的欧洲文明。这一时期,来自北方的古老欧洲民族日耳曼人和西欧各民族完成融合,取代古罗马人成为文明承载的主体,他们接受了被他们征服的罗马帝国的文化,皈依了基督教,并在罗马人制度和文化的基础上发展出一套新的制度和宗教文化,使中世纪文明不同于上古时期的多元化特征,而带有了宗教文明鲜明的一元化特征,西方文明的中心由此也从地中海沿岸转移到了欧洲内陆。同时,随着阿拉伯帝国的兴盛,阿拉伯人征服的步伐遍及地中海沿岸和伊比利亚半岛,伊斯兰文明的因子也影响着中世纪的西方文明。它承上启下,就历史发展的意义而言,并没有"割断"之意,而是建立起名副其实的"封建制度",但是这种封臣采邑的封建制度从一开始建制,其松散性就预示着为城市和自由的发展留足了空间,也成为商业兴起、资本主义萌芽的前奏。

由于这种承上启下的地位,学界对这一时期的历史划分出现了较大争议。它和上古分界的时间较为简单,现在历史学家公认的是公元476年西罗马帝国灭亡,而中世纪结束的日期和近代的界限就比较难划分了。有的历史学家认为应该以1492年哥伦布发现新大陆为界,有的认为应该是14世纪末15世纪初的文艺复兴以后。笔者认为应以资产阶级革命为界限。按此划分,从公元5世纪到公元16世纪大概被界定为中世纪,约1000年,也被称为黑暗时期。"中世纪黑暗时代"这个词,是由14世纪意大利文艺复兴人文主义学者彼特拉克(Francesco Petrarca,1304—1374)提出的。他周游欧洲重新发掘和出版经典的拉丁和希腊著作,志在重新恢复源自罗马古典的拉丁语言、艺术和文化,认为自罗马帝国西部瓦解以来数百年间,文化荡然无存,民智闭塞,秩序大紊,与古代希腊罗马文明既异,与近世之开明亦大不相同。人文主义者看历史并不按奥古斯丁(Aurelius Augustinus,354—430)的宗教术语,而是按社会(学)的术语,即通过古典文化、文学和艺术来看待历史;所以人文主义者把这900年古典文化上发展的停滞时期称为"黑暗时期"。但是近年来许多研究中古文明的学者,渐渐发现中古时期人们的文明创造活动并不亚于历史上任何时期,而且近代文明多源自中古。

可以说与上古文明不同,中世纪是一个融合的时代,性质不同、发展程度各异的四大文明因子日耳曼文明、罗马文明、基督教文明和伊斯兰文明交相错杂,共同演进,构成这一时期文明的兴衰。文明的交融过程,常免不了冲突,交融的因子多而杂,冲突也就达到了最高峰,而欧洲也就天昏地暗了四五百年,所以从前的历史家都把这一时期的欧洲历史称为"黑暗时代"(Dark Ages)。但譬如春天将来之时,虽然朝风夕雨,天阴地湿,而灿烂的春光确是非此不能酿成的。近现代欧洲文明焕发出的勃勃生机,使西方领先东方,都是源自中世纪制度、文化的积累。下面对汇织成中世纪文明的四大文明因子一一进行阐释。

# 一、中古欧洲文明的特征

## 1. 日耳曼人与民族大迁徙

对日耳曼人的研究,主要来源于古罗马历史学家塔西佗的《日耳曼尼亚志》以及直到 6 世纪或更晚的在罗马和基督教影响下制定的日耳曼法典。我们今天对日耳曼人的印象就是德国,是希特勒,或者再往前是俾斯麦,这是政治上的德意志。实际上日耳曼民族在西方文明中非常有代表性,包括印欧族的日耳曼各民族(German Tribes)。他们的老家在北欧,波罗的海至黑海一带。从人类学上看,他们身材高大,体质较好,有蓝色的眼睛和红色的头发,以游牧为生,具有游牧民族典型的特征,生活不稳定,常常靠劫掠为生,因而历史学家一贯将日耳曼人称为"蛮族"。实际上日耳曼只是统称,它下面还有很多种族,如西哥特人(West Goths)和东哥特人(East Goths),罗马帝国末年这两族住在黑海北岸;汪达尔人(Vandals),住在波罗的海沿岸;法兰克人(Franks),住莱茵河畔;盎格鲁-撒克逊人(Angles and Saxons),住在今丹麦境内。

日耳曼人崇尚武力。如果说蒙古人是天生的战士,那么中世纪的日耳曼人就是天生的战争爱好者,这不仅因为战争是他们的生存手段,还因为战争是他们的精神需求。在日耳曼人的价值观中,人生价值需要用荣誉来证明,而荣誉又必须通过战争来获得。日耳曼人的组织也是以战争为目标建立的。

日耳曼民族有许多原始的宗教,是多神教。人们崇拜人格化的众神,他们象征掌管天空和森林的自然力。虽然日耳曼人直到 4 世纪才发明文字,但是他们拥有出众的口头诗歌传统,传颂关于他们的神的传奇和英雄的功绩。

日耳曼人的基本政治组织机构是部落,由选出的一位部落首领领导,选择标准主要依据他在战争中的领导能力。日耳曼人的部落内部事务基本由长老裁定,而长老的产生由选举大会决定,至于选举大会,则是由部落中所有成年男子组成。日耳曼人的王同样由选举大会产生,唯一的限制是必须从血统纯正的王族中选取,如果被选出的王表现欠佳,部落大会还有权将其废黜另选。到 4 世纪,各小型部落团体被武力统一成若干国家,由所选出的享有极大权力的国王统治。在日耳曼社会

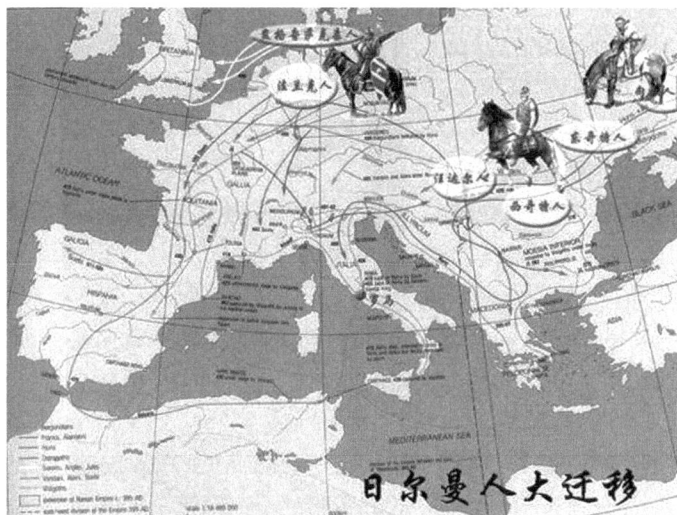

日尔曼人大迁移

中,武士贵族组建起独特机构——扈从队(Comitatus),人员由宣誓服从的人组成,回报是可以分享战利品。这些士兵之间的凝聚力日益强于亲戚和部落的纽带关系,在社会上产生了一个弘扬勇士精神的优势阶层。国家以及善战的扈从队的出现大大增强了日耳曼人的军事能力。

从公元元年开始,希腊—罗马世界和日耳曼世界就通过日耳曼人对罗马人小规模的劫掠和双方之间的贸易、人员往来等方式开始了融合。日耳曼人羡慕希腊—罗马的文明成果,尤其是物质财富,而罗马人虽然视日耳曼人为"蛮族",但也经常表现出对他们健壮体魄、作战本领和英勇义气等道德价值的钦佩和赞赏。他们允许甚至鼓励大批日耳曼人越过边境来当兵和务农,许多日耳曼人因此还在罗马社会中得到高升。罗马的产品、技术和思想也影响着日耳曼社会的许多领域。

3世纪,汉朝强盛后,匈奴被逐,分窜各方。一部分匈奴人来到日耳曼人生活的地方,与之发生冲突,日耳曼各部族被迫西移,人类历史上最大规模的一次民族大迁徙由此而生。匈奴人西迁途中首先遇到的是黑海北岸的东哥特人和西哥特人,后者被迫迁至多瑙河而居,后来西哥特人进入罗马边疆,求罗马收纳。但不久与罗马发生冲突。378年,西哥特人与罗马军队战于亚得里雅那堡(Adrianople),罗马人大败,皇帝战死,罗马帝国的威信由此一扫而光。西哥特人乘胜洗劫了希腊及罗马城。后来他们又进入高卢及西班牙,建立了哥特王国。

同时,汪达尔人也同几个日耳曼民族南下西班牙,建立了汪达尔王国。429年,南下到非洲,建立汪达尔王国,切断了罗马获取其主要粮食供给的通路。而后,汪达尔人建立了非常强大的海上力量,使他们得以在455年掠夺罗马。而罗马因为要防御国内,把驻在不列颠的戍兵调了回来,盎格鲁-撒克逊人和朱特人(Jutes)

乘虚而入,大约自425年起在不列颠岛建立了一个盎格鲁-撒克逊王国,将当地的凯尔特人(Celts)赶到威尔士以及英吉利海峡对岸的布列塔尼(Bretagne)。这些"蛮族"在不列颠岛定居以后,把很多地名也改变了,比如"英格兰"(England)是盎格鲁人的家乡的意思,苏塞克斯(Sussex)、埃塞克斯(Essex)、威塞克斯(Wessex)是"南撒克逊人""东撒克逊人""西撒克逊人"的意思。

法兰克人没有放弃他们的故乡,同时又开始占领北部高卢和莱茵河流域中部地区。5世纪后期,法兰克人在军事国王克洛维(Clovis)领导下占领了大部分高卢领土,在此过程中,他们把高卢的西哥特人赶到西班牙,吞并了勃艮第(Bourgogne)王国及阿勒曼尼(Alemanni)的大部分领土。自此以后,高卢就叫法兰西(France),意思是法兰克人的家乡,后演变为法国。

民族大迁徙结束的时候,欧洲的人种分布发生了巨大变化,西部欧洲为日耳曼人各分支所占据,包括哥特人、汪达尔人、伦巴第人(Langobardus)、法兰克人等,盎格鲁-撒克逊人也属于这一类,他们和原有的土著居民混合,成为今天西欧的各个民族。因此,今天的法兰西人是古代法兰克人和原著居民高卢人的混合,今天的不列颠人则是盎格鲁-撒克逊人与他们之前来到岛上的凯尔特人的结合。西欧的语言一部分属日耳曼语系(德语、英语、荷兰语等),一部分属于拉丁语系(法语、意大利语、西班牙语等),但即使属于拉丁语系也不再是古代罗马人使用的语言了,其中混入了"蛮族"语言的因素。

在这场蛮族入侵中,罗马帝国就像是一座处在暴风雨中的豪华游艇,很快被撕去了雕栏画壁,折断了龙骨。所以在进入中世纪时,罗马帝国除了领有意大利一块土地外,其余的都归入日耳曼人的掌握中了。即使在意大利,罗马人也是事事倚赖日耳曼人,因为日耳曼人已经进入罗马帝国的军队成为将领,也进入了罗马帝国的政府成为官员,而此时罗马自己的民力已经完全破产。换言之,即使没有日耳曼人的入侵,他们也是江河日下,难以为继的。

日耳曼民族对罗马帝国的征服是一种双向的征服,即日耳曼用武力征服了罗马,而罗马则用宗教和文明征服了日耳曼。日耳曼人对旧罗马帝国文明发达地区的统治结果是产生了一种新的文明。它既不是罗马文明,也不是日耳曼文明。它是多种文明的相互征服、相互影响和相互同化过程中产生的合成文明。正如恩格斯所讲:"从中世纪早期各族人民混合中,逐渐发展起新的民族,在这一发展过程中,大多数罗马旧行省内的被征服者即农民和市民,把胜利者即日耳曼统治者同化了。"日耳曼人侵入罗马帝国,挽救了罗马治下日渐衰败的西欧社会。因此,可以说"日耳曼世界"是"罗马世界"的延续,即日耳曼人把"罗马文化和宗教以完整的形式接受下来",同"本民族文化融合在一起",同时,日耳曼各民族又仿效和学习了罗马的物质文明和制度文明,却又像恩格斯所言:"……固然效仿了罗马人的样式,然而却完全独立地发展起来。"

### 2. 罗马文明

476年,西罗马帝国皇帝罗慕路斯·奥古斯都被迫退位,这标志着西罗马帝国正式灭亡,同时也标志着欧洲古典时期的结束和中世纪的开始。然而,罗马帝国的统治虽然结束了,但罗马帝国创造的诸多文明却没有随之灭亡,而且成为影响中世纪西方文明的重要因子。特别是罗马人创造的庇护关系和大庄园制度,以及整个欧洲社会法制建设的基础——《民法大全》。

首先,庇护关系。罗马帝国末期,土地兼并现象日益加剧,虽然中央政府也注意到这一点,并且严格限制大地主阶层的土地面积,但是这些大地主以化整为零的方式对抗中央政策,土地兼并根本没有得到有效遏制。大量罗马公民沦为雇农,或成为农奴。为了谋求生路,这些雇农不得不依附有势力的大地主,名义上是大地主庇护了他们的利益,从而形成庇护关系。此外,在罗马帝国末期由于人口的增长,许多罗马人到边远地区开垦荒田,为了免受蛮族掠夺,也会请求大地主庇护,并付出一定的赋税,这也形成庇护关系的一种。由此,大地主的势力逐渐壮大,以至于拥有独立的武装力量,并最终雄踞一方。当中央政府意识到这一点时,割据的局面已然成型,罗马帝国分崩离析只是时间问题。3世纪,罗马帝国危机四伏,社会矛盾日益尖锐,为了让自己的统治苟延残喘,罗马帝国的统治者不得不饮鸩止渴,下放给大地主更多的权力,以期巩固自己的统治地位,但形势只能暂缓,长远的分裂不言自明。

其次,大庄园制度。这实际上是庇护关系的升级,即大地主阶级开始拥有独立的行政和军事权力,并且在领地四周筑起高大的城墙,后来成为城堡的雏形。这样一来,罗马帝国的土地上形成了一个又一个的城邦,中央政府的权力被进一步剥夺,已经名存实亡。与此同时,罗马帝国的吏治腐败也愈演愈烈,曾经依附于罗马帝国的城邦最终转而投向地方势力,或者干脆独立,罗马帝国中央政府通过武装改变不利局面的努力失败,这一大庄园制度后来为日耳曼人借鉴,成为欧洲中世纪主要的经济制度。

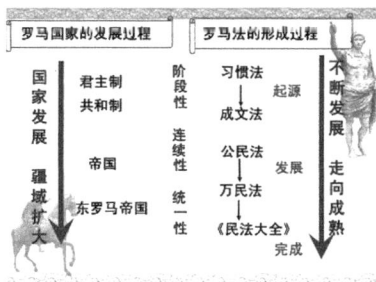

再次,《民法大全》。《民法大全》于6世纪完成,由东罗马帝国(即拜占庭帝国)皇帝查士丁尼(Justinianus,483—565)主持编修,这是一部臻于成熟的法律典籍。

由于罗马帝国在形成初期实行了数百年的共和制,公元前 27 年屋大维完成军人独裁后,走向君主制,因此《民法大全》也充分显示出了这一社会变革,因而具有共和制和君主制双重特性。这为后世的学习者和使用者提供了很大空间,也使得罗马法的生命力更加强大。

最后,罗马帝国时代的哲学主要体现为晚期斯多亚主义和新柏拉图主义。他们一方面继续崇尚理性传统,但更多地却是关注人的伦理道德问题,致力于寻求把人从生存的艰苦和邪恶之中挽救出来的方法,指出与真正的理性相一致的生活才是幸福和美德;但另一方面,宗教神学观念也开始日益得到强化,他们把神学目的论和伦理道德学说结合在一起,认为神是宇宙万物的理性或秩序,万物来自神又复归于神。神的意志是人类生活的最高法律,人类的一切善都来自神。整个世界是一个城邦,属于一个神,一个法律。所有的人都是神的儿子,是同一个世界的公民。人的理性由神流溢出来,因而违背理性就是违背神。晚期斯多亚主义在帝国后期被新柏拉图主义所取代,它使哲学与神学融合起来,把哲学变成为一种达到"至善"的宗教体验。中世纪前期占统治地位的奥古斯丁神学体系奉行柏拉图主义的哲学,中世纪后期占统治地位的托马斯·阿奎那(Thomas Aquinas,约 1225—1274)神学体系则奉行亚里士多德主义的哲学。他们都充分利用了古典文明遗留下来的理性资源为信仰服务,强调信仰是出发点和目的,理性是手段和途径,确立了中世纪特有的精神形态——基督教神学和经院哲学。

托马斯·阿奎那

### 3. 基督教文明

基督教源于希伯来人的宗教——犹太教。犹太民族是一个灾难深重的民族,历史上曾多次被异族征服。在"巴比伦之囚"期间,犹太人企盼着一个复国救主弥赛亚(Messiah)降临人间,拯救犹太人脱离苦难。罗马帝国统治时期,残暴的希律王(Herod,公元前 74—公元前 4)为代表的高压统治以及罗马征收的赋税迫使犹太民族的生活充满悲苦和压抑,关于弥赛亚将至的预言流传甚广,处于奴役状态的犹太人普遍相信,上帝耶和华将派弥赛亚来人间解救他们,并把他们引致没有苦难的"千禧年"的幸福生活,"弥赛亚降临说"成为他们反对罗马统治的思想武器。公元前1世纪,犹太教内部由于对罗马统治和人民起义持不同态度而形成撒都该派(Sadducees)、法利赛派(Pharisees)、艾赛尼派(Essenes)、奋锐党(Zealots)等不同派别。原始基督教的伊便尼派(Ebionites)、拿撒勒派(Nazarenes)等就与其中的艾赛尼派有着许多共同之处和千丝万缕的联系。这些派别因反对处于犹太教正统地位的撒都该派和法利赛派而被斥为异端,从而最终演变、发展成一种新的世界性宗教——基督教。基督教诞生在公元1世纪中叶地中海沿岸的巴勒斯坦,135年从犹太教中分裂出来成为独立的宗教。392年,一直反对和迫害基督教徒的罗马帝国承认其为罗马国教,并成为中世纪欧洲社会的精神支柱。1054年,基督教分裂为罗马公教(天主教)和希腊正教(东正教)。16世纪中叶,公教又发生了宗教改革运动,陆续派生出一些脱离公教的新教派,统称"新教",又称"抗罗宗"或"抗议宗",在中国称为"耶稣教"。所以,基督教后来又成为公教、东正教和新教三大教派的总称。

基督教的创始人是耶稣。耶稣出生在巴勒斯坦北部加利利(Galilee)的拿撒勒(Nazareth)一个普通犹太人家庭,30岁时开始向大众传道,他本人严格遵守犹太律法并教诲追随他的人也必须做到。他的"新秩序即将到来"的观点,特别体现出穷人、弱者、地位低微者及使人和睦的人可以得到公正,通过自愿的转变,每个人都能超越对律法的遵从和对传统仪式的履行,去过关爱、宽容、泰然面对暴力的生活,放弃对财产和家庭的忧虑。耶稣的传道引起犹太祭司贵族和罗马人的恐慌,他们把耶稣钉死在十字架上。但三天之后,耶稣复活,向门徒和群众显现神迹,要求他们在更广范围内宣讲福音,从此,信奉基督教的人越来越多,基督教被传播到世界各地。

基督教的经典是《圣经》。《圣经》是基督教徒信仰的总纲和处世的规范,分为"旧约"和"新约"两部分。"旧约"包括律法书、先知书和圣文集三部分,共39卷,记录了天地起源、犹太人作为神的选民的来源和历史以及古代犹太人的文学作品。"新约"包括福音书、历史书、使徒书信和启示录四类,共27卷,其中主要记述了耶稣及其门徒的言行,其中启示录还记述了对末日审判的预言。

基督教的教义比较复杂,各宗派强调的重点不同,但基本教义还是得到各派公认的。基督教的教义可归纳为两个字——"博爱"。博爱分为两个方面:爱上帝和爱人如己。这两条诫命是律法和先知一切道理的总纲。基督教是严格的一神教,只承认上帝为万物的创造者,最高的神,反对多神崇拜和偶像崇拜,也反对宗教生活上的繁文缛节和哗众取宠。"爱人如己"是基督徒日常生活的基本准则,它的要求是:人应该自我完善,应该严于律己、宽以待人,应该忍耐、宽恕、谦卑。只有做到这些才能达到博爱的最高境界——爱人如己。

中世纪早期是基督教在欧洲的第二个五百年,是教化"蛮族"的时期。日耳曼人没有书面文献记载，没有城市，没有石器建筑，一句话，他们是"蛮族"。军事上强大的日耳曼人虽能破坏一个旧世界，但因其文明进程上的落后而无力创造一个新世界。只有通过教会把基督教和高级文化的因素传播给他们，西欧才获得了统一与形式。教士们为了宗教事务的需要，搜集、保存、抄写和保存了希腊、罗马许多优秀古典典籍，如毕达哥拉斯、希波克拉底、欧几里得、阿基米德等人的著作，以及罗马时代加图等人的农业著作等等，在此基础上，修道院逐步建立起藏书室或图书馆。修道院的修道士也从事一些编著活动。修道院还兴办教育。事实上，在中世纪，基督教的修道院承担起了"传道、授业、解惑"的重任，成为欧洲的"宣教中心""教育中心"和"文化中心"，维系了西方文明的命脉。基督教教会不仅保存了古典文明的火种，也为正在萌芽中的新文明提供了模式和方向。

修道院

　　事实上，早在中世纪开始前，基督教就已经与古希腊罗马文化展开了一个碰撞、交融的过程，并逐步取代古典文化成为社会的主流意识形态。此时，古典文明正在经历着一场变革，哲学思考开始逐步让位于宗教信仰，世俗的道德价值正让位于宗教关怀，人间之国已抬起双目仰望苍穹，罗马世界的文化正在朝着探求神的方向发展。因此，以理性为主导精神的古典文明随后代之以把信仰作为核心的基督教文明，是有其思想发展演变的内在原因的。可以说，日耳曼文明、古典文明、基督教文明和伊斯兰文明分别为中世纪西方文明发展提供了习俗、理性、信仰、制度等基本要素，从而形成了融古代伦理和教理于一身，逐步超越个人、家庭甚至国家的普遍的精神纽带和文化内核。

## 二、西欧走向新制度

### 1. 日耳曼君主政体

　　500 年至 750 年间，西欧历史的一个重要特点就是政治不稳定。这是因为两点原因：第一是自 5 世纪以来在罗马领土上建立的各日耳曼王国的边界一直未定，因此，西哥特、汪达尔、东哥特、勃艮第、法兰克、盎格鲁-撒克逊王国为领土展开了激烈的争夺；第二是所有这些王国均未制定出能维持社会秩序的明确的内部政治体制。

到750年,西欧的政治版图开始呈现出更为稳定的态势。西欧的腹地——意大利北部、高卢、德意志西部以及英格兰,由三个日耳曼民族伦巴第人、法兰克人、盎格鲁-撒克逊人建立的王国所占据。在南部,面对日耳曼人统治地区的是意大利南部和西西里的拜占庭人以及在西班牙、北非、地中海西部的穆斯林。在东部和北部是斯拉夫人和斯堪的纳维亚人。政治疆界既然形成,日耳曼各王国的统治者就开始不断地寻找有效的政治制度以取代罗马帝国的政体。各王国所做的尝试不同,因此中世纪早期西欧出现的政治制度也有明显的地区差异。与拜占庭和穆斯林世界的中央集权政治制度形成强烈对照的是,在西欧形成了两种对以后极为重要的制度:法兰克人的制度和盎格鲁-撒克逊人的制度。在各日耳曼王国中,法兰克王国的实力最强,封建化的过程也较为典型,这里主要论述法兰克的政治制度,以说明西欧新政治制度的主要特点。

法兰克国王试图在强大的君主政体基础上建立政府。虽然克洛维(Clovis,466—511)是按照日耳曼人传统选举出来的领袖,但是他成功地建立起一种观念,即统帅权属于一个有神圣皇家血统的家族,从而确保了克洛维统治家族的世袭继承权。由于克洛维出生于墨洛温(Merovingian)家族,历史上将他开创的王朝称为"墨洛温王朝"。墨洛温王朝的历代君主无法用统一行政管理和内部制度的方式治理国家和行使王权,他们试图套用罗马的政治制度,但又无法驾驭,按照传统日耳曼惯例,允许治下的各民族按照各自的法律进行司法审判,使全国的司法陷入混乱,以致墨洛温王朝的最后几任国王被称为"懒王"。由于无法维持有效的中央集权政府,墨洛温国王不得不渐渐地与教会和非教会的地主分享权力。国家大权落入名为"宫相"的王室总管手中。

## 2. 加洛林王朝的统治

加洛林(Carolingian)王朝就是在这样的背景下兴起,并成为促进欧洲大陆兴起的重要力量。742年,矮子丕平(Pippin,714—768)出任宫相。在贵族,尤其是教皇的支持下,丕平废黜墨洛温国王,取而代之成为法兰克国王,从此开始了加洛林王朝的统治。加洛林王朝第二代君主查理(Charlemagne,742—814)雄才大略,四处征伐,开创了法兰克国家最辉煌的时代。查理在位46年,共进行50余次对外战争,建立起一个西南至厄布罗河,北达北海,东到易北河、多瑙河,南括意大利半岛北部与中部的大陆性帝国,其疆域幅员可与昔日罗马帝国相比。799年,罗马教皇利奥三世(Leo III)被罗马贵族所逐,只得向查理乞援。查理率大军进兵罗马,恢复了教皇权位。800年圣诞节,利奥三世为报答查理的恩德,在罗马圣彼得大教堂为查理加冕,称其为"罗马人的皇帝"。从此西方史书称查理为"查理曼"(查理大帝之意),把法兰克王国称为"查理帝国"或"加洛林帝国"。

在不断扩张的同时,查理也整顿内政,建立起一套从中央到地方的统治机器。政府的核心是皇廷,由可信赖的牧师和世俗贵族组成。他们负责掌管皇家国库、审理案件、保存档案、执行外交任务、指挥军队、为皇室提供物质需求。皇廷主要依靠皇家土地的收益来维持,皇廷不断地迁移,主要是为加快军事行动以及获取皇家地产的收益。只是在接近执政末期,查理曼才在亚琛(Aachen)修建了一座半永久性官邸。查理曼为了维持他在地方的权力,依靠传统的伯爵辖区体系。辖区大约有300个,每个辖区有一位代表国王的伯爵,负责实施法律、维持治安、征召辖区内的自由人服兵役。查理曼还制定了一套外派特使的制度,起到巡视监督的作用。

文治武功十分显赫的查理大帝,对文化教育也甚为关注。为改变日耳曼人文化落后的局面,他带头读书学习,掌握了拉丁文和希腊文,并邀请各国的饱学之士到宫中设帐讲学。查理还兴办了许多主教学校,强令贵族子弟入学读书,目的在于培养传播基督教和管理国家的人才。他还下令搜集古代手稿,修道院始设图书馆,收藏教父作品及中世纪早期的史学著作,甚至还包括一些古典时代的作品。这项工作还重新建立起与古代罗马以及教父时期的知识和文学的联系,现今几乎所有留存下来的各种版本的古典拉丁文学著作都是加洛林时期的。查理大帝还罗致欧洲最好的建筑师、工匠、雕刻家建造修道院和教堂。

　　古代法兰克人的传统要求统治者将其王国最终分给他在世的儿子。解决继承权问题而不发生大动荡的情况是很少的。814 年,查理大帝病故,其子虔诚者路易(Louis I the Pious)继位。终其一朝,父子相争,兄弟阋墙,世俗贵族反叛,教会修道院乘机占地,各种事端接踵而至,从未间断。路易死后,长子洛泰尔(Lothair)继位,其弟日耳曼路易(Ludwig der Deutsche)和秃头查理(Charles le Chauve)起兵反抗,三王子之间爆发内战。843 年,三兄弟缔结《凡尔登条约》(Treaty of Verdun),三分帝国。路易为东法兰克王,领有莱茵河右岸和巴伐利亚地区,其地域大致在现德国西部,是在语言和血统方面主要属于条顿人(Teutones)的国家;查理为西法兰克王,领有大体在今法国境内的地区,主要讲罗曼斯语(Romance);洛泰尔保留皇帝头衔,并兼意大利国王,领有中部王国,包括意大利半岛中、北部及东、西法兰克之间狭长的洛林地区。870 年,日耳曼路易和秃头查理签订《墨尔森条约》(Treaty of Meerssen),瓜分夹在他们中间的洛林地带。凡尔登条约奠定了日后法兰西、德意志和意大利三个国家疆域的基础。

9 世纪以后,正当查理帝国日趋分裂之际,整个西欧又遭到来自东、南、北三面的外族侵袭。东方的入侵者是马扎尔人(Magyars),即匈牙利人。南方是阿拉伯人,至 11 世纪后阿拉伯人对西欧的侵扰渐渐停止。对西欧最大的侵袭是来自北方的诺曼人(Norman)。诺曼人属古日耳曼人的一支,包括丹麦人、瑞典人和挪威人,原居住在易北河口以北的斯堪的纳维亚半岛一带。7—8 世纪,诺曼人生产发展,人口增多,社会内部矛盾加剧。9 世纪以后,诺曼人开始向外侵略、移民,严重威胁西欧各国。侵略方向大致有三:西路主要是挪威人,进攻苏格兰和爱尔兰;中路为丹麦人,主要袭击法国和英格兰;而东路则是瑞典人,他们向东欧发展,即古罗斯历史中的瓦良格人(Varangian)。在侵略过程中,诺曼人与西欧封建文明的联系愈发紧密,逐渐融合,如在英格兰,丹麦国王克努特(Knud,995—1035)所建立的帝国解体后,丹麦人便渐与当地居民融合。10 世纪,诺曼海盗罗洛(Rollo)建立的诺曼底公国,逐渐成为法国的一部分。

而加洛林军队主要是陆地作战,完全没有海军,无法抵御来自海上的侵袭。他们唯一有效的方法是组建地方防卫力量,由于承担这项重任,贵族极大地扩大了他们对地方政治事务的控制权。从虔诚者路易起,历任国王别无选择,只有对这些人的军事作用给予额外的封地和权力的封赏,这一方式更加损害了皇家的权力。因此,地主贵族牢牢掌握了地方领地的控制权,形成了日益增多的独立公国,农民被迫沦为附庸。

**3. 封建制度的形成:封臣采邑制**

中世纪早期,由于政治领袖没能建立起持久而有效的中央政府来治理国家,以致地主手中的权力渐趋私有化。国家权力的瓦解,一股新的力量出现,成为政治生活的显著特点。以个体土地所有者为主的领主取代国家,成为社会中有效的统治力量。他们成为领主的方式各不相同,有些是加洛林王朝的政府官员,如公爵、伯爵、子爵,只是将其原有的职权以及辖区内的领地擅作私用。另一些是野心勃勃的地主,在其武装追随者的支持下,以武力夺取某一领地的控制权,并强行对该地居民进行统治。有些是通过联姻得到土地,或者根据封建契约为他人效力得到的封地上建立领主地位。有些领主偶尔会对其王国的无能国王表示些许忠诚,但实际上,每个领主在自己的领地内就是"国王"。

领主的出现也伴随着产生了各种形式的附庸。附庸大致有两类:第一类是贵族附庸。领主保守其地位的首要条件是军队,为组织军队,领主把那些愿意服兵役的追随者组织起来,分封给他们土地,而追随者为领主服兵役,这种关系逐渐制度化,到 10 世纪时,他们及其领主开始形成贵族阶层。第二类是占人口大多数的农奴附庸。领主及其贵族附庸的土地都需要农业劳动力来耕种。农民变为附庸是经过几个世纪的积累,主要是政治动荡造成的。到 10 世纪时,对农奴附庸的管理已形成制度,使社会稳定和持久。

(1)权贵社会:封臣制

罗马和日耳曼世界所具有的两种惯例——个人依附和享有土地使用权,经过数个世纪的相互融合,产生出新的制度。10 世纪时,领主—封臣关系变成世袭,确保这种关系在同一家庭的后代中延续。领主和封臣的具体权利和义务逐渐完善成一项特别的法律体系,成为封建法。土地授予与战争的需要联系起来,形成了一层一层往下分的分配制度。分出土地的人叫"封主",接受土地的人叫"封臣"。以土地分封为基础,就出现了一个等级社会,好像是一个金字塔:从国王那里得到土地的是大贵族,从大贵族那里得到土地的是中等贵族,从中等贵族那里得到土地的是小贵族,形成"封建等级制度"。因此,西欧的封建社会意味着有封建就不会有专制,有专制就不会有封建,因为权力是跟着土地走的,一旦一块土地分封出去,无论它是大是小,权力就从封主那里转移出去。这一时期的制度具有以下特点:第一,国家权力重心从中央转移到地方;第二,地方政权各自为政;第三,公共权力私有;第四,私人契约形式的政治联盟;第五,权力多元化。

(2)农奴社会:庄园制

庄园是一个为庄园主及其附庸农民生产所需物品的经济单位,同时也是一个政治和社会单位,负责管理在此生活的农民。庄园结构的基本特征是,庄园土地分为领主自营地和农奴份地两大部分。领主自营地主要是由庄园农民以服劳役的方式来耕种。这些服役的庄园农民严重依附于领主,史称"农奴"。领主派管家监督农奴耕作,并在庄园建有仓库、马厩,备有耕畜和一些农具,自营地的收益全都归封建主所有。而农奴则靠耕种自己的份地维生。农奴对份地只有使用权,而无所有权,所有权仍归封建主。若农奴后代继承份地使用权,必须交纳继承税。农奴是庄园经济中的直接生产者。他有家庭,有财产,使用自己的工具在自己的份地上耕作,只是必须替封建主耕作自营地,必须承受劳役地租的剥削,必须接受封建主对其人身的严格控制。领主对农奴进行超经济强制剥削。从法律上讲,农奴没有人身自由,其人身属领主所有,不得随意离开庄园,可由领主任意进行买卖或转让。同时农奴也没有结婚权、财产权,家庭财产的代际传接,须向领主交纳"死手捐"(继承税)。农奴的生活天地被束缚在狭隘的庄园,大部分庄园都建有教堂,安排着农奴从降生受洗、结婚成家,到终老下葬的全部生命过程。领主在庄园内通常设有由主管或管家主持的庄园法庭,以传统的习惯方式来维持领主的经济权益,并协调处理庄园成员间的社会关系分工。因此,庄园在相当大程度上是一个经济自给自足、政治宗教自成体系的独立社会组织。

值得注意的是,封臣制(附庸制)采邑制(封土制)与庄园制相结合,土地所有权与政治统治权相结合,大贵族在其世袭领地内具有独立的政治经济权力,而王权衰落。但是,并不是西欧所有的农民都变成了农奴,也并非西欧所有地方都形成了封建制度;这里只是说,封建制度和农奴制从此在西欧占据了主导地位,并以法国最为典型。

# 三、基督教欧洲的形成

现代诗人兼思想者艾略特(Thomas Eliot,1888—1965)有段名言:"一个欧洲人可以不相信基督教信念的真实性,然而他的言谈举止却都逃不出基督教文化的传统,并且依赖于那种文化才有意义……如果基督教消失了,整个文化也将消失。接着你便不得不痛苦地从头开始,并且你也不可能提得出一套现成的新文化来。你必须等到青草长高,羊吃了青草长出毛,你才能用羊毛制作成一件新大衣。你必须经过若干世纪的野蛮状态。"然而究其原因,中世纪之所以基督教文明能够成为整个西欧的精神主宰,对蛮族也起到了教化作用,是基于以下两点:第一,它是平民眼中救他们于水火之中的"大能之手";第二,它是统治阶级心中保证国家长治久安的思想武器。

## 1. 西欧的基督教化

496 年,法兰克国王克洛维率 3000 亲兵在兰斯大教堂(Reims Cathedral)接受罗马派基督教洗礼,成为征服罗马帝国的蛮族中最早的正统基督徒。这一事件,对罗马基督教来说是一个关乎命运的重大转折。511 年,克洛维支持召开的宗教会议通过宗教法规,规定凡居住在法兰克王国境内的各族居民必须到附近的罗马派教堂作弥撒(Mass),皈依基督,使罗马派基督教在全法兰克迅速普及开来。查理大帝时代是西欧基督教化深入发展的时期。查理大帝每征服一地,都颁布法令,强迫被征服居民信仰基督教,缴纳什一税。凡不让婴儿施洗者均课以重罚;凡成人拒不接受施洗者,视同叛逆罪,处以死刑。帝国大军推进到何处,基督教便紧随其后。刀光剑影,血雨腥风,成为基督教传播的前导,十字架也成为法兰克封建统治的重要标志。查理帝国解体时,西法兰克和意大利等广大地区基本基督教化了。

由东法兰克王国演变而成的神圣罗马帝国,也承担起向中欧传播基督教的重任。德意志神圣罗马帝国的历代帝王,随着帝国版图的扩张,把基督教传给匈牙利人、斯拉夫人和丹麦人。同时,伴随着大批德国基督徒移居东方和北方,基督教的传播范围也愈发广泛。大约在 10—11 世纪,中欧和北欧地区相继完成了基督教化的过程。

早在 3 世纪,基督教就传入与西欧大陆一海之隔的不列颠群岛。597 年,教皇格列高里世(Gregory Ⅰ,约 540—604)派遣教士圣奥古斯丁率领由 30 多人组成的布教团前往英格兰,以坎特伯雷(Canterbury)为中心向各地传教。7 世纪中叶,在当时封建王公的支持下,罗马派基督教在英格兰确立了正统地位。

此外,伴随着"收复失地运动"的不断推动,罗马派基督教对西班牙半岛的"再征服运动"也取得了巨大进展,取代了以往的阿利乌斯派(Arianism)基督教。

西欧的基督教化对于西欧中古社会的发展意义重大。它使处于严重分裂状态

基督教在欧洲的传播
（迄10世纪）

下的西欧各地区、国家、阶级、人群拥有了一个统一的信仰体系,使西欧封建文明在文化和精神生活中具有了整体一致性。

**2. 基督教的封建化**

在使西欧各地全面基督教化的同时,基督教也逐渐完成了封建化的过程。西欧各国的封建统治者们,不仅把基督教作为宗教信仰,而且也把其作为教化民众、统治臣民的思想工具和意识形态。因而,他们以种种方式,甚至不惜采取武力手段来推进"上帝在人间的事业"。经济上,由于各国君主、贵族的大量馈赠和广大民众的奉献、捐赠,罗马教会拥有的地产急剧膨胀。据估计,到中古鼎盛时代,罗马教会拥有的地产数量几乎占整个西欧土地总面积的1/3,同时遍及各地的教会组织还以"什一税"的方式获取大量的物质财富。因此,罗马教会是西欧最大的封建地主。政治上,罗马教会从克洛维时代起,就获得了免税和禁止行政官吏进入教堂捕人的种种经济、司法特权。6世纪中叶以后,教会的政治权力愈益加强,不仅神职人员犯罪只能接受教会法规的管束,不受世俗法律的制裁,而且大批神职人员还进入王国政府机关,充任国家官吏。主教等高级教会人士还直接参与国家法律的制定,并拥有更改法官判决和处分渎职官吏的政治权力。同时,由于从各国帝王手中获得大量地产,众多主教、修道院院长也以封臣的身份与帝王结成政治关系,跻身于封建诸侯行列,各地教会也都成为各个封建政权国家机器中的重要组成部分。756年"丕平献土"之后,罗马教皇国逐渐形成,并日益成为西欧封建政治的核心。教皇把一顶顶涂满圣油的王冠戴在各国君主头上,给整个欧洲封建制度套上了神圣光环,同时也使教皇和教会成为封建制度的象征。

在推动西欧封建制度化的过程中,罗马派基督教会自身也在发生深刻的变革,即罗马教会的全面制度化。

从组织制度而言,罗马教会的神职人员可分为两个基本类别:教士和修士。教

罗马教皇利奥三世为查理大帝加冕

士是指那些承担拯救俗人灵魂、管理民众精神生活的神职人员。他们分别主持和
管理着大小不一的教区。中古罗马教会分为大主教区、主教区和乡镇教区 3 个基
本层次。在罗马时代，大主教区在地域上相当于一个行省，主教区相当于行省上的
行政单位城市。中古时代，虽历经变迁，但大主教区和主教区仍包括较广大的地理
区域。乡镇教区是教会的基层组织，一般辖有附近乡村的若干个小教堂。修士，原
指离家出世，隐居荒野，以极端苦行的方式拯救自身灵魂的基督徒。最初，这种隐
修方式多为个人行为，后逐渐转变为集体行为。隐修者们相聚而居，过集体的隐修
生活，隐修院(或称修道院)遂应运而生。

　　西欧教会在不断的发展过程中，逐渐形成了以教皇为核心的教阶制度：教皇
(Pope)—枢机主教(Cardinal Bishop,红衣主教)—首席主教(Primate,一国教会组
织之首或首都所在地的主教)—大主教（Archbishop）—主教（Bishop）—神父
(Father)。罗马教廷把整个西欧的基督教组织及神职人员，按着等级森严的教阶
制度，统统纳入一个巨大而完整的组织体系之中。此外，教皇选举程序和规则、教
会法庭设置和种类以及教会法体系的确立也是教会制度化的表现。

　　教义系统化和理论化、信仰礼仪的规范化是西欧基督教逐步趋于成熟的重要
标志，更是基督教制度化的重要内容。4—5 世纪期间，以奥古斯丁、安布罗斯
(Ambrose,340—397)和耶柔米(Jerome,347—420)三位杰出的神学家为代表的教
父哲学(Patristic Philosophy)形成，它改变了原始基督教在教义方面的混乱状况。
在只有通过信仰才能认识上帝的原则下，教父哲学用新柏拉图主义哲学来论证基
督教教义，从而把神学与哲学结合起来，使之更加理论化、系统化；以"三位一体"的
神学观念来为教权至上论提供理论依据。11 世纪之后，经院哲学(Scholasticism)
取替教父哲学，将基督教神学的理论化、思辨化推向新的高度，建构起一个庞大而
繁复的哲学化神学唯心论体系。被誉为"神学之王"的托马斯·阿奎那是经院哲学
的集大成者。他主张一切知识都是为了论证上帝的存在和伟大。在其所撰著的

《神学大全》中，他提出了"宇宙秩序论"，对教会权威和封建社会等级秩序作了充分的神学论证。所谓"经院哲学"最初是在查理曼帝国的宫廷学校以及基督教的大修道院和主教管区的附属学校发展起来的基督教哲学。这些学校是研究神学和哲学的中心，学校的教师和学者被称为经院学者（经师），故他们的哲学就被称为经院哲学。在某种意义上说，虽然教父哲学是中世纪基督教哲学的组成部分，但是实际上它在很大程度上属于旧文明，经院哲学才是真正属于新世界的日耳曼民族的哲学形态。

以"原罪"、赎罪和得救三大信条为主的教义，在中古时代也被精心地加以改造，从中演绎出"教会赦罪"制度。教皇是上帝在人间的代表，教会是"圣库"的管理者，因而人类得救必须经过教会赦罪这一关键环节。为了有效地行使赦罪权，教会制定了整套赦免世人罪过的措施，如向神职人员私下告解、忏悔、诵经、斋戒、幽禁、放逐、朝拜、行善功、以钱赎买罪过等等。

**3. 基督教对西欧文化的影响**

基督教文学兴起于公元4世纪左右，并很快确立了中世纪欧洲文学的领军地位。基督教信徒阿塔纳修斯（Athanasius，298—373）的《圣安东尼传》，一改希腊罗马文风，创造了一种全新的英雄传记体裁，完美歌颂了基督圣徒的事迹，此后圣徒传记成为中世纪欧洲文学的主流。圣奥古斯丁的《忏悔录》是基督教文学在散文和散文诗这一文学形式方面的典型代表，后世学者不仅从中学到了心理剖析和内心表露的技巧，还学到了高深的美学理论。赞美诗是中世纪诗歌演化出的最新形式。6世纪，罗曼努斯（Romanus）将基督教的赞美诗推向高潮。被誉为"教会史之父"的尤西比乌斯（Eusebius）写成了欧洲第一本教会史著作——《教会史》，他大量运用历史史料，追求叙事的准确性而非文学性，突破了国家和民族的框架，从世界范围内记载了基督教的发展。与此同时，编年体史学著作出现，作品定位在普通大众身上，使基督教的传播具有了更广泛的民意基础。最后，基督教文学成为中世纪欧洲社会的主流文化，所以在后世欧洲文化的各个领域中，几乎都可以看到基督教文学的影子，如英国史诗《贝奥武甫》（Beowulf）、法国史诗《罗兰之歌》（Chanson de Roland）和芬兰史诗《卡列瓦拉》（Kalevala）等，其深远影响可见一斑。

基督教非常重视儿童的启蒙教育，孩子出生时就要接受神父的洗礼，施洗的神父会负责孩子一生的神学学习和宗教事务。随着现代文明的兴起，学校成为欧洲社会的主要教学机构，但是最早出现的学校无一例外都是神学学校，并且神学一直贯穿学生的整个教育过程。事实上，在中世纪的欧洲，教会担负着全部教育责任，从而艰难维系着欧洲古典时期的文明火种，并且一直持续到整个中世纪的结束。而教会学校最早以培养神职人员为目的，因此只讲授神学知识，后来才加入欧洲古典文学、哲学、天文学和数学等科目。13世纪以后，随着学校教育的解禁，修道院学校和教会学校逐渐退出历史舞台，学校教育最终成为欧洲社会的主要教育力量，并且直接为欧洲近现代教育奠定了基础。

　　基督教经历了数百年的发展之后,已经把神的意志推向了宇宙意识,欧洲科学自基督教文明孕育而来也就不足为奇了。以经院学派创始人阿贝拉尔(Pierre Abelard,1079—1142)为例,他不仅是一名虔诚的基督徒,而且也是 12 世纪最伟大的逻辑学家之一。他曾对 150 个神学问题进行反复论证,最终结合之前的神学理论成果,创造出了理性和宗教相协调的逻辑思维,为"经院方法"的诞生奠定了坚实基础。在阿拉贝尔看来,上帝创造了自然万物,但是自然万物有自身的运转规律。所以人类需要信仰上帝,但是更需要了解世间万物的运转规律,了解各种科学知识。

　　基督教自起源以来,便和音乐结下了不解之缘。赞美上帝的诗歌,几乎回荡在早欧洲社会的各个角落,后来成为欧洲音乐文化的基础元素。格列高里整改汇编的"格列高里圣歌"(Gregorian Chant)将单调音乐发展到极致,推动了欧洲音乐形式的多样化。在绘画上,最初由于基督教反对偶像崇拜而没有太多发展,但是由于大部分信徒来自社会底层,对文字的识别能力有限,绘画的形式便开始发展起来。随着基督教文化和艺术的繁荣,欧洲大地上林立而起的教堂为基督教绘画发展提供了广阔的空间。5 世纪后,基督教绘画艺术经过蓬勃发展,终于具备了自身独特的个性,并从此屹立于欧洲艺术之林。

　　基督教还培育了欧洲人的生命观念、平等观念、婚姻观念、慈善观念、劳动观念和经济观念,使宗教伦理成为欧洲社会伦理构架的核心。西欧人由此开始抛却上古的社会伦理,转而遵守"尊重生命,抵制堕胎、弃婴;倡导人生而自由平等;强调婚姻契约的严肃和圣洁;劝人向善;尊重劳动而无阶层之分;不做放贷之类的经济活动"等规范。

# 第四章　欧洲的兴起

中世纪早期的欧洲传承了罗马文明,教会和教士成为罗马经典文献的保护者和传播者,又吸纳了日耳曼文明,融合了伊斯兰文明,这四大文明因子交相演进了中世纪文明,并催生出新的制度——封建制度,塑造了不同于中古时期的政治制度和经济制度基础,欧洲的基督教化使一盘散沙的欧洲大陆第一次因为共有的信仰体系和文化渊源而真正拥有了文明领先的机遇。于是,各个封建王国的君主在王权与教权、王权与诸侯、王权与市民的联合博弈过程中,形成了新的有效统治,民族国家——诞生。这一时期的欧洲开始在世界历史中脱颖而出。随着欧洲兴起,它对外征服的步伐也开始了,而这次征服披上了宗教的外衣,十字军东征既是中古欧洲繁荣之花的绽放,又最终为中古文明的盛世画上了句号。城市兴起和民族国家的形成,标志着欧洲政治版图基本划定,这就是近现代欧洲文明的国家形态和结构,也是现代世界的基本政治形态。事实上,西方文明在近代史上领先于东方文明,与中世纪的制度创建不可谓不相关。创新性是一种文明不断前行的驱动力。

## 一、君主专制制度的建立和发展

### 1. 神圣罗马帝国

中世纪中期最早进行政治重建的是神圣罗马帝国。843 年,《凡尔登条约》将加洛林王朝划分为三个王国,其中东法兰克王国和洛泰林吉亚(Lotharingia)王国及其后来分裂成的若干个小国,构成了神圣罗马帝国版图。9—10 世纪,由于地方权贵获取了采邑,成为当地民众的领主,遂使皇权在这些王国中逐渐衰落。在意大利,地方领主群起,状况更为混乱。在德意志,奥托一世大帝(Otto I,912—973)抑制和扭转了地方割据的趋势,他把子侄和近亲封为各地的诸侯,成功地迫使各地方公爵接受皇家统治。他在 955 年莱西菲尔德(Lechfeld)战役中重创入侵德意志的马扎尔人(Magyars),树立了军事权威。此后,他又主张向东部斯拉夫世界进行军事扩张、殖民和传教活动,他还通过与宗教领袖结盟来增强皇权的基础。奥托一世把皇家大片土地封给主教和修道院院长,使他们成为皇家的封臣,这样他们也来维护国王的王权。这一政策称为“主教叙任权”,它使德意志的统治者真正掌控了任命教会神职人员和使用教会财产的权力。

奥托一世成功统一和巩固德意志王国后，便开始插手意大利的事务。当时的意大利王位被诸侯觊觎，又受到伊斯兰教徒入侵，后来自撒拉逊人（Saracen）、马扎尔人的侵扰也连绵不断，一直渴望寻求外部势力来平息当地的混乱。951 年，奥托首次进军意大利，获得"意大利王"的称号。不久，因其子在国内叛乱而返回。十年后，教皇再次请求援助，奥托再次进入意大利替教皇驱除了外患。962 年，教皇约翰十二世（John XII，937—964）加冕他为"皇帝"，命他做了查理曼的继承人。但是奥托成为"神圣罗马帝国皇帝"之后不久，就废黜了教皇约翰十二世，而把选任教皇的权力掌握在了自己的手中。皇帝成为基督教会的领袖。

奥托复兴的罗马帝国，就是历史上的神圣罗马帝国（the Holy Roman Empire）。"神圣"是教会的象征，"帝国"是武力的代表，是日耳曼因子，"罗马"却是两方的共有物。因此，这个名字是中古时期政治形态的集中表述。一方面，它证明教会与日耳曼人的联结，以及基督教、日耳曼人和罗马文化三个重要文明元素的融合。另一方面，它又预示着教权与王权不可避免的冲突。教皇欲通过统一的权力来开展宗教事务，而皇帝又想实施统一政权下的行政统治。因此可以说，教会与日耳曼人在名义上联结成为神圣罗马帝国之日，也就是这个同盟实际上分裂之时。而此后的德意志君主，或为废抗命的教皇，或为护忠顺的教皇，屡次南下意大利，军费浩大，军事棘手。而德意志内部的诸侯，一旦觑得皇帝远行，就乘机扩充自己的实力。德意志君主奔波于与教皇和诸侯的竞逐中，大大延缓了德意志和意大利成为独立民族国家的时机。

起初，皇权与教权之争只是暗流涌动。1073 年，格列高里七世（Gregory VII，1020—1085）成为教皇，他作出两项改革：第一，改良教会的内政，禁止教士婚娶；第二，从皇帝手中收回任免教士的权力，唯有教皇一人具有任免主教和制订新法律的权力，有权废黜皇帝。自此，皇权与教权之争开始激烈起来，德意志和意大利两地的长官和教士也分为教皇和皇帝两派。

格列高里七世下令禁止皇帝敕封主教。此时神圣罗马帝国皇帝是亨利四世（Henry IV，1050—1106），他立即召集了忠于他的主教开会决议，不承认格列高里为教皇。格列高里随即把亨利驱逐出教。日耳曼的诸侯想趁机推翻亨利，另选一个皇帝。1077 年，亨利无奈，只能越过阿尔卑斯山，粗衣赤足，负荆请罪，在风雪中苦苦哀求了三天，格列高里才赦免了他的罪责，教皇的权力可见一斑。亨利回国后积攒实力，攻打下罗马，格列高里气愤而死。

1198 年，英诺森三世（Innocent III，1161—1216）接位为教皇。此时德意志内部为了争夺皇位已陷入无政府状态。英诺森借此机会，替德意志择定了一个皇帝，至此，教会权力达到最盛时期。但自 1216 年，英诺森三世去世之后，教皇的权力便一天不如一天了。

亨利四世带着妻儿在雪地赤足向教皇忏悔

## 2. 英格兰

相较于德意志统治者为统治其庞大帝国进行的艰苦斗争,英国的政治统一进行得较为有效。11世纪上半叶,面对大贵族建立私人领主地位和斯堪的纳维亚入侵者的新威胁,威塞克斯(Wessex)国王阿尔弗雷德(Alfred,849—899)及其继任者的君主地位开始摇摇欲坠。当最后一任盎格鲁-撒克逊国王"忏悔者"爱德华(Edward the Confessor,1001—1066)无嗣而终后,因继承权引发的斗争随之发生,英格兰的历史进程因此被改变。欧洲大陆法兰西的诺曼底(Normandie)公爵威廉趁机于1066年入主英格兰,并在黑斯廷斯(Hastings)战役中击败盎格鲁-撒克逊的候选人哈罗德(Harold),史称"征服者威廉一世"(William Ⅰ the Conqueror,1027—1087)。

征服者威廉一世

威廉一世在不列颠岛作出一系列新的创建:首先是输入封建制度。诺曼底征服者们在英国以强力推广法兰西的土地制度,形成了以诺曼底王室为核心、约 180 个教俗大领主为主的大土地统治阶层。自由民的地位迅速下降,成为农奴,庄园组织不断发展,英国的封建化进程大为加速。1086 年,威廉一世命王室官吏对全国土地占有、赋役状况进行普查,编成《土地赋役调查簿》,为后世留下一份了解当时英国封建化过程的珍贵文献。随同威廉一世征服不列颠的大批诺曼底贵族取代盎格鲁-撒克逊贵族,成为英国封建统治阶级的主体。在王室占有全国土地 1/7 和广阔森林的基础上,威廉一世把其余土地以服军役和缴纳贡赋为条件,分赐给臣属。受封的大贵族又将土地继续分封给骑士(Knight),从而建立起封君封臣的政治结构。同年威廉一世还在索尔兹伯里(Salisbury)召开贵族大会,强制全国所有封建主,都必须直接向他本人宣誓效忠,都必须为国家服兵役,承担各种义务。这种做法改变了西欧大陆流行的"我的附庸的附庸不是我的附庸"的惯例,形成了英国独有的主从关系一体化的政治结构。此外,威廉一世对臣属的土地分封是随着征服战争的进展而逐渐进行的,落入每个封建主手中的领地散布全国各地,彼此相隔,互不相连,因而大封建主不易割地自雄,与王权抗争。王权相对集中强大、较早确立起王权政治,是诺曼底征服导致的重要政治后果。

由此,在英格兰出现了贵族和平民的划分,贵族多是诺曼底人,平民则是盎格鲁-撒克逊人。这促成了两族民众语言文字的融合,在现今的英文中,诺曼底人带来的法文遗迹仍然留存。而随着社会风俗和政治组织的改变,英吉利和欧洲大陆不像中古以前那样分离了。

威廉及其子威廉二世和亨利一世去世后,争夺王位的斗争再起,直到 1154 年,威廉孙女玛蒂尔达(Matilda)的儿子安茹(Anjou)伯爵亨利(Henry II,1133—1189)入主英格兰接替王位,开启了英格兰中世纪最强大的封建王朝——金雀花王朝(House of Plantagenet,又名安茹王朝)。亨利的父亲是法王的臣属,也是安茹和梅因(Maine)的伯爵;妻子是阿奎丹(Aquitaine)公国的继承人,所以亨利此时的属地包含有英吉利、诺曼底、布列塔尼——来自母亲的遗产,安茹、梅因——来自父亲的遗产,阿奎丹及法国西南部各地——来自妻子的陪嫁,其版图之大,在西欧首屈一指。

亨利二世在国内的政绩主要有二:第一,平定内乱,削弱诸侯权力,建立行政体系。此时形成了四个专门的行政部门:财务署,征收应归国王的钱款;国库,掌管和划拨皇家钱款;王室文秘署,颁布皇家法令和撰写皇家信函;皇家高等法院。第二,改良司法,使国王的权威能号令全国。当时英国的司法体系非常混乱,有郡的、庄园的、教会的、城市的,水平不同,法律、程序和刑罚体系各异。改革统一了司法体系,扩大了皇室法庭的威信。

12 世纪,英格兰的几代君主相当成功地使王权不断扩大,几乎没有遇到持久

亨利二世

的抵制。然而,他们建立的政治体制中有一个始终无法回避的原则问题,即王权与诸侯权力的平衡。"失地王"约翰(John Lackland,1167—1216)就是第一个受到挑战的。1199 年约翰继位后,不断与法王作战,相继丢失诺曼底、安茹等在法国的属地。1209 年,因坎特伯雷大主教(Archbishop of Canterbury)的任命问题,约翰和教皇英诺森三世发生冲突,被教皇开除教籍。1213 年约翰被迫屈服,并向教廷交纳年贡,加剧了臣下对他的反对。约翰还违反封建惯例,征取过多的继承金、协助金、盾牌钱等,并借故没收直接封臣的地产。向城市也多方勒索,引起广泛不满。1213 年,约翰再次出征法国时,一些封建主拒绝服役,在 1214 年布汶(Bouvines)之役中,约翰战败。1215 年,封建贵族乘机联合对国王不满的各方力量反对约翰王,在强大压力下,约翰被迫签署《大宪章》(Great Charter,拉丁文 Magna Carta),承认国王只是贵族"同等中的第一个",没有更多的权力。

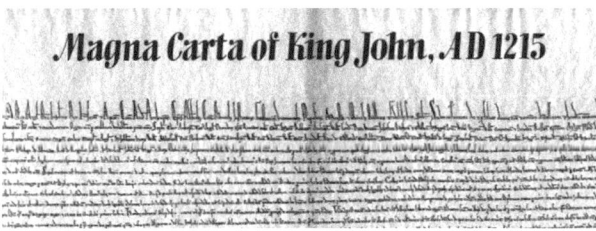

英国诸侯对国王争得的第二个胜利,是议会(Parliament)的成立。从前撒克逊王朝和诺曼底王朝的国王,原本也有贵族会议的制度,但职责仅限于顾问。而随着诸侯和国王之间的争斗日益剧烈,诸侯开始与新兴力量——城市里的市民联合。1265 年,西门·孟福(Simon de Montfort)率领诸侯与平民的联盟争取到了平民加入议会的权利。自此,英国的议会就既有代表贵族、教士和诸侯的上院,又有代表各地各城平民的下院,这是议会制度的滥觞。《大宪章》是世界立宪制度的鼻祖,而英国的议会也是世界各国议会的模型。

### 3. 法国

在法国，有效君主政体的形成比英格兰更加缓慢，其社会环境也有所不同。根据 843 年《凡尔登条约》分出去的西法兰克王国就是后来的法兰西王国，到 987 年，王国仍由加洛林家族统治，但皇权逐渐衰落，诸侯群起。987 年，在教士的参与下，诸侯选出巴黎公爵休·卡佩（Hugues Capet，941—996）为国王，开启了卡佩王朝的统治。从 987 至 1108 年，卡佩王朝前四任统治者除在狭小的领地巴黎地区之外，在法兰西的其他地区几乎毫无权力，因此这段历史是各个领主的历史，诺曼底（Normandie）、佛兰德尔（Flandre）、安茹（Anjou）、曼恩（Maine）、香槟（Champagne）、勃艮第（Bourgogne）的诸侯在各自领地形成有效统治。

12 世纪初，路易六世（Louis VI，1081—1137）才开始在地方统一的进程中有所作为。他设立行政机构，收回司法大权，把有争议的领土并为皇家领地。阿基坦（Aquitaine）公爵死前决定把自己的女儿，也是他的继承人埃莉诺（Eleanor）托付给法王保护，路易六世果断安排埃莉诺与自己的儿子结婚，是为路易七世（Louis VII，1120—1180），阿基坦并入皇家领地。

路易七世和埃莉诺的婚姻并未持续很久，在双方离婚后，路易把阿基坦公国还给了她。1152 年，安茹伯爵亨利娶了离婚不久的埃莉诺，得到她的陪嫁阿基坦公国。而后的 1154 年，安茹伯爵亨利成为英王亨利二世，其实力远超法国国王，对法王造成严重威胁。这一威胁直到腓力二世（Philip II Augustus，1165—1223）时才得以解决，这时的法国拼合成为一个统一的王国。

然而仅仅统一法国领土是不够的，为了有效扩大对王国的统治，卡佩王朝的后几任统治者，尤其是腓力二世、路易九世（1214—1270）和“美男子”腓力四世（Philip IV the Fair，1268—1314），积极建立各种管理机构。他们在首都巴黎建立了有效的中央行政机构，包括御前会议，这是王室家封臣的议会；王宫，由伺奉王室成员的官员构成；督察官，负责管理王家地产。还形成一个更大的中央宫廷，负责财政事务、司法和档案保管工作。国王还借助封建习俗、罗马法、传统政治理论等，颁布了许多法令，使宫廷这个中央行政机构的管辖权不断得以扩大。腓力四世统治时，中央宫廷已成为完全职业化的官僚机构，发挥了行政管理的职能。

此外，法王还着手建立地方政府体系。与英格兰利用传统的郡和郡长体系，国王能够直接插手地方事务不同，腓力二世通过设立执行官，部分地解决了对地方的管控，而他的继任者使这一级官员的权力和数量进一步扩大。这些官员通常从非贵族中选拔，以国王的名义到各地方开展庭审、收税和维持社会治安活动。路易九世还设立了调查员，监督执行官的工作情况。至此，法兰西的统一行政管理建成。

对外的征战和日渐庞大的王室行政机构急需征收更多的税收。卡佩王朝统治者为了缓解经济负担，改变过去召集封臣到御前开会征询建议的方式，改为将三个主要社会阶层——贵族、教士和市民代表——召集在一起,以三级会议的方式来批准扩大其权力,以获得整个王国支持他政策的效果。

腓力四世扩大王权的努力也遇到教会的阻挠。在扩大国王征收教产税和审判教士的权限问题上,腓力四世与教皇卜尼法斯八世(Boniface VIII,1235—1303)争斗不休,并最终取胜,教皇无权干涉法国内政。1305 年,腓力四世把罗马教廷移到法国南部城市阿维农(Avignon),直到 1377 年才重新回到罗马,这一时期的教皇完全秉承法国国王的旨意,成为法国国王的"御用教皇",史称"阿维农之囚"。

此外,卡佩王朝的统治者,也通过塑造个人形象来建立自己的统治权威,如路易九世被奉为中世纪法国乃至全欧洲君主中的楷模,后人尊称为"圣路易"。在中世纪的欧洲,要成为一个模范君主至少应具备的条件:虔诚的基督教信仰,参加十字军东征,执法公正等,路易九世具备了以上的全部。尽管他没有给法国带来什么革命性的变化,但他有效的统治给法国带来了一个稳定繁荣的时期,加强了法国王室的权威和地位,使法国王室在半个多世纪后的英法百年战争的沉重打击中仍屹立不倒,并进而为形成法兰西民族国家打下了一定的基础。

路易九世

# 二、十字军东征

中世纪发展起来的欧洲最明显的扩张表现是一系列的军事行动,即十字军东征,目标是地中海东部世界。最初是与伊斯兰争夺基督教发祥圣地的宗教战争,但最终演变成为西欧要在近东保持一个前哨基地的斗争。

十字军东征的原由首先是来自拜占庭帝国的求援。11 世纪末,拜占庭帝国危机重重。帝国内部贵族对自由农的盘剥日重,引起社会广泛的不满。早从帝国手中夺走意大利南部的诺曼人也日益威胁着帝国在巴尔干的控制权。意大利的城邦,特别是威尼斯,开始向拜占庭的海上势力发起挑战。1071 年,塞尔柱突厥人 (Seljuk Turks),这个源于亚洲的民族,在 10 世纪进入伊斯兰世界并皈依伊斯兰教,他们不断侵袭拜占庭帝国,帝国已经处于风雨飘摇之中。此时,拜占庭帝国的统治者阿莱克修斯一世(Alexius I,1048—1118)努力收复小亚细亚的领土,同时请求教皇及西欧各君主给予军事援助,打击突厥异教徒。

虽然东方政局动荡为十字军东征提供了出征的契机,但是十字军东征的形成,根源还在于西欧社会内部所发生的变化。首先,不断增加的物质财富,人口增长,使西欧有物力和人力对外开战;其次,更为优越的政治制度基本成型,能够实现有效的统治,遏制了地区内的战争;第三,土地继承改为长子继承制,没有继承权的子嗣只能另寻出路,海外财富成为人人渴求的致富之道;第四,城市中人口上升,流民增多,需要途径解决内部日益出现的社会问题;第五,意大利各城渴望在地中海东部获得更大的商业利益;第六,在西班牙和意大利进行的战争加剧了基督教和伊斯兰教之间长期的宗教仇恨。席卷西欧的宗教改革浪潮强调的观念是,基督徒必须通过积极主动的表现来证明他们对上帝的虔敬,"朝圣"即为其中最重要的一种方式。

此外,教皇的势力经过前期的积累也达到了鼎盛,因此当教皇乌尔班二世 (Urban II,1042—1099)1095 年与教会和世俗领袖商讨之后,在法国城市克莱蒙 (Clermont)发表了一场极具鼓动性的演讲,公布了对东方的征服计划,并呼吁基督徒骑士加入教皇领导的军队,到东方去武装朝圣,得到欧洲大部分地区的响应。一些大领主(而非国王)开始在各地组建独立的军队。在这些骑士军队建成之前,一群由农民和工匠组成的乌合之众受鼓吹者的煽动,开始了所谓的农民十字军东征。在对一些德意志城市的犹太社会进行野蛮进攻后,这群乌合之众向东到达多瑙河流域,穿过匈牙利和保加利亚,沿途劫掠破坏。当最终抵达君士坦丁堡时,拜占庭帝国皇帝阿莱克修斯一世马上把他们派往小亚细亚,在那里迅即被突厥人消灭。

1096 年夏天,四路共约近三万携带武器的骑士及大量扈从的军队,开始沿不同线路向东进发。这支来自西方的军队没有统一的行动计划。虽然教皇乌尔班二世任命了一位主教担任总指挥,但各路军队不愿接受指挥。阿莱克修斯一世经过一番商讨,最终和十字军达成协议。他为十字军提供军事和经济支持,而十字军保证把占领的以前本属于帝国的领土归还给拜占庭。

1097 年,十字军开始穿过小亚细亚,扫除了突厥人的轻微抵抗,但是他们和阿莱克修斯一世之间达成的承诺彼此都没有实现。而十字军一到叙利亚便因利益之争发生了分裂。1099 年,耶路撒冷被十字军占领,也因此而被视为第一次东征的胜利。之后,一部分来自西欧的骑士返回家园,留下来的采取各种方法保护自己。他们在意大利海军的帮助下,占领了在叙利亚和巴勒斯坦的地中海主要港口和通道,还在圣地的战略要地建立了一系列坚固的城堡。1130 年以前,他们建立了两个军事组织:圣殿骑士团和医院骑士团,第三个组织条顿骑士团建立稍晚。这些骑士团效法寺院组织,在西欧征召的成员要立誓,保护居住和来到圣地的基督徒以及征召士兵和筹措资金支持圣地的基督教会。但是基督教的地位仍然不稳固,因而在之后的两个世纪中,不断要求西欧人进行东征,以保护上帝的名义来维系当地的稳定。

第二次十字军东征(1147—1149)是由于 1144 年伊斯兰势力兴起,在教皇呼吁下,神圣罗马帝国皇帝康拉德三世(Konrad III,1093—1152)和法国国王路易七世率军前往圣地,但是无功而返。此后,著名的伊斯兰领袖萨拉丁(Saladin,1137—1193)成功统一了埃及和叙利亚的伊斯兰军队,1187 年将耶路撒冷夺回去。

第三次十字军东征(1189—1192)的目标是为了收回圣城。在教皇呼吁下,英格兰的亨利二世、法国的腓力二世和德意志的腓特烈·巴巴罗萨(Friedrich Barbarossa,约 1122—1190)都保证要率军出征,打击萨拉丁。腓特烈最先出征,却在途中溺水身亡。亨利二世也在出征前去世,狮心王理查德继位,与彼此不和的腓力二世于 1190 年启程东征。腓力更多关注的是返回法国收回英王在法国的领地安茹,而非东征,他在东方只是稍作停留,而英王待了一年多。理查德最后和萨拉丁达成停战协定,耶路撒冷由伊斯兰人控制,允许基督徒前往该地。因此,除了少数沿海城市重归西欧人控制外,第三次十字军东征也无大的收获。

第四次十字军东征(1202—1204)由教皇英诺森三世发动,目的本是要攻占穆斯林所控制的埃及,作日后行动的基地。十字军主要由法国和意大利贵族组成,在没有足够的金钱付给威尼斯人以便渡海到埃及的情况下,十字军按威尼斯贵族将领的建议转去攻打扎拉城(现克罗地亚的扎达尔 Zadar)。并利用拜占庭国内的纠纷转而攻打君士坦丁堡,在抢劫和破坏后血腥屠城三天。大战过后,威尼斯占去拜占庭帝国八分之三的领土,获得了帝国主要港口城市的控制权。而十字军则以君士坦丁堡为中心建立了拉丁帝国和两个附庸于拉丁帝国的国家。

第四次十字军的行径,一方面充分暴露了罗马教廷组织发动"讨伐异教徒"的"十字架与新月之战"的侵略本质。另一方面,为东地中海地区的政治力量的重新组合提供了条件,使看似辉煌的拜占庭帝国瞬间崩塌,为意大利的势力能够深入和控制该地区提供了便利,也给后来影响西亚和欧洲的奥斯曼土耳其的崛起客观上提供了条件。

此后,由于埃及等阿拉伯国家的日益强大,十字军在近东的处境愈发艰难。1228—1229 年第六次东征,神圣罗马帝国皇帝腓特烈二世通过与耶路撒冷拉丁王国女继承人联姻才获得圣城的合法权力。但 1244 年,伊斯兰人重新夺取圣城。1291 年,十字军丧失了最后一个据点阿克城(Acre)。在近两个世纪后,西欧人最终被驱逐出叙利亚和巴勒斯坦。

　　十字军东征是中世纪最公开、最具戏剧性的对外扩张行动,对东西方的影响巨大。它促成了东西方之间大规模的互动和交往,对欧洲此后新的思想、产品和生活方式的形成具有重要作用;削弱了拜占庭帝国的实力,又间接促成伊斯兰世界实力上升而造成新的威胁。除此之外,十字军东征的影响还有:

　　首先,欧洲青年从东方得到更好的教育。那时小亚细亚及东罗马帝国的文明程度,远在西欧之上。通过十字军东征,欧洲的青年源源不断前往东方,见识到东方的繁华、教育的发达、社会的文明,因而在战争之余转而学习东方,受到了东方文明的教化。

　　其次,对欧洲社会的影响。欧洲社会人口骤增,流民遍地,十字军东征使大量社会闲散人口前往东方,十字军间接地成为欧洲的"清洁剂"。此外,作为封臣采邑制度基础的诸侯、骑士去了东方,欧洲的封建制度也就失去了灵魂。

　　最后,十字军东征还造成了西方人心理上的变化。通过接触东方,西方人对东方的羡慕之心无限膨胀,尽管他们当时所接触到的东方,仅仅是中东,而非中国、印度,但是东方的富裕和财富却勾出西方社会一种不可名状的欲望,这就是"到东方去!"这一想法在西欧社会渐渐弥散,过了几百年终于开花结果,演变成所谓的"地理大发现"。

# 三、城市的兴起

　　几乎与断断续续两百年的十字军东征的同时,欧洲社会出现另一个变化,就是伴随封建势力日益衰落,城市和商业开始兴起。最初兴起的城市,实际上就是一些村庄的贸易集散地,其本身也是一些村庄,只不过处于某个地区或几个村庄的中心位置,功能仅限于商业用途,并不涉及宗教和政治事务。由于能够借助商业文明的发展,这些中心村庄通常会比较繁华,因而比较容易招致强盗和外族的掠夺,这就需要具有一定的自卫能力,于是便修建了城堡。坚厚的城墙可以防卫中世纪频繁的战乱,越来越多从事制造业和商业的人涌来,渐渐地城堡成为商业中心,城市的雏形出现。当然,也有一些城市既有商业功能,又和宗教、政治中心是重合的,这不仅不会阻碍城市的商业发展,还会起到一定的推动作用,从而形成更大、更先进的商业城市。

在和平的年份,城堡的防卫建设会松弛下来,但商业繁荣却能够得到长足发展;而到了战争年份,商业繁荣在日渐萎缩的同时,城堡的防卫功能又会得到加强。于是,战乱与和平交替,欧洲社会不仅兴起了大批政治和宗教城市,同时也兴起了大批具有商业和经济属性的小城市。

14世纪之前,西欧各国政治分裂,封君封臣制盛行,大多数城市都坐落在封建领主的领地之上。那些一向把城市视作财富来源的封建君主和领主们,依据领主的法定权力,对城市居民实行封建统治和盘剥。他们向城市居民征收实物和劳役,滥征市场税,享有某些商品的独占权和专卖权,拥有城市的行政管理权和司法权。为了摆脱领主的封建束缚,争得有利的发展环境,许多城市开始争取建立自由城市的运动。城市所争取的权利包括:居民摆脱农奴身份成为自由人;组建可审理一般案件的城市法庭;不再承负对领主的劳役,每年城市按固定数额向领主纳税;领主不得在城市随意设立关卡,不得征收市场税,不能享有专卖权。在争取自由的过程中,有些城市还争得了自己选举市政官员、组建市议会等不同程度的自治权。这些自由或自治地位一般是以封建领主或国王颁发的特许状为法律依据的。

城市的出现也改变了欧洲社会的社会阶层和社会结构。中世纪早期社会结构中除了领主就是农奴,或者是农奴的后代,现在出现了第三类人,他们是"市民"。这些人有的是逃跑的农奴,或者农奴的后代,他们离开以前的主人,找个地方躲起来学手艺,然后从事制造业,或者经商。在城市的工商业活动中,人们的生活态度和价值观念与农村也不同。农村的封建等级结构最重视身份,贵族和平民有天壤之别,而且人的身份是不可改变的,一个人生下来时是农奴就永远是农奴,子孙后代也都是农奴,身份不可改变;反过来,生下来是贵族的,即使家道中落,贵族的身份却仍然不变。因此,在西欧的封臣采邑封建制度中,等级制度的金字塔是很难逾越的。但是城市不存在土地分封,城市中的市民身份问题就没有那么严重。后来慢慢发生分化,出现了城市的精英和寡头,等级制度也出现了,但是这些精英、寡头不是因为出身好,而是因为会赚钱才变得身价百倍。出身是次要的,金钱和财富更加重要,决定着人们的地位和身份。和农村相比,城市有一种不同的生活态度和价值观念,这最终导致了封建社会的瓦解。因此,今天的西方社会是从城市发展出来的,并不是农业经济发展的产物。

城市的出现带动了西欧社会政治制度和管理方式的变化。越来越多的城市在寻求自由的过程中渴求得到保护，他们愿意把赎金交给国王，而不是交给当地的领主。国王也十分乐意充当保护者，以作为和贵族争夺权力的筹码。因此国王颁发的自由特许状越来越多，王权和城市结成同盟，共同对付贵族。此外，商品长途贩运，路上十分危险，城市希望国王能控制整个国家，保护商业，而且很多领主在自己的领地上设立关卡收关税，这也增加了商业的成本，令城市商人非常反感，他们也希望国王能在一国之内取消税卡，这也需要支持国王的权力覆盖全国。于是，城市成为王权最好的后盾，城市新兴阶层成为积极参与政权制度建设和政治治理的新生力量。这也是西方近现代以来在社会治理中早早出现社会自治的渊源，它构成了今天西方社会治理的基础。

西欧中古城市的兴起与发展对西欧封建社会发展趋势的影响是巨大的。经济上，城市是手工业和商业相对集中的地区，它的发展必然导致商品交换的加强和商品流通范围的扩大，使西欧单一的经济结构趋向多元化。政治上，城市，特别是那些拥有自由与自治权利的城市，成为西欧封建社会中新的政治实体，从而使西欧社会的政治力量格局更加复杂化。文化上，随着城市的繁荣发展，城市文化也应运而生，世俗学校、各种大学纷纷建立，12世纪末以后，相对发达的城市教育体系，开始向国王统治机构输出法学家、理财家等专门人才。适应商品经济中市民心态的城市文学也渐渐萌生，从而使西欧中古文化更加丰富多彩、充满生机。

但是中世纪的城市可并非今日之现代大都市，具有便利的设施和干净的环境，相反情况非常糟糕。由于城市的建设和发展是在商业催动下，而无精细的规划，因此城市拥挤，道路狭窄，没有良好的排水系统和垃圾处理系统，造成天晴时满地垃圾，下雨时一地泥泞，城市成为疾病的渊薮。尽管如此，城市、商业却代表着历史发展的方向。

# 四、民族国家的建立

罗马帝国瓦解后如何建立起稳定而有效的政治制度，是一直困扰中世纪前期发展的问题，在中世纪早期，形成了封臣采邑的封建制度，这种制度的权力结构是私人性质，故而造成中世纪战乱频繁。因为封臣服从直接的封君，谁给土地就服从谁，这样就容易造成冲突随起的混乱。这种制度从建立之日起，就预示着它无法长久。整个中世纪，诸王国的君主都在寻求解决这一问题的方法，15世纪开始，向上收权的趋势出现了，国王不断把权力从贵族手中夺回，把国家控制在自己手中。这是一种大权独揽的制度，即中央集权的专制王权制度，国王统治整个国家，控制整个社会，中世纪的混乱消除了，国家粘结为一个完整的政治体，国王是最高首脑，所有的人都必须服从。经过中世纪前期长时间的文明和民族融合，国家已经具备了社会基础,即多数人形成了同一族群。换言之,在民族的共同性已经初步形成的历史条件下,国王利用不断集中的专制权力打造出一个民族共同体,这就是早期的民族国家。民族国家(nation-state)的概念开始浮出水面。"民族国家"通常是一个政治概念,意思是"民族"从它的自然状态转变为"国家"的政治形态,结束了中世纪基督教文明下"帝国时代"国界模糊的状态。可以说,"民族国家"的出现,结束了"只知有教,不知有国"的神权大一统时期,古典意义的"帝国"观念从此让位给近代国家观念。

欧洲近代列国大都在这一时期奠定国基。除德意志、意大利、英格兰和法国外,还有几个国家,如奥地利、匈牙利、俄罗斯、西班牙,也在这一时期具备了国家形态。

### 1. 奥地利

罗马帝国衰落后,奥地利曾先后被匈人(Huns)、伦巴第人、东哥特人、巴伐利亚人(Bavarian)和法兰克人占据。一支斯拉夫(Slav)部落向阿尔卑斯地区迁移,占据现今奥地利的中部和东部地区,建立了王国。788年查理曼征服了该地区,鼓励拓殖,并引进了基督教。查理曼之后,法兰克帝国分裂,奥地利地区成为独立的东法兰克王国的一部分,当时该地区被称为"Marchia Orientalis"(拉丁语"东方边疆领地"之意),由巴伐利亚人领导管理。10世纪末,成为对抗南斯拉夫人和匈牙利人的前线基地。13世纪末,哈布斯堡家族的鲁道夫(Rudolf,1218—1291)皇帝占据奥地利,从此直至第一次世界大战结束,奥地利一直受哈布斯堡家族统治。

### 2. 匈牙利

匈牙利人自称为马扎尔人(Magyars),是匈奴人和土耳其人的混血,并有小部分欧洲血脉。奥托一世时,他们还是游牧状态,被奥托打败后,赶到日耳曼的东疆去,他们就在这里住下来。1000年,匈牙利大公伊什特万一世(István,约970—1038)在匈牙利推行并以基督教为国教,获得教皇加冕,成为首任匈牙利国王,建立匈牙利王国。

1241年至1242年,在拔都西征的攻击下,匈牙利曾经遭到严重破坏。后来,匈牙利逐渐成长为中欧一个强大独立的王国,既有鲜明的文化特色,又同西欧其他文明联系密切。匈雅提·马加什(Hunyadi Mátyás,1443—1490)1458年至1490年统治匈牙利期间,进一步加强了匈牙利国力和政府的权威。在他的统治下,匈牙利(特别是北部,今斯洛伐克一部分地区)成为文艺复兴时期欧洲的一个艺术文化中心。

### 3. 俄罗斯

中古初年,许多斯拉夫民族,像日耳曼民族一样,从欧洲东北方南下,到处侵略。9世纪时,诺曼人留里克(Rurik,约830—879)召集起欧洲东北方的斯拉夫民族,奠定了国基,这就是俄罗斯的起点。后来从拜占庭帝国引入希腊化的基督教(Orthodox),开始积淀俄国的宗教文化基础。13世纪,俄国被成吉思汗的后人征服而亚洲化。原有的地方政权,在臣服蒙古统治权的条件下,可以管理自己的内部事务。这些地方政权中有一个叫莫斯科公国,就是现在莫斯科周围的一块地方。14世纪起,莫斯科公国开始挑战蒙古的统治,后来在莫斯科公国的领导下,整个俄罗斯共同反抗蒙古人。把蒙古人赶走后,以莫斯科公国为中心形成了俄罗斯人自己的国家,并且很快向其他民族居住的地区扩张。短短二百年间,迅速扩张为一个庞大帝国。向北,扩张到北冰洋;向西到波罗的海沿岸,从这里可以进入大西洋;向南囊括了今天黑海、里海以北的地域;向东一直到达白令海峡、太平洋。这样一个庞大帝国形成了严厉的专制制度,即沙皇制。17世纪,彼得大帝(Peter the Great,1672—1725)做了沙皇以后,俄罗斯再次欧化,成为欧洲强国之一。

**4. 西班牙**

中古时的西班牙被阿拉伯人征服,但查理大帝及其后人也曾占据西班牙北方的一小部分。这一小部分成为后来驱逐伊斯兰教徒,建立统一的西班牙国家的发祥地。查理五世(1500—1556)时,西班牙成为欧洲最强大的国家,统治区域极广,除西班牙本土之外,还包括今天的低地国家(荷兰、比利时、卢森堡),意大利北部和南部,奥地利帝国属地(包括现在波兰的一部分、匈牙利的一部分、捷克、斯洛伐克、德意志若干领地),一度还控制了葡萄牙。

君主制民族国家,这种新的国家形态的出现,把西欧从中世纪的分裂状态中拉了出来,组建了以民族为基础的国家共同体。新国家凝聚起的力量,使那些最早形成民族共同体的地区变得比其他地方更强大,西欧也为向近代过渡奠定了新的制度基础。

# 第五章　中古文明向近代的过渡

　　从中古向近代的过渡时期，人类重新发现自我、发现社会和国家，引起西方社会第一次大的思想变迁。碰撞首先在宗教改革中出现，掌控中世纪的传统宗教势力和新兴资产阶级势力达成妥协，资本主义的精神和价值在原有宗教的基础上得以改良和体现。但是时序更替，民智已开，改良仅仅能够暂缓一二，近代的步伐已渐渐走近，必然要求打破中古对思想的最后一丝束缚。启蒙运动发生了，它使西方人的认识脱离信仰而独立出来，各学科开始百花齐放，为进入近代文明做好了思想上和理论上的准备。

## 一、文艺复兴

### 1. 文艺复兴的含义和形成原因

　　文艺复兴是欧洲中古和近古的衔接石，历时数百年之久，范围涉及绝大部分欧洲。文艺复兴（Renaissance）的含义有两层：一是复生（rebirth），文艺复兴是希腊罗马古典文化和人生观的复生；一是新生（new birth），文艺复兴也是近代文化的先锋，它孕育了近代的文学、艺术和科技。因此，文艺复兴实质上是一场以古典文化复活为外衣的新文化运动，是当时欧洲社会经济与政治结构变革条件下的产物，是中世纪晚期欧洲世俗文化发展的必然结果，同时，它又反过来进一步加速了欧洲社会的变革。在这场运动中，代表新兴资产阶级的人文主义者在文学、艺术、教育、政治思想等方面冲破基督教神学的桎梏，为资本主义思想文化体系的初步确立奠定了基础。文艺复兴运动的发展并非仅仅局限于人文学科领域，它对欧洲社会的影响是巨大的，人们在价值观念与生活方式等方面也发生了深刻变化，与之一气相贯的地理大发现、宗教改革、商业革命和启蒙运动因此而启航，大大推进了欧洲社会的近代化转型。

　　而此时的欧洲社会也已经具备了新文化产生的基础。从社会制度方面讲，日耳曼人经过中古时期的种种创建，已经形成了新的政治制度、国家形态和治理方式；城市因社会繁荣和商业发展而产生，也是社会繁荣和商业发展的表征，新的经济形态出现；十字军东征之后，教会的腐败和教会改良的失败，为统领欧洲思想的宗教制度衰落埋下了引子。这一切都引发西欧社会阶层的变迁。新兴资产阶级出现,在政治上力量不断壮大,他们以金钱为武器,逐渐取得一些地区的政权。威尼斯早在12世纪已由商人贵族把持,佛罗伦萨到14世纪已由工商业行会代表所组成的长老会议操控,商人贵族成了"无冕之王"。资产阶级拥护开明王权,反对封建割据,建立统一民族国家,这就需要在文化上倡导更加开放的人文主义精神。

从人的理智和情感讲,中古之时欧洲的人民饱受死亡流离之苦,国家与社会无力庇护,于是基督教会便成为人民的铠甲。后来社会日渐富裕,秩序日渐稳定,人们的思想转而追寻历史学家所称的"人的发现",新的语言和文学形式开始表现宗教之外的世俗生活。中世纪基督教的封建化使基督教逐渐失去其原本意义,古希腊罗马世俗文化的复生和探索人自我价值的新文化便顺理成章地浮现出来了。事实上,古希腊罗马代表的上古文明和中世纪基督教文明的本质区别在于,一个是以"人"为中心点,一个是以"神"为中心点。而近代与中古最明显的分界线,就是重新回归对人的精神和价值的追寻。古希腊罗马神话、荷马史诗、戏剧以及造型艺术充分展示了人类在"美丽的童年时代"健康乐观的生活和丰富多彩的人生,这正符合人们新的人格理想和生活理想。

文艺复兴的发源地在意大利,其原因除了它本来就是上古文化的所在地以外,还有两点:一是意大利的政治背景。13世纪神圣罗马帝国皇帝抛弃意大利之后,意大利走向政体各异的城邦政治,如米兰实行专制政治,威尼斯实行贵族共和制,

15世纪的意大利

佛罗伦萨实行共和制。城邦政治因竞争激烈和思想自由,对一国文化艺术的发展很有帮助。佛罗伦萨就像上古时期的雅典一样,虽然出现了共和政体下的所有问题,但如同雅典成为上古希腊文明的中心一样,佛罗伦萨也成为意大利文化和文艺复兴的中心。15 世纪中叶时,美第奇家族(Medici Family)的加斯莫(Cosimo)和洛伦佐(Lorenzo)两位君主更是礼贤下士,奖励美术文学,推崇古雅典艺术,大大推进了这一进程。二是地理和人种上的关系。西欧的战乱从未打断过意大利北部各城邦和东方的交通和商业往来,尤其是威尼斯和热那亚。意大利人始终能够保持开放包容的心态,不断接受来自东西方文明交汇的影响,再加上意大利人民喜爱文艺的天性,对文艺的敏感,都与文艺的复兴和新兴极为相宜。

### 2. 文艺复兴的成就

（1）古学的复兴

古学是指上古希腊和罗马拉丁文化兴盛时的学术典籍,中古时期虽然折损不少,但是在欧洲大陆的教会、君士坦丁堡和伊斯兰国家中仍藏有许多。最早重见天日的古学,是亚里士多德的学说。中世纪除了《圣经》外,亚里士多德的学说也深受人们推崇,但这些著作多是由阿拉伯文翻译成拉丁文的,不仅错误百出,还添加了许多伊斯兰教和基督教的曲解。所以复兴古学的第一件事,就是直接阅读古人的经典。这一方面的代表人物是意大利诗人、学者彼特拉克(Petrarca,1304—1374),他收集和整理古文残稿,兴起研究古学之风,历史学家称其为"人文主义之父"。此外,还有一位在希腊古学研究上的先驱,拜占庭帝国学者赫里索洛拉斯(Chrysoloras,约 1355—1415)。古希腊朴素的唯物主义哲学、人本思想,阿拉伯文化中的科学成就,加深了人们对中古时期唯神学至上的思想体系的怀疑。

彼特拉克

古学复兴的成就首先在于对真理的寻求和对批判精神的恢复,这为文艺复兴积淀了稳定的基础;其次,增加开化智识的工具,纠正书籍谬错,创建图书馆及学院等;再次,推动考据学的发展;最后,形成以"人"为中心的人生观,把培育个性作为人生的追求目标,这不啻是人的自我发现。古学复兴到此,在文明上的贡献已属登峰造极。

(2)方言文学的产生

欧洲中古时期通行的文字,是一种变形的拉丁文。日耳曼人成为欧洲的主人之后,与拉丁文结合,形成各自的方言。14世纪以后,渐渐有文人将方言运用到文学创作中。16世纪印刷术发明,为方言文学的传播提供了技术。自此以后,各国的方言文学代替了拉丁文学,成为近代欧洲文明的重要载体。

意大利的新文学产生最早,也十分优美。14世纪的诗人但丁(Dante,1265—1321)创作的长诗《神曲》,以恢宏的篇章描写诗人在地狱、净界和天堂的幻游,虽然仍以基督教的宗教观念为依归,但文艺复兴的新思想却是其精华与主流。但丁借神游"地狱""炼狱"和"天堂"三界的故事描写现实生活和各色人物,抨击教会的贪婪腐化和封建统治的黑暗残暴,他强调人的"自由意志",反对封建教会宣扬的宗教宿命论,歌颂有远大抱负和坚毅刚强的英雄豪杰,表现了新的人文主义思想。但丁标志着封建中世纪的终结和近代资本主义纪元的开端,是中世纪最后一位诗人,也是近代最初的一位诗人。15—16世纪的诗人阿里奥斯托(Ariosto,1474—1533)的代表作《疯狂的罗兰》则是文艺复兴时代人生观的典型写照。散文方面,但丁的《新生》和薄伽丘(Boccaccio,1313—1375)的《十日谈》尤为著名。尤其是《十日谈》,以诙谐生动的语言讽刺教会贵族,赞扬市民群众,是欧洲文学史上第一部现实主义巨著。

英国14世纪的乔叟(Chaucer,1343—1400)所作的《坎特伯雷故事集》和威克里夫(Wycliffe,1330—1384)翻译的英文《圣经》是英国方言文学的先驱。但此后由于英国经历了百年战争(1337—1453)、玫瑰战争(1455—1485)、瘟疫叛乱等天灾

莎士比亚

人祸,直到 16 世纪伊丽莎白一世(1533—1603)时期,英国文学才因莎士比亚(Shakespeare,1564—1616)的出现而大放异彩。莎士比亚写了 37 部戏剧、两首长诗和 154 首十四行诗。其代表作《哈姆雷特》(Hamlet)、《罗密欧与朱丽叶》、《奥赛罗》(Othello)、《威尼斯商人》等是世界剧坛推崇的名剧,均以情节生动、内容丰富、形象突出、语言精练而著称。

德意志的方言文学产生较晚,16 世纪马丁•路德(Martin Luther,1483—1546)翻译德文版《圣经》,成为德语创作的标志。伊拉斯谟(Erasmus,1466—1536)的《愚人颂》(Moriae Encomium)、《希腊语圣经新约批注》,以人文主义精神批判、考订基督教经典,揭露教皇、主教和封建贵族的贪婪淫逸,为宗教改革提供了思想武器。西班牙塞万提斯(Cervantes,1547—1616)所作的《堂•吉诃德》(Don Quijote),是可与莎士比亚戏剧并列的世界文化瑰宝。而法国拉伯雷(Rabelais,1483—1553)所作的《巨人传》(Gargantua et Pantagruel),批斥了封建思想,强调人性发展和教育的作用,反映了资产阶级的要求。

(3)艺术的兴盛

文艺复兴时期的绘画发展是艺术领域成就最大的一个。最先出现的两位画家是意大利的乔托(Giotto,1266—1337)和波提切利(Botticelli,1445—1510)。16 世纪,也是文艺复兴鼎盛时期产生的画家达•芬奇(Da Vinci,1452—1519)、米开朗琪罗(Michelangelo,1475—1564)和拉斐尔(Raffaello,1483—1520)是成就最突出的三位。达•芬奇的艺术在人文主义思想和现实主义手法上都达到新的高度,塑造了一系列无与伦比的艺术典型。肖像画《蒙娜丽莎》(Mona Lisa)被誉为世界美术杰作之冠,表现了艺术家对女性美和人的丰富精神生活的赞赏;壁画《最后的晚餐》反映了艺术家创造典型人物和戏剧性场面的能力,深刻描绘了人物的性格,布局严谨又富于变化,为后人学习的典范。米开朗琪罗是艺术上造诣极高的大师,在建筑、雕刻、绘画、诗歌等方面都留有很多不朽杰作。他创作的罗马梵蒂冈西斯廷教堂(Cappella Sistina)的巨幅屋顶壁画,虽属宗教题材,却充满热情奔放、力量无穷的英雄形象,被称为世界上最宏伟的艺术作品。他的许多雕刻,例如"大卫""摩西"和"垂死的奴隶"等,在技艺上较希腊古典名作有过之而无不及。拉斐尔则是卓越的画家,被后世尊为"画圣"。他善于吸收各家之长,加以自己的创造,在艺术的秀美、典雅方面十分独到,留下许多一流的杰作。如"花园中的圣母""西斯廷圣母",以及梵蒂冈教皇宫中的许多壁画,尤其是"雅典学派""教义的争论"等,都达到构图和谐与形象完美的极致。德国的丢勒(Dürer,1471—1528),堪称和达•芬奇一样的全才,也是伟大的版画家。16 世纪产生的号称"庄稼汉"尼德兰画家的勃鲁盖尔(Bruegel,约 1525—1569),开创了尼德兰画派,其杰作《绞刑架下的舞蹈》从空中鸟瞰的角度展现林野风光,近景的舞蹈情节与远景山水的幽静完美相辅相成,富有诗意,可谓独树一帜。

西斯廷教堂天顶画

　　建筑艺术因其合作性要求较高,不能代表个性,但却是民族性和时间性最充分的表达。上古时期,希腊罗马的人生观是现世的,建筑方基巨柱,使观者的目光左右行而非上下行,令人心情愉悦,重于现世。而中古时期的建筑以哥特式(Goth)最为发达,尖形的长窗,矗立云霄的高塔,纵行的直线,有引人向上的效力,注重天上而非人间。而文艺复兴时期,人们又渐将目光从天上移到地上,由世外移到世内,于是宽基厚柱,圆拱低窗的建筑,又成为近代人生观的表征了。

　　雕刻艺术起初是建筑的附属品,因建筑艺术的兴盛,雕刻艺术也大大兴起。第一位雕刻家是意大利的吉贝尔蒂(Ghiberti,1378—1455),他雕刻了佛罗伦萨的一个浸洗坛。15—16世纪,又出了两位著名的雕刻艺术家米开朗基罗和达·芬奇。这两位都是艺术奇才,他们的才能不止在雕刻和前面介绍过的绘画。米开朗基罗还是一个工程家、诗人和解剖学家,而达·芬奇在许多学科都有重大发现,在解剖学、生理学、地质学、植物学、应用技术和机械设计方面建树尤多,被誉为许多现代发明的先驱,是个全才。

　　(4)科学技术方面

　　如果说文学和艺术是人类情感的新生,那么科学则是人类理智的新生了,而且科学和文艺本是文化的两翼,缺一不可。西欧科学复兴首先是从伊斯兰教徒将古希腊科学重新植入,将科学的精神——因果的寻求、物象的观察、事物的实验等,植入人心。最先开始复兴的领域是天文学。哥白尼(Copernicus,1473—1543)提出"太阳中心说",伽利略(Galileo,1564—1642)发明望远镜,用技术的手段证实了这一推断的正确性。这与中世纪教会曲解的"地球中心说"相对,成为打破宗教对天文学发展束缚的利器。但文艺复兴时期的科学发展只是萌芽,17世纪以后科学才真正兴起,科学家大批涌现。

　　文艺复兴的发展还来自于技术的推波助澜,即印刷术和造纸术。书籍昂贵、流通不便是文明进步的技术障碍。1446年,荷兰人科斯特(Coster)第一个在西方使用活字印刷术,德国人古登堡(Guttenberg,1397—1468)又将此术付诸实行,发明了"铅活字版机械印刷机"。古登堡的印刷术使得印刷品变得非常便宜,印刷的速度也提高了许多,印刷量增加,使欧洲的文盲大量减少,大大推进了文艺复兴的步伐。他的发明在西方应用了三百年才被新的机器代替。

欧洲文艺复兴和大学的分布

### 3. 文艺复兴的影响

恩格斯曾经高度评价文艺复兴在历史上的进步作用,他说:"这是一次人类从来没经历过的最伟大的、进步的变革,是一个需要巨人而且产生了巨人——在思维能力、热情和性格方面,在多才多艺和学识渊博方面的巨人——的时代。"它唤醒了人们积极进取的精神、创造的精神以及科学实验的精神,从而在精神方面为资本主义制度的胜利和确立开辟了道路。它的重要影响力表现在:

第一,人的发现。文艺复兴在意识形态领域带来了一系列变化,最突出的则是关于人的价值观念的转变。它重视人的价值,要求发挥人的聪明才智和创造潜力,重视现实生活,追求物质幸福和肉欲上的满足,反对宗教禁欲主义。重视科学实验,反对先验论,强调运用人的理智,反对盲从,对个性的发展极为看重,而反对禁锢人性。提倡"公民道德",认为事业成功即发家致富是道德行为,这就把人们从中世纪基督教神学的桎梏下解放出来。资产阶级正是在这种精神的指引下创造出近代资本主义世界的,地理大发现就是这种乐观进取和追求现实财富精神的体现,也是对科学所提出的"地球是圆形的"信念的证明。

第二,文艺复兴打破了宗教神秘主义一统天下的局面,有力推动和影响了宗教改革运动,并为这个运动提供了助力。人文主义文学揭露教会的腐败和堕落,如伊拉斯谟的《愚人颂》成为马丁·路德攻击教会的炮弹,路德认为人比君主重要:"我是一个人,这个头衔比君主还要高些,原因是神未曾创造君主,神唯有创造人,使我成为一个人。"伊拉斯谟还整理翻译了《圣经·新约全书》的新拉丁文版和希腊文版，这个工作有助于恢复被歪曲和被掩盖的基督教教义，为路德制定新教教义铺平了道路。

第三，文艺复兴打破了经院哲学一统的局面，为以后的思想进步扫清了道路，使各种世俗哲学兴起。它也推动了政治学说的发展，马基雅维利（Machiavelli，1469—1527）以后，格劳秀斯（Grotius，1583—1645）、霍布斯（Hobbes，1588—1679）、弥尔顿（Milton，1608—1674）、斯宾诺莎（Spinoza，1632—1677）和洛克（Locke，1632—1704）等一大批思想家，发展起"自然权利""社会契约""人民革命权"以及"三权分立"等理论。所有这些都为启蒙运动和资产阶级革命作了充分的思想准备。

第四，否定了封建特权和君权神授。人文主义者把国家看作是世俗幸福的工具，其基本任务是维护社会安全与和平。他们相信，君主如果成为暴君，必为人民所推翻，这是历史规律。他们反对专制，提出"自由""平等"的口号。"自由"的概念不同于古代，具有鲜明的政治内容，即每个市民都有机会参与政府管理，可以自由批评政府。"平等"也不再是早期基督教强调的在上帝面前的平等，而是在法律面前的平等。

可见，文艺复兴确实在思想界带来了一次大解放，称得上是在意识形态领域内与中世纪的一场大决裂。在思想内容上，当时那种趋向于直接现实、趋向于尘世享乐和尘世利益倾向是与资本主义生产方式相适应的。个性自由是资产阶级开展活动的首要条件。政治平等和政治自由是针对封建贵族和专制统治的。而对现实的人和世界的探索和科学研究，也是资本主义发展所必需的。所以恩格斯指出，文艺复兴时期的哲学是和"中小市民阶级发展为大资产阶级的过程相适应的思想的哲学表现"。不过如果说文艺复兴已经建立起完整的资产阶级思想体系未免夸大其词，但说文艺复兴为这种思想体系奠定了基础，开辟了一个科学文化的时代是不过分的。

# 二、地理大发现

继"人的发现"之后就是对"宇宙的发现"，事实上，宇宙的发现也是人的发现造成的结果，因为古学的复兴和理性的复活，地理和天文的大发现也是应有之意了。宇宙的发现，即地理大发现，也称"大航海"。人类历史上虽有几次地理大发现，但从未像此次一样范围广大，甚至最后将世界的许多国家都拖入西方历史发展的轨迹，也成为新帝国主义的渊源，开启了西方人海外殖民之路。

## 1. 地理大发现的形成原因

首先是经济上的动因。16 世纪以前，欧洲早就有了与外部世界的贸易交往。欧洲人需要外来商品，尤其是在饮食上日渐离不开的香料，都是来自东方。这项贸易在 13 世纪末有了很大发展，比 12 世纪初增长了 10 倍，其中主要是香料（丁香、肉桂、胡椒等），樟脑、檀香、丝绸、宝石和布匹也不少。但是，1453 年奥斯曼土耳其帝国的军队突然攻陷君士坦丁堡，占领巴尔干、小亚细亚及黑海北岸等地区，控制了东西方之间的通商要道。结果，欧洲市场上东方商品的价格猛涨，开辟新的商路变得迫在眉睫。

对黄金的追求是另一经济动因。15 世纪欧洲各国商品经济的发展和资本主义生产关系的萌芽，导致自然经济日趋解体，作为普遍交换和支付手段的货币，不仅取代土地日益成为社会财富的主要象征，而且也日益成为衡量社会地位和权力的重要标志。因此社会各阶层人士无不醉心于搜寻黄金和财富。15 世纪改行金本位制以后，黄金成为国内外贸易的唯一支付手段，需求量急增，但是西欧贵金属产量本来就不高，很大一部分黄金是靠穿越撒哈拉沙漠的商队从非洲中部转运而来，这种传统的供给方式越来越不能满足商品经济发展的需求。同时，与东方贸易中出现的巨额逆差又使白银大量外流，加剧了西欧市场货币的普遍短缺。当时的欧洲人渴望得到黄金，由于《马可·波罗行纪》在欧洲广泛流传，欧洲人认定只有到中国等东方国家才可以得到他们梦寐以求的黄金。"寻金热"就此形成。哥伦布就曾阅读过《马可·波罗行纪》，并在书中作了许多批注，"黄金是一切商品中最宝贵的，黄金是财富，谁占有了黄金谁就能获得他在世上所需要的一切，同时也就取得把灵魂从炼狱拯救出来，并使灵魂重享天堂之乐的手段"。"黄金"是咒语，是魔鬼，是驱使欧洲人不顾一切投向海洋的原动力。

其次，传播基督教是推动西欧人向海外发展的精神助力。基督教的一神教信仰和博爱的教义，使它从诞生之日起，就视自身为全人类的宗教，以"传福音到地极"为使命。中世纪以来，西欧还流传着一个传说——东方有位基督教君主，西欧的基督徒梦想和这位君主联盟，以共同对付伊斯兰势力，将基督教福音传播于全世界。

再次，航海技术的进步也为地理大发现提供了技术条件。15 世纪下半叶，欧洲船舶平均每艘的吨数增大 4 倍，载重量从 150～200 吨增加到载重 600～800 吨。中国发明的罗盘针也经由阿拉伯人传入欧洲，大大提高了航行效率。14 世纪葡萄牙人改造阿拉伯人的三角帆，加快了航行速度。改进的帆船还可以减少 100～200 个划手，相应地减少了为这么多人载运的粮食，因而也更经济了。西欧绘制地图的技术到 14 世纪已相当发达，开始出现标明海岸线及港口位置的航海图。16 世纪 20 年代，佛兰德斯和德意志的冶金家发展了铸炮技术，大炮首次能够被安装和运用到军舰上，操纵容易，攻击力强。武器的进步改善了海上战术，"船坚炮利"的西式海军慢慢出现，使处于海外扩张期间的西欧在海上占据了优势，从而有可能控制联结各大洲的海洋。

最后，专制政府的支持也必不可少。西欧诸国中央集权的专制制度形成于15—16 世纪，作为从封建国家向资产阶级国家过渡时期的政治上层建筑，专制制度与新兴市民阶层演变而成的资产阶级的联合是其形成的关键因素。因此资产阶级所要求的海外拓展,需要专制政府的支持。专制政府动用海军保护本国航运业及海外贸易,有时不惜为此发动战争。而且,专制国家还可以调动社会上的一切力量——经济活力、技术进步、新教徒的进取精神等,把它们汇成一股合力引向海外。

**2. 地理大发现的过程**

持续两个多世纪的欧洲地理大发现,大体可分为三个部分。一是葡萄牙人绕过非洲海岸驶入印度洋,抵达亚洲国家的航行;二是西班牙人越过大西洋,发现美洲大陆和环绕全球的航行;三是欧洲其他一些国家如英、法、荷、俄对北极地带、南太平洋、大洋洲及北美洲海岸的航行探险。

东西方新航路的开辟者是葡萄牙人。从 15 世纪初开始,葡萄牙人沿西非海岸南下航行,数十年后到达几内亚(Guinea)湾一带。1487 年,葡萄牙人迪亚士(Bartolomeu Dias,1451—1500)绕过好望角,驶入印度洋,为远航东方做好了准备。1497 年,葡萄牙人达·伽马(Da Gama,1460—1524)率领的船队在阿拉伯人引导下,从非洲渡印度洋到达了印度西海岸,开辟了东西方新航路。此后,葡萄牙人继续沿东南航线向南亚航行,先后于 1511 年和 1512 年航抵马六甲和摩鹿加(Maluku)群岛,1514 年到达中国珠江口,最后远及日本,开辟了从远东经非洲南端到西欧的漫长海上商路。

与此同时,西班牙人也在航海探险方面同葡萄牙人展开了竞争,他们选择了西进的路线。1492 年 8 月,来自意大利热那亚的水手哥伦布(Colombo,1451—1506)在西班牙国王资助下,率 3 只小帆船和 80 名水手组成的船队,自巴洛斯(Baros)港出发,于 10 月 12 日航抵巴哈马群岛中的一个小岛,意外地发现了美洲大陆。1520年 10 月,麦哲伦(Magallanes,1480—1521)发现美洲最南端的海峡,由此驶入太平洋。次年 3 月,船队到达菲律宾群岛,麦哲伦死于此地,船队继续西航,于 1522 年9 月返抵西班牙,完成了首次环球航行。

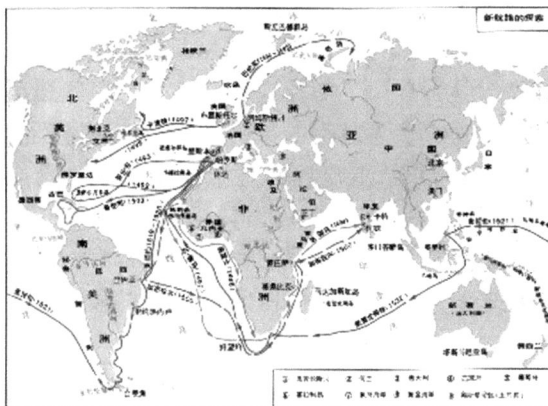

### 3. 地理大发现的影响

地理大发现将彼此相隔的地区联系起来,这成为世界各地区联系加强的第一步,于是,欧洲和亚洲、非洲、美洲之间的贸易日益发展,世界市场扩大了。许多农产品就是在这一时期引入其他地区。如玉米这一美洲特产,在地理大发现后传入中国西南部、非洲及东南欧。马铃薯、烟草、可可等美洲特产,也传到亚、欧、非诸洲。非洲所产的咖啡传到欧美,成为人们生活的必备饮品。美洲农产品传播到世界,既增加了食物的供应,也因此促进了人口的增长。非洲人口剧增的原因之一就是美洲作物的引进。

新航路的发现也促使世界贸易中心从地中海转移到大西洋沿岸。意大利的威尼斯、热那亚(Genova)等商业城市衰落了,代之而起的是里斯本、塞维利亚(Sevilla)等城市。稍后,北海两岸的港口更是后来居上,愈来愈占有海上贸易中心的地位。

地理大发现还扩展了人类活动的范围,海洋在人类文明中的地位迅速上升,世界的人种地理分布、宗教与文化格局开始发生重大变化。地理大发现也引发了欧洲近代几个世纪的大规模海外扩张,开始了欧洲对世界征服和侵略的历史。

# 三、宗教改革

### 1. 宗教改革的社会历史背景

基督教在中世纪发展出几大分支流派。罗马帝国分裂为东西帝国之后,基督教也分化为以希腊语地区为中心的东派和以拉丁语地区为中心的西派。君士坦丁和罗马遂成为东西教会的宗教中心。随着时序交替、历史变迁、语言各异的发展,双方的宗教隔阂加深,各自以基督教的正统自居。至 1054 年,出现一次大分裂,正式分野为天主教(Catholic)和东正教(Othodox)。天主教主要分布于西欧和西南欧,而东正教分布于东欧和东南欧。西欧发生宗教改革后,基督教又出现了新教教派(Protestant),目前世界所称的基督教一般指改革后的新教。

14—16 世纪,西欧社会从中世纪向近代过渡,这是宗教改革勃兴的现实社会根源。当时西欧发生的社会变动主要表现在三个方面:经济上,随着生产力的发展与技术的进步,新兴的资本主义萌芽破土成长,封建生产方式开始瓦解。政治上,资产阶级与新贵族开始形成,反对封建贵族的特权与分裂割据。英、法两国的封建君主在与资产阶级、新贵族联盟的基础上建立了政治集权的"新君主制"。他们加强政治集权,推行重商主义,奖掖文化创造,有力地促进了民族国家的发展。思想文化上,出现了新兴资产阶级反封建、反神权的文艺复兴运动。人文主义者批判中世纪教会的蒙昧、禁欲说教与封建的等级特权制度,鼓吹个人的自由、平等与欲望,提倡竞争进取精神与科学求知的理念,极大地推动了人们的思想解放与观念更新,构成了对天主教神权的巨大冲击。在这样的社会背景下,16 世纪的宗教改革把矛头对准罗马教会对欧洲的大一统神权统治,要求通过改革建立适应于民族国家发展的"民族教会",或适应于资产阶级需要的"廉价教会"。

另一方面,宗教改革的思想源头也可追溯到中世纪市民的宗教"异端"思想之中。11、12世纪,城市兴起后,为了抵制封建贵族与教会的控制与掠夺,城市选择了支持王权,王权则赐给城市以自由贸易乃至自治的特权。随着城市的发展,市民阶层兴起,对教会大一统的神权统治和正统神学极为不满,于是酝酿出反教会的"异端思想"。14世纪后,英国的威克里夫提出了系统的"异端"学说,认为每个人都是上帝直接的"佃户",信徒和上帝之间不需要教会和神职人员作为沟通的媒介;任何统治权都来自上帝的恩典和命令,教权不应当凌驾在世俗权力之上;《圣经》是信仰唯一的权威,不需要繁文缛节和宗教定规。15世纪初,捷克的市民"异端"代表约翰·胡司(John Huss,1369—1415)在揭露高级教士奢靡的生活时主张取消教会地产,教权要服从王权,废除烦琐的宗教仪式和等级森严的教阶制度,用民族语言传教等。中世纪的欧洲,封建化的天主教成为控制人们的思想工具,失去了宗教本来的面目,一切违背天主教阐释的思想都被视为"异端",因此当这些反对天主教制定的教阶制度和阐释教义的思想出现时,就被裁定为"异端学说"。

此外,宗教在中世纪末期也日益成为社会矛盾的焦点。中世纪的欧洲,政治上呈现为诸侯割据与罗马教皇一统天下的局面。一方面是无数个领主的分裂割据;另一方面是罗马天主教会对整个西欧社会至高无上的绝对统治,罗马教廷成为当时欧洲封建统治的集中代表和政治中心。到15、16世纪,当欧洲开始向近代资本主义过渡时,资本主义与封建主义的矛盾,首先表现为资产阶级与罗马天主教会的矛盾,要反抗封建制度,必须首先摧毁天主教会的统治。当时,天主教会在西欧那些世俗王权逐渐形成的英、法、西、葡等国已经明显衰落,但在德国,由于严重的诸侯割据局面,天主教会的政治统治与经济剥削依然十分严重。教会广占田产,肆意征收什一税和出卖宗教赎罪券,教会的腐败统治和分裂局面成为阻碍德意志统一民族国家形成和资本主义发展的严重障碍。于是,宗教改革首先在德国兴起。

**2. 欧洲诸国宗教改革的过程**

(1)德国

德国是宗教改革的故乡,首倡者是维登堡(Wittenberg)大学神学教授马丁·路德(Martin Luther,1483—1546)。1517年,罗马教廷到德国以出售赎罪券的方式搜刮财富。路德率先发难,将指责教会贪婪腐败的《九十五条论纲》公布于维登堡教堂门上。在路德看来,人必须信仰上帝,也必须过宗教生活,这样灵魂才能获救升入天堂。但这一切并不需要通过教会这个中介,也不需要借助教会奢侈而繁杂的宗教仪式,因为人可以"因信得救",即只要自己虔诚信仰上帝,诵读《圣经》,就可与上帝直接沟通,使灵魂得救。路德以此否定了教会的特权和权威,倡导建立"廉价教会"。《九十五条论纲》很快汇成小册子,一月内传遍了天主教世界,路德也成为德意志的民族英雄。

1519年夏天，教皇特使、神学家埃克（Johann Eck，1486—1543）与路德在莱比锡（Leipzig）展开了一场论战。维登堡大学校长亲自陪同，学生一路护卫，路德浩浩荡荡开赴辩论地。教皇方面未能辩胜路德，便宣布路德学说为"异端邪说"，限路德60日内公开承认错误，否则开除教籍。1520年，路德表示与罗马教廷完全决裂，号召人民公开讨伐教会的统治，还针锋相对地写了《关于教会特权制的改革致德意志基督教贵族公开信》《论教会的巴比伦之囚》《论基督徒的自由》等反教会、论改革的小册子。这些小册子与《九十五条论纲》一起，成为日后宗教改革的纲领性文件。1521年，教皇授意德国皇帝查理五世召开沃姆斯（Worms）帝国会议，压路德让步。路德在人民支持下，拒不妥协。随后，路德得到萨克森（Sachsen）选帝侯庇护，避难于瓦特堡（Wartburg），通过将《圣经》翻译为德语，致力于德意志民族语言的统一工作。

1521年路德（中右）在沃姆斯议会受审

德国的宗教改革运动进一步发展，并在激进牧师托马斯·闵采尔（Thomas Münzer，1489—1525）领导下，演化成农民战争。1525年，德国许多地方爆发了农民反抗教会和领主的起义。起义者提出自己的纲领，没收教会财产，组织政权，给教会以沉重打击。农民起义被镇压后，德国各地诸侯分成路德派和天主教派。经多年混战，路德新教获得合法地位，全国从此分裂成路德新教区和天主教区。德国的宗教改革和农民战争使教会势力受到严重削弱和打击，但没有实现统一国家的历史任务，处于分裂局面下的德国日益落后于西欧其他国家。

（2）英国

英国的宗教改革别具一格，不是由教会内的宗教改革家发动，而是由世俗国王，出于世俗的动机，通过行政命令和立法措施完成的。

英国在历史上与罗马教皇的关系并不密切，在中世纪欧洲大陆上各个国家与罗马天主教廷纠葛不断之时，英国一直甚少受到过多的宗教束缚。因此，路德的宗教改革呼声一起，不但不曾得到英国的回应，反而是从下至上惊慌反对。《乌托邦》

的作者托马斯·莫尔(Thomas More,1478—1535)就曾极力抗辩,英王亨利八世(Henry VIII,1491—1547)甚至将路德的著作列为禁书,并为罗马教会的七种圣礼写辩护文,深得罗马教皇的赞赏,被称为是正统信仰的维护者。

但可能是出于觊觎教会财产,以解决财政困难,也可能是不满于天主教会对王权的分割,亨利八世转而成为反对天主教,实施宗教改革的领导者。导火索来自一场婚姻纠纷。亨利八世娶的第一个妻子西班牙公主凯瑟琳(Catherine)是他的寡嫂,两人结婚后一直没有男性继承人,亨利想离婚另娶情妇安妮·博林(Anne Boleyn),但是基督教既坚持一夫一妻制,又不允许离婚,于是这场离婚大战就拉开了宗教改革的序幕。

1534年,英国国会通过了"至尊法案"(Acts of Supremacy),主要内容是:国王是英国教会的最高领袖,有权任命神职人员;授予国王以教会元首的称号,从而在组织上割断了英国教会与罗马教廷的一切联系。亨利八世关闭了许多教堂,没收了教会地产,其中大多廉价出售,也不允许本地教会向罗马教廷再交什一税。改革后的英国新教成为国教,但玛丽女王(1542—1587)上台后出现反复,曾把英国教会复献于罗马教廷的座下。

亨利八世

由于英国的宗教改革是出于世俗的目的,并没有真正改革宗教教义的阐释、主教制度(Episcopacy)和宗教仪式,只是换了教会的首脑而已。国王获取教会的最高权力后,为了加强自身的政治经济力量,转而开始压迫信奉新教、要求清除英国国教中天主教残余的改革派——清教徒(Puritan),致使大批清教徒移居荷兰,后来又移民美洲。清教徒对北美政治和社会发展起到了重要作用。

(3)法国

法国的宗教改革性质极为复杂,既是新旧封建主矛盾与利益冲突的反映,也有人民群众反教会斗争的因素。法国在历史中和天主教有着深深的联系,教会成为法国王权的重要支柱,天主教会的统一就意味着政治的统一,所以历代统治者都力主维护"正统宗教",拒绝任何改革。当瑞士加尔文教(Calvinist,法国称为胡格诺教 Huguenot)在法国流传时,对专制王权构成了潜在威胁。但由于当时法国正在同神圣罗马帝国进行战争,信奉新教的德意志各诸侯是神圣罗马帝国的对手,法王弗朗索瓦一世(François I,1494—1547)出于政治利益与外交考量,讨好新教,对国内的新教采取了容忍态度,从而使法国的新教得到迅速发展,但这只是一时的权宜之计。1547 年,法王亨利二世(Henry II,1519—1559)在巴黎高等法院专门设立一个法庭,用以迫害新教徒,史称"火焰法庭"。16 世纪中后期,新教和天主教的斗争形成两大营垒:西部、西南部是以那瓦尔(Navarre)公国波旁(Bourbon)家族的安东尼和大贵族元帅克利尼(Coligny)为首的新教;东部、北部是以吉斯(Guise)公爵法兰西斯为首的天主教阵营。

亨利二世去世后,新教和天主教的斗争蜕变成了争夺国家控制权的战争,即"胡格诺战争"(1562—1594)。战争中,新教徒势力得到德国和英国新教的援助,而天主教阵营却得到了西班牙的支持。1572 年 8 月 22 日,新教领袖安东尼之子、那瓦尔王子亨利与公主玛格丽特结婚,大批新教徒奔赴巴黎。8 月 24 日夜(圣巴托罗缪节 Saint-Barthélemy),在王后凯瑟琳和国王查理九世(1550—1574)纵容下,吉斯家的亨利率天主教徒在巴黎全城开始了对参加婚礼的新教徒的大屠杀,一夜之间至少 2000 名新教徒被斩杀,史称"圣巴托罗缪惨案"。随后,全国不少城市竞相效尤,大约有 2 万新教徒死于天主教教徒的屠刀之下。1574 年查理九世死去,其弟亨利三世(1551—1589)继位,不久开始了在国王亨利三世、吉斯家的亨利、那瓦尔的亨利之间的"三亨利之战"(1587—1589)。1588 年亨利三世派人将吉斯家的亨利刺死。1589 年亨利三世又被人刺杀,瓦洛亚(Valois)家族绝嗣。按继承顺序,那瓦尔的亨利继承王位,是为亨利四世(1553—1610),波旁王朝(1589—1792)的统治由此开启。为了稳固王位,亨利四世 1593 年宣布放弃新教信仰,改信天主教。当上了国王的亨利四世虽然改宗天主教,但对新教持宽容态度,于 1598 年颁布《南特敕令》(Édit de Nantes),使新教势力有所发展。

(4)瑞士

16 世纪初,瑞士是一个由 13 个独立州组成的松散联邦,苏黎世和日内瓦是两个比较发达的城市,宗教改革就以这两个城市为中心。

苏黎世的宗教改革由瑞士神父兹温利(Zwingli,1484—1531)倡导。兹温利是教士,也是一位满腹经纶的人文主义者,崇拜柏拉图和伊拉斯谟。兹温利宗教改革的要点是自由解释圣经和否定教会的权威,反对出售赎罪券,反对悬挂圣像,反对斋戒,反对教士独身。改革在市议会的支持下进行,兹温利着手简化仪式、封闭修道院等,取得了一些成效。新教在城市流传,但遭到乡村保守势力的反对。1531 年兹温利在与天主教军队的作战中阵亡,被分尸焚毁。新教在苏黎世的改革失败后,转到日内瓦。

　　日内瓦的宗教改革由法国新教倡导者加尔文(John Calvin,1509—1564)主持。加尔文出生于法国,在巴黎受到路德教派的影响,遭迫害后来到日内瓦,创立了加尔文宗。加尔文同路德一样,主张"因信得救"和建立"廉俭教会",但比路德更进了一步,更充分地反映了新兴资产阶级的观点。他认为基督教的一切原理都包含在圣经里;反对教阶制度和教皇权力;提出所谓"预定论",说人的命运和得救与否,早已为上帝所定,现世的富贵或贫贱就是上帝的"选民"或"弃民"的标志。加尔文宣扬谋事在人,成事在神,银行家、商人、工场主之所以能积聚起自己的财产,不是由于剥削、讹诈和欺骗,而是由于他们是被上帝选中的"选民",而穷人则是"弃民",应该恭顺地服从上帝不可抗拒的意志,忍受剥削和压迫。这种教义反映了16世纪欧洲资本原始积累时期的经济状况和"适合当时的资产阶级中最勇敢的人的要求"。加尔文还按照共和制的原则改组教会,由信徒选举的长老(一般是最富有的市民)和牧师来管理教会。加尔文的教会既不受教皇也不受诸侯的管辖。1541年起,加尔文成了日内瓦教会的首领,并在此后二十多年里在日内瓦建立了一个实际上"政教合一"的共和国。加尔文教在尼德兰、英国、法国及德国西南部一些地区传播甚广,历史上把这一宗派称为"加尔文宗"。

加尔文

### 3. 宗教改革的特点和影响

　　欧洲宗教改革实质上是一场使神圣的宗教世俗化的运动,是继文艺复兴后又一次重大的思想革命。它的宗旨实质上与文艺复兴一脉相承,文艺复兴动摇了封建君权统治的基石,宗教改革则动摇了传统神权统治的根基。综观欧洲的宗教改革,可以看出由于各国社会环境的不同,改革也各具特点。德国经济分散,政治分裂,皇(王)权徒有虚名,在欧洲封建系统的链条上,德国是薄弱环节,于是宗教改革首先在这里发生,并成为资产阶级市民革命的先声。英、法两国资本主义较为发达,统一的经济市场已经形成,王权强大,中央集权业已形成,这使得宗教改革与政治斗争紧紧相连。而不同程度上,两国的宗教改革都成了君主加强中央集权的工具。就其性质而言,德国、瑞士的宗教改革具有资产阶级市民革命的性质,而英、法的改革性质相对而言较为复杂,主观上是封建主义为巩固自身统治服务,客观上却为资本主义扫清了发展的思想障碍。

宗教历来是人们无法抛弃或不可忽视的精神力量。基督教作为西欧封建统治的精神支柱,桎梏了普通百姓的精神,压抑了他们的潜能,宗教改革势在必行,宗教也需要恢复它本来所具有的意义,正如马克思所言,宗教改革是"破除了对权威的信仰,但却恢复了对信仰的权威"。顺应时代发展和历史新的需要,人们呼唤新的精神价值,但凭空建立新的价值观难以实现,而经历了中世纪的发展,大多数西欧人视信仰为生命的重要部分,宗教改革肯定信仰,强调"因信得救",这就冲破了封建化、教条化神学观念造成的思想束缚。

路德提出的"因信称义"学说,使每个人可以直接和上帝沟通,而不必通过教会或者教士做中介,动摇了教会在社会生活中的神圣地位,从而使西欧观念变革在宗教这个文化结构的深层得以实现,将原本与资本主义经济发展相冲突的文化传统创造地转换成一种积极的资本主义精神。

路德提出的"天职观",使近代平等观植根于宗教领域。信徒平等,是早期基督教的社会准则,自它被尊为国教,有了与封建等级制相对应的教阶制后,上帝面前信徒不再平等而是有了贵贱之分。"天职观"认为,每个人之所以有不同的职业是因为上帝赋予人不同的天赋,因此个人奋斗、追求财富合法化是对自我潜能的发挥,是"尽天职"。这种勤劳、进取的新教精神,是符合资产阶级经济生活所需的。改革后的基督教实际上成为资本主义文化的一个有机组成部分。

宗教改革之后,天主教一方面反对新教异端,另一方面进行着自我调整。他们承认信奉天主教的君主在本国宗教事务上拥有更大权力,承认教会财产被没收的既成事实,以换取国王的支持。召开宗教会议重建威信,宣布新教都是异端。天主教教会的宗教裁判所为了清除异端,还将所有新思想的书籍列为禁书,甚至拘捕、监禁、烧死被视为异端的新思想分子,许多科学家如布鲁诺(Bruno,1548—1600)、伽利略(Galileo,1564—1642)都遭到了宗教裁判所的迫害。

此外,天主教会还组建"耶稣会"(Society of Jesus),派会士到各处传教,开办医院、学校等,扩大天主教的影响。如利玛窦(Matteo Ricci,1552—1610)、汤若望(Johann Adam,1591—1666)、南怀仁(Ferdinand Verbiest,1623—1688)就到中国传教。这些传教士把科技知识,主要是天文、数学、物理、地理传入中国,对中西方文化交流起到了积极作用。

# 四、商业革命

新大陆的发现加速了本已在进行中的欧洲贸易扩展,其中的一个重要方面是资本主义方式的发展。资本主义方式的运用以及商业发展的规模非常之大,甚至可以称之为"商业革命"。

### 1. 商业革命的社会基础

从世界近代史的一般进程来看,传统农业社会不可能直接转变为现代工业社会。在这两个社会之间,一般要有一个以商业贸易发展为特征的过渡性社会。在欧洲,这一过渡性阶段大约出现在 15—17 世纪前后,人们往往把这两个多世纪的欧洲称为"商业欧洲"。从经济制度变迁的角度来看,这是一个封建主义急剧衰落但尚未消失、资本主义迅速兴起但还未居支配地位的过渡性时代,是一个社会经济结构由农本向重商转变的时代。当时的西欧,商业经济的率先发展和急剧膨胀,以及整个经济生活与社会生活的商业化,使其成为一种破旧立新的革命性力量。它一方面侵蚀瓦解着传统农业经济结构,另一方面又为将要到来的工业化社会蓄积必要的动力与环境条件,诸如市场机制的形成,资本的积累,金融体制的建立,信贷工具的出现,商业贸易组织的扩展及交易技术的完善,以及适应近代经济、技术与工业化社会发展的商业意识、企业精神、效益与数据核算等观念环境的形成等等。

这一切变动给西欧社会以深刻的影响。15、16 世纪以后,西欧各国经济之所以能有急剧的发展,就在于实现了社会经济生活的商业化。马克思曾经指出,商业资本在资本主义生产方式的准备时期曾发生过压倒一切的影响。之所以如此,是因为要突破中世纪经济自给自足的封闭框架,要创造不断扩大的流通范围与交易机会,首先必须繁荣商业,扩大贸易。从近代经济发展的角度看,商业贸易并不仅仅是物产的流通,而且是资源、资金、技术等生产要素的优化配置和合理使用,是刺激生产扩大、激励生产主体积极性的重要手段。没有这种激励机制,各种物质生产必然在很小的范围内长期重复,难以突破自给自足的藩篱。

商业贸易的发展播下了最终导致工业革命发生的火种。15 世纪以后,欧洲的国际冲突、战争、对外扩张与各国政府的内外政策,都与这种重商主义时代的到来有直接的关系。

### 2. 重商主义的理论与政策

重商主义是近代欧洲资本主义生产方式准备阶段的经济思想与政策体系。它出现于 15 世纪,全盛于 16、17 世纪,18 世纪趋于衰落。作为一种经济思想,其代表人物有英国的托马斯·孟(Thomas Mun,1571—1641)、法国的让·博丹(Jean-Bodin,1530—1596)等人。前者曾任东印度公司的董事和政府贸易委员会委员,其身后于 1664 年出版的名著《英国得自对外贸易的财富》,提出取消禁止货币出口、增加商品输出、减少对外国货物的消费、加强对殖民地的掠夺等观点。作为一种经济政策,重商主义则为当时西欧各国的君主和财政大臣所普遍拥护或执行,其代表人物是法国的柯尔伯(Kolbe)等,他曾在路易十四时代任财政大臣。

重商主义实际上是刚刚形成的专制王权与新兴商业资产阶级基于共同利益而进行联合的基础。重商主义经历了一个演变的过程,其理论与政策前后有所不同,但其基本特点包括:第一,把金银货币等同于财富,并将其置于万流归宗的显赫位置上,主张一个国家必须尽可能多地获取和贮存金银货币,而获取金银货币的唯一方式是对外贸易。在对外贸易中必须做到输出大于输入,保持贸易顺差。只有这样,才能有更多的金银货币流入国内,增加一国的社会财富。第二,主张国家干预经济,垄断外汇交易和实行关税保护,以保护本国幼小工业和保持本国贸易顺差。第三,主张国家应该鼓励本国居民积极从事对外贸易,扩大本国商品的出口,并以国家力量大力进行海外殖民扩张,争夺海上交通线,占领殖民地,向海外移民开拓。大约从16世纪下半叶到17世纪中叶,重商主义进入鼎盛时期。由于西欧各国在这个时期工场手工业已经发展起来,贸易也很发达,重商主义者开始从鼓吹金银积累,转向鼓吹扩大和奖励商品输出、限制奢侈品输入。这样,国家便可以在这种对外贸易中保护和发展本国的工场手工业。马克思曾把这种重商主义称为"重工主义",还有人称之为"贸易平衡论"。

重商主义是对近代生产方式最早的理论探讨,虽然它对于社会财富性质的分析和对金银货币的过分崇拜有许多错误,但在当时,重商主义的积极影响却是多方面的。首先,它加速了西欧各国社会经济结构的商业化进程,以及近代商业、金融、信贷、贸易体制的建立。16世纪以后,随着国内外贸易的迅速发展,市场的扩大,直接支付货币、现金的传统做法已经很不方便,特别是对大宗远距离国际贸易来说尤其如此。在这种情况下,欧洲各国越来越多地采用信贷工具,使银行的职能扩大。银行通过发行各种证券、债券、信贷转让票、纸币等流通证券,大大增加了经济领域中的货币总量。

第二,促进了近代保险、股份制度的产生和贸易组织及交易技术手段的进步。16世纪以后,西欧已出现了银行为商人、船主、企业主提供保险、赊购与贷款担保的业务,许多国家还出现了产权与责任清晰的商业有限责任公司或股份公司。这些公司汇集闲散私人资本,发行股票,提供风险分担的保障机制。政府也发行大量的短期和长期债券。随着银行业的发展和各类金融机构的建立,许多城市出现了证券交易所和商品及期货交易所,近代的会计制度、贸易手段与公证制度,以及商业法、贸易法和海洋法也开始发展起来。这一切被称作欧洲"商业革命"的制度创新,成为以后欧洲资本主义成长的基石和工业革命发生的重要历史前提。

第三,重商主义带来了欧洲社会思想文化与精神观念的深刻变革,商业文化或商业精神蔓延开来。15、16世纪以后,欧洲的社会风尚和价值准则发生了明显变化,被传统道德所鄙视的经商营利活动,逐渐取得了社会伦理和宗教伦理的认可,市场竞争和商贸活动带来的竞争意识,重视数据核算和统计方法,看重实际经济收益与效率,以及相应的勤勉节俭等社会观念、工作态度与生活方式,构成了一种新的社会风尚。这些变化,对于以后欧洲资本主义的发展是十分重要的基础性准备。重商主义虽然在理论和实践上盛行于16、17世纪,但这一名词概念却迟至1776年英国古典经济学家亚当·斯密(Adam Smith,1723—1790)发表《国富论》时才首次出现,此后逐渐在理论界流行。亚当·斯密和法国的重农主义者开始逐渐怀疑重商主义原则的有效性,并且为自由放任(自由贸易)时代铺平了道路。

**3. 商业革命的影响**

西欧商业资本主义兴起的一个直接影响是强化了王权专制主义。各国君主为了提高自己的权力、削弱贵族,联合起商人和银行家。中产阶级趁机崛起,许多资产阶级人士进入官僚机构任职。随着财富和权势的增加,他们的政治和社会影响力也在提升。西欧社会的力量开始聚集到城市,城市化进程加快,这是对中世纪社会模式的重要改变。

随着国家君主和中产阶级的权力逐渐提高,旧贵族的地位不断下降。旧贵族的财富和权力主要在土地和农村,城市化使他们渐渐失去政治和社会影响力。封建阶级界限在弱化,社会更具流动性,为进一步的政治变革积聚力量。

但是中产阶级大量出现以及贵族阶级地位日趋下降并没有改善下层阶级的生活景况。事实上,这些新兴的“暴发户”往往比昔日旧贵族更苛刻,城市雇工的生活极为困苦。16世纪,城市人口规模增加,劳动力供大于需,大量无业无地的穷人出现,使贫困、行乞、流浪和犯罪等社会现象更为突出。

尽管如此,欧洲农业的、集体主义的、“公平价格”的经济正在变成更具活力的、城市的、竞争的、追求利润的经济。商业和资本主义的兴起不仅改变了欧洲社会的性质,而且为狭小的欧洲统治世界其他大部分地区提供了巨大的爆发力。

# 五、启蒙运动

启蒙运动(enlightenment)是文艺复兴的深化和拓展。从字面上讲,启蒙运动是反对愚昧主义,提倡普及文化教育的运动。但就其精神实质看,它是一场宣扬新的政治思想的运动,并非单纯的文学运动。启蒙运动始于17世纪即将结束之时,由一些力图普及科学革命思想的知识分子发起。18世纪,则开始进入到对社会制度和人的行为的理性思考阶段。启蒙运动是一场重大的思想、文化运动,其特征是深信人类知识能够解决现存的基本问题。伦理、政治、社会和经济各领域都被重新放入理性的评判标准中来考量,这就脱离了基督教或古典传统的指导,重建了资本主义政治和经济实践所需的政治思想和精神价值,推进了整个西方文明的进程。

**1. 启蒙运动的观念**

启蒙运动思想家思想学说各异,但是都共同相信构成启蒙运动哲学的三个重要观念:自然、理性和进步。

①自然。启蒙思想家认为世界是可被认知的,是有秩序的,一切都合理地运转,它是由自然而非超自然的力量支配的。自然不会表现得变幻莫测,正确的经验

分析将会证明自然的运转符合理性的法则。朴素的自然是美好的,人类用他们复杂的政治、社会和宗教的限制破坏了自然。贴近自然便是贴近有益的活力和自由。

②理性。启蒙思想家认为所有的假设都要经过严格的经验推理。传统的制度和习俗不应因其存在的时间长久而被接受,而是应经过严格的检验达到理性的标准。真正的知识来源于经验,也都可以用科学方法和理性阐释而寻求到真理。

③进步。启蒙思想家认为人类可以通过"教化"获得近乎没有止境的改善。人类努力完善自我和社会的同时,改变在不断发生。不应以怀疑的目光将变化看作是从以前高等的、更完美的状态的一种衰落。当按照理性的支配并与自然相符时,变化就会使人们获得持久的自由。

启蒙运动思想家批评仍支配着当时社会的旧制度和习俗,他们相信人类处于启蒙的边缘,即将睁开眼睛看世界,开启理性的思考,从而过上更符合自然、更道德、自由而快乐的生活。

**2.启蒙主义与理性主义**

文艺复兴和宗教改革之后,对思想的束缚渐渐解脱,17—18 世纪欧洲进入启蒙时代。这一时期思想活跃,百家争鸣,出现了大量新的意识形态,包括理性主义、民族主义、浪漫主义、保守主义等,同时反对资本主义的社会主义思想也发展起来。

(1)英国

英国的启蒙运动发生在资产阶级革命以后,加上革命后君主立宪政体的妥协性,决定了英国启蒙运动的温和性和保守性。英国启蒙运动的主要代表人物是霍布斯、洛克和亚当·斯密。

托马斯·霍布斯(Thomas Hobbes,1588—1679)是政治哲学家,出生于英国威尔特郡(Wiltshire)一牧师家庭,早年就学于牛津大学,后做过贵族家庭教师,游历欧洲大陆。他在政治学、伦理学等诸多领域作出了开创性贡献,被誉为"现代人之父"。霍布斯的代表作是《论政体》、《利维坦》(Leviathan)、《论物体》、《论人》,其中《利维坦》最为著名。

在这些著作中,霍布斯提出了他的核心观点:一是人性恶。霍布斯认为,人的本性是利己的,趋利避害是支配人类行为的根本原则,人类第一共同的"欲望"就是对权力不断的无休止的欲求与争斗。利己主义是霍布斯全部政治思想的基础。二是自然状态与社会契约论。在国家成立之前,人类处在一种自然状态中。在自然状态下,人人平等、自由,都运用自己的权力以求保全自我。由于对利益的竞争、对名誉的追寻和对他人可能伤害自己的猜忌,人与人之间的战争不可避免。要摆脱这种糟糕的自然状态,人们必须放弃自己的权力,运用自然法即理性所发现的戒条、一般法则和共同契约,组建公共权力或国家。三是主权学说。国家起源于契约,根据契约权力被授予的人或议会就是主权者,主权是国家的"灵魂",它至高无上、不可分割、不可转让。根据主权的归属,霍布斯将国家分为三种政体形式:君主政体、贵族政体和民主政体。他认为君主政体是最好的政体，因为国家既然属于君主个人，君主的私利就和国家的公益结成一体，最能避免内乱。

约翰·洛克（John Locke，1632—1704），哲学家、教育家，出生在清教徒家庭，毕业于牛津大学，著作主要有《论宽容》《人类理解论》《政府论》。

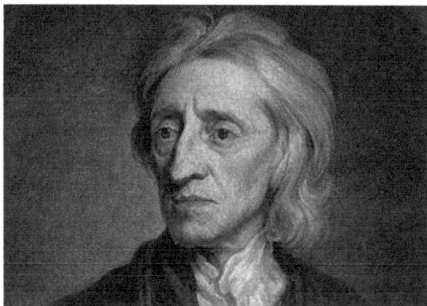

约翰·洛克

洛克发展了文艺复兴时期的自然权利思想，并进行了系统论证，成为西方政治思想史上最早对自然权利进行系统论证的思想家。洛克认为，人生而自由平等，具有生存权、自由权和财产私有权，这是由人类的理性所支配的，是天经地义的。其中，财产权利是自然权利中最基本的权利，其他权利都以财产权为基础。洛克使用自然法和社会契约论解释政府的起源、性质和目的。他认为人们为了保护人身和财产安全，相互订立契约，自愿放弃一部分权利，把它们交给被指定的人，国家由此而产生。但不同于霍布斯的是，洛克认为保护人权的最好政府是君主立宪制政府。在《政府论》中，他把政体形式分为三种：立法权由大多数人直接行使的是民主政体；由少数精选的人行使的是寡头政体；由一个人行使的是君主政体。保留君主制，又由民选的国会掌握最高权力的政体，即君主立宪制政体是最合理的。

洛克还提出"三权分立"的思想，认为国家权力可分为三种：立法权、执行权和对外权，其中立法权是最高权力。以不侵害人民的生命、自由和财产为前提，三种权力必须分别由不同的机关行使，立法权由民选的国会行使，执行权和对外权由国王行使。这种分权学说第一次为资产阶级用民主形式组织国家提供了论证，具有极大的历史意义，成为现代西方资本主义国家制度的一项重要原则。

亚当·斯密（Adam Smith，1723—1790），著名经济学家，西方古典政治经济学的奠基人。出生于苏格兰，求学于牛津大学，曾在爱丁堡（Edinburgh）大学、格拉斯哥（Glasgow）学院任教，著作主要有《道德情操论》《国民财富的性质和原因研究》。

亚当·斯密的主要观点是：①试图论证个人利益基础上的社会制度的合理性。他认为人类的行为源于六种基本动机：自爱、同情、追求自由的欲望、正义感、劳动习惯和交换。由于上帝给了社会以自然秩序的规律，虽然每个人都在为自己的利

亚当·斯密

益而奋斗,但最终全社会会在自然秩序中获得共同利益。因为人类社会存在着向
自然界一样的运动规律,会使人们在合理制度下各自按照平衡的方式去行为。
②提倡自由竞争。自由竞争是自由本身所规定的秩序,国家的干预只会违反供求
的"自然规律"。"放任政策"会使最大多数的人取得最大的利益,因为市场"受一只
看不见的手"操控。政府职责则在于保卫国家安全,维护社会秩序,而不是干预经
济事务。③劳动价值论。国家财富还是归根于生产而非流通。生产主要靠工人和
农民的劳动,一切财富的本源是劳动,增加国民财富的条件是提高劳动生产力。在
资本主义社会,劳动价值主要分为三类:工资、利润和地租。斯密发现,劳动者附加
在原料上的价值分作两部分,一部分作为工资付给了劳动者,另一部分作为利润由
资本家占有,这里蕴含了剩余价值的萌芽。

　　亚当·斯密的"自由竞争"和"放任政策"论,反映出英国当时在世界上的经济
优势,也为工业革命制造了舆论。"自由竞争"以后成了资产阶级经济活动的信条。
亚当·斯密理论的合理内核也为共产主义创始人所吸取,成为马克思主义的三大
来源之一。

　　(2)法国

　　法国是启蒙运动的中心,这里是欧洲封建专制统治最顽固、最典型的国家,也
是新旧思想交织最尖锐,矛盾最突出的地方。怀疑论(scepticism)是法国启蒙运动
准备阶段的思想先导,自然神论(deism)成为启蒙运动发展阶段的思想家的标记,
而无神论(atheism)把启蒙运动推向了更高的阶段。在这些哲学思想的指导下,法
国启蒙运动经久不衰,出现了孟德斯鸠、伏尔泰、卢梭、狄德罗、博马舍(Beaumarchais,
1732—1799)、孔多塞(Condorcet,1743—1794)等一大批杰出人物,可谓群星璀璨。

　　孟德斯鸠(Montesquieu,1689—1755),启蒙时期思想家、律师,西方国家学说
以及法学理论的奠基人,与伏尔泰、卢梭合称"法兰西启蒙运动三剑侠"。曾任法国
波尔多省法院法官、院长,法兰西学院院士,代表作有《论法的精神》《波斯人信札》
《罗马盛衰原因论》等。孟德斯鸠主张在法国建立英国式的君主立宪政体,提倡立法、

行政、司法三权分立，进行有利于资产阶级的改革。他对启蒙运动最大的贡献在于建立了有利于资本主义政治改革的社会政治学说，具体规范了资产阶级国家的政治模式和各项基本制度，特别是三权分立的政治学说对资产阶级民主革命影响深远。

　　伏尔泰（Voltaire，1694—1778），思想家、文学家、哲学家，法国启蒙运动的泰斗和领袖。出生于巴黎一个富裕的中产阶级家庭，青年时因写诗讽刺贵族被囚于巴士底（Bastille）监狱，后被驱逐出境，侨居英国。主要代表作有《哲学通信》《路易十四时代》《形而上学论》。伏尔泰反对君主专制制度，赞赏"开明"君主制，即由"开明"的君主按哲学家的意见来治理国家；提倡自然神论，批判天主教会，主张言论自由。他的主要功绩在于率先提倡和宣扬洛克的经验论和牛顿的机械唯物主义思想，为法国资产阶级提供了反对旧制度的哲学武器。

伏尔泰

　　卢梭（Rousseau，1712—1778），文学家、教育家、激进的资产阶级民主主义者。卢梭出生于日内瓦一个钟表匠家庭，幼年经历坎坷，后长期定居法国。主要代表作

卢梭

有《社会契约论》《论人类不平等的起源和基础》《爱弥儿》(Émile)等。卢梭认为私有财产是不平等的起源,是万恶之源,自由平等是不可剥夺的"天赋人权",提出了"社会契约""人民主权"和建立资产阶级民主共和国等一系列学说。特殊的生活经历,使卢梭的学说具有强烈的人民性,这是他与其他启蒙思想家的不同之处。卢梭思想体系的核心是反对封建专制制度和社会不平等,倡导人民主权的激进的民主主义思想。

狄德罗(Diderot,1713—1784),生于法国东北部的郎格勒(Langres),1732年获得巴黎大学文科学士学位,精通意、英等几国文字,是"百科全书派"(Encyclopédiste)的领袖,启蒙运动主将。代表作是他主编的《百科全书》,通过编纂词典,狄德罗把过去从属于王室、教会的知识经过分析、研究,使其成为反映客观自然的真理。用人类世代培植的"知识树"显示天地万物、人间百事的内在关系,并以此为精神武器,与封建专制和宗教神学进行公开的斗争。

综观法国启蒙运动,思想家们在人性、自然、社会、国家的构成和本质上进行了深入探讨,提出一系列颇有创新的观念,如自然状态、社会契约说、普遍人性和普遍理性说、天赋人权和人民主权论、三权分立和相互制衡原则。这些哲学、政治学、法学、社会学等多门人文社会学科的学术渊源,也成为近现代国家治理的制度和模式创建的理论基础。

**3. 启蒙运动的影响**

德国启蒙运动时期的哲学家康德(Kant,1724—1804)在《答复这个问题:"什么是启蒙运动?"》里说:"启蒙运动就是人类脱离自己所加之于自己的不成熟状态。不成熟状态就是不经别人引导,就对运用自己的理智无能为力。当其原因不在于缺乏理智,而在于不经别人引导就缺乏勇气与决心加以运用时,那么这种不成熟状态就是自己加之于自己的了。要有勇气运用你自己的理智! 这就是启蒙运动的口号。"所以启蒙思想不承认任何外界的权威,宗教、自然观、社会、国家制度,一切都受到了最无情的批判,一切都必须在理性的法庭面前为自己的存在做辩护或者放弃存在的权利。在西方历史上,第一次将以往的社会形式、国家形式和传统观念,都当作不合理的东西扔进了垃圾堆。所以恩格斯说:"现在阳光才照射出来。从今以后,迷信、偏私、特权和压迫,必将为永恒的真理,为永恒的正义,为基于自然的平等和不可剥夺的人权所排挤。"

启蒙运动,作为开启民智、推动人们自觉地把理性原则作为观察宇宙、自然和人类社会的最基本原则的运动,在欧洲各地蔓延开来。它从17世纪晚期开始,至18世纪达到高潮,一直延续到19世纪,极大地促进了欧洲精神面貌的变化。它对欧洲历史的推动力,是无论怎样估计都不为过的,可以说它唤醒了欧洲。首先,它使人性比较彻底地从上帝的权威阴影下摆脱出来,实现了人性真正的解放。其次,它使欧洲人进入了从世界本身认识世界的新世纪,使人的认识脱离信仰而独立出来,使人的思维科学化,这便真的要走出蒙昧,见到理性之光了。

# 第六章　欧美的政治革命

14世纪中叶至17世纪,西方在思想文化(包括宗教)、地理知识和商业贸易方面开始处于明显的领先地位,促进了世界一体化进程,并初步决定了西方在未来世界体系中的核心主导地位。17世纪中叶至18世纪末,西方在政治制度领域里又取得了开创性成就,相继发生了英国革命、美国独立战争和法国大革命,不仅推动了这些国家政治文明的现代化,而且对世界政治文明的发展和人类政治思想的进步产生了重大而深远的影响。

## 一、英国革命

### 1. 革命的背景

(1)资本主义经济的发展

英国资本主义经济领先于其他国家的发展,是其较早爆发资产阶级革命的重要原因。新航路开辟以后,欧洲主要的商业贸易中心从地中海转移到大西洋沿岸。英国人利用有利的地理位置拓展对外贸易,进行殖民掠夺。这刺激了英国羊毛出口业和具有悠久历史、被誉为英国"民族工业"的毛纺织业的发展。羊毛价格不断上涨,使养羊业成为获利丰厚的产业,往往10英亩牧场的收益超过20英亩的耕地。对羊毛需求的增长,吸引了大量新兴资产阶级到农村去租地办牧场。由于他们所出的地租远高于农民的贡赋,导致了英国圈地运动的产生。

圈地运动从13世纪开始,前后持续了四五个世纪。它不断破坏英国传统的封建土地所有制,使生产者农民与生产资料土地相分离,并将土地与市场联系起来,促使封建农业向资本主义农业过度,英国农业被纳入资本主义发展轨道。此外,16—17世纪,英国的煤矿、炼铁、造船等新兴工业也发展迅速,资本主义经济有了长足进步。

(2)社会结构的变化

英国资本主义经济的发展导致了社会结构的变化,打破了中世纪以来的阶级关系,使新的阶级矛盾成为英国革命的现实基础。首先,随着资本主义工商业的发展,资产阶级进一步发展壮大,形成了一支包括城市工商业者、农业资本家、金融资产阶级等在内的新兴资产阶级队伍。其次,居于统治地位的封建贵族分裂出旧贵族和新贵族。旧贵族固守封建传统,依赖封建土地制度维持生计,而新贵族则参与资本主义经济,与新兴的资产阶级在政治上形成联盟。再次,由于圈地运动的影响,农民阶级发生分化,手工业工人数量增加。他们生活困难、备受剥削,也成为革命的重要力量。社会结构的变化瓦解了英国封建社会的根基,为革命的爆发奠定了阶级基础。其中,资产阶级在经济上深受封建制度和王权垄断工商业之害,政治上处于无权地位,所以强烈要求废除封建专制制度,发展自由资本主义。资产阶级、新贵族同封建王权、旧贵族的矛盾,成为英国社会的主要矛盾。英国革命最终围绕这一矛盾的激化与妥协,以及资产阶级、新贵族取代封建王权、旧贵族,成为政治上占统治地位的阶级这一逻辑线索展开。

(3)斯图亚特王朝的君主专制

1603 年,英国都铎王朝(House of Tudor)伊丽莎白女王去世,因无子嗣,苏格兰国王詹姆斯·斯图亚特(James Stuart,1566—1625)继承王位,称詹姆斯一世,开始了斯图亚特王朝(House of Stuart)的统治。詹姆斯一世竭力推行君主专制,鼓吹"君权神授",认为国王的权力是上帝所授,不可违抗。1610 年,他在向议会讲话时宣称:"除了上帝,国王不对任何人负责。"资产阶级和新贵族的权利受到侵害,他们利用议会同国王展开斗争。

1625 年,詹姆斯一世之子查理一世(Charles I,1600—1649)继位,他不仅主张"君权神授",而且在专制的道路上越走越远。1629 年 3 月,因同议会在征税问题矛盾尖锐,查理一世将议会解散,并且逮捕了八个议会领袖。从 1629 年到 1640

查理一世

年,11年间查理一世再未召开过议会。历史上这一时期被称为"个人统治期"
(Personal Rule)或"十一年暴政期"(Eleven Years' Tyranny)。

查理一世在宠臣斯特拉福伯爵(Earl of Strafford)温特沃思(Wentworth)和大
主教劳德(Archbishop Laud)的佐助下,强制实行对国教的单一信仰,恢复对清教
徒的"皇室法庭",迫使大批清教徒逃往北美;同时,强制征收新税,继续扩大对工商
业的垄断。查理一世的倒行逆施,进一步激化了英国的阶级矛盾和宗教矛盾,一场
空前的政治革命即将来临。

(4)导火索:苏格兰起义

苏格兰自1603年后与英国共有一个国王,但它仍是一个独立的王国,有自己
独立的议会和教会组织。1637年,查理一世根据劳德大主教的建议,强迫苏格兰
人信奉英国国教,并对反对者严加迫害,激起苏格兰人的起义。苏格兰人强烈反
抗,起草"民族公约"(National Covenant),宣称坚持自己的宗教信仰,不接受英国
国教,1638年发动反英战争,1639年攻入英国国境。苏格兰人民起义成为英国内
战爆发的导火索。

为筹措战费以便同苏格兰开战,1640年4月13日,查理一世在11年无议会
统治之后,再次召开议会。但议会拒绝了国王的征税要求,并抨击国王的暴政,要
求限制王权,给予发展工商业的自由。5月5日,查理一世下令解散这一届议会。
该届议会仅历时3周,史称"短期议会"。

由于没有议会的批准,国王急需的战费无法解决。随着苏格兰起义军又大举
进攻,1640年11月3日,查理一世再次召开议会,这届议会一直延续到1653年4
月20日,史称"长期议会"。长期议会成为反对查理一世及封建势力的中心,其召
开标志着英国革命的开始。

**2.革命的进程**

(1)议会斗争

长期议会召开不久,在民众的压力下,上下两院通过了逮捕斯特拉福伯爵和劳
德大主教的提案,并同意判处斯特拉福死刑。查理一世认为这是对王权的公然挑
战,迟迟不予批准。1641年5月9日,伦敦市民连夜举行游行示威,并宣布要冲进
王宫,查理一世被迫签署了判决书。5月12日,斯特拉福伯爵被处死,劳德大主教
被逮捕。议会对国王的斗争取得了首次胜利。

随后,议会又通过了《三年法案》,规定议会应至少三年召开一次,不经议会同
意不得将其解散。议会还取消了吨税、磅税、船税、骑士捐、国王优先采买权等未经
议会同意的非法税收;撤销了星室法庭(Court of Star Chamber)、高等委任法庭
(Court of High Commission)、北方法庭(Council of the North)、威尔士边区法庭
(Council of Wales and the Marches)等特权法庭。这些举措削弱了国王推行专制
的财政来源和法律手段。

1641 年 2 月，议会通过了《大抗议书》(Grand Remonstrance)。《大抗议书》是一个宪法性文件，它列举了几十年来国王滥用权力的种种暴政，要求进行立宪改革，包括：由议会任命政府官员，建立对议会负责的政府；保护私有财产、商业自由和企业经营自由；限制主教权力，停止宗教迫害，保障宗教信仰自由等。查理一世断然拒绝了《大抗议书》，还亲率卫兵前往议会大厅，试图逮捕皮姆(John Pym)等五位反对派领袖。逮捕五位议员的企图失败后，查理一世无计可施，于 1642 年 1 月离开伦敦，赶往保王派聚集的北方重镇约克，打算招兵买马，用武力压服议会。

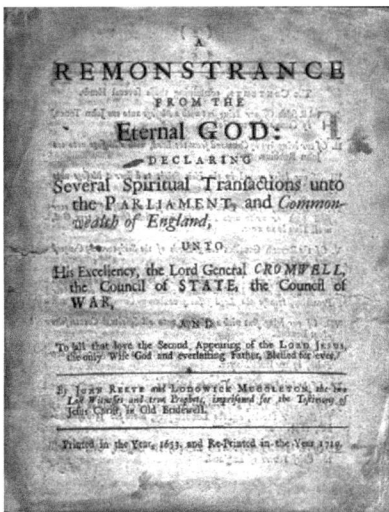

大抗议书

(2)英国内战

1642 年 8 月 22 日，查理一世在罗丁汉(Nottingham)的一个小山上升起王旗，宣布讨伐议会叛乱分子，挑起了内战。英国内战共进行了两次：第一次内战(1642—1647)和第二次内战(1648)。

第一次内战爆发后，查理一世的势力范围大体上涵盖英格兰中部、西部、北部和威尔士；议会方面控制着伦敦，以及英格兰南部和东部。1642 年 10 月 23 日，王军和议会军在埃吉山(Edge Hill)进行了一次激战，王军取得胜利。随后王军占据了牛津(Oxford)。查理一世在牛津建立了新的政府，将牛津作为大本营，向伦敦推进。伦敦手工业者、工人、学徒组成民兵拼死抵抗，才击退王军。

战争初期，在议会军面临一连串战事不利时，奥利弗·克伦威尔(Oliver Cromwell,1599—1658)脱颖而出，扭转了战局。克伦威尔出生于一个庄园主家庭，信奉清教。他年轻时在剑桥大学求学，毕业后回乡经营农牧业，成为新贵族的一员，1628 年和 1640 年先后两次被选为下院议员。内战爆发后，克伦威尔自己组建了一支由自耕农和手工业者组成的骑兵队,参加议会军与王军作战。这支骑兵队纪律严明、骁勇善战,被誉为"铁骑军"。

克伦威尔

　　1643 年 9 月,议会军同苏格兰签订了"神圣的同盟和公约"。1644 年初,苏格兰军队进入英国,与议会军协同作战,王军陷入腹背受敌的困境。1644 年 7 月 2 日,在马斯顿荒原(Marston Moor)展开大会战,克伦威尔的"铁骑军"在这次战役中发挥了重要作用,最终议会军战胜王军。马斯顿荒原之战成为内战的转折点,从此之后形势对议会军越来越有利。

　　1645 年 6 月 14 日,在纳斯比(Naseby)之战中,议会军取得决定性的胜利,随即攻克了王军大本营牛津,查理一世逃往苏格兰。1647 年 1 月,议会以 40 万英镑的代价把查理一世赎回,将其囚禁。第一次内战宣告结束。

纳斯比战役

第一次内战结束后,议会内部的分歧越开越严重。代表大资产阶级和新贵族上层利益的长老会派控制了政府和议会,主张建立君主立宪制政府。代表中等资产阶级和中小贵族利益的独立派控制了军队,对长老会派独占政治和宗教权力不满。此外,代表中下层民众利益的平等派在城市手工业者、平民和农村手工业者中有很多追随者,主张建立一院制共和国。

在议会内部分裂与斗争时,查理一世积极联络内外势力,企图扭转局势、卷土重来。1647 年 11 月,查理一世从监狱逃跑,准备联合支持者卷土重来,但中途被扣留。1647 年 12 月,查理一世秘密同苏格兰大贵族达成协定,苏格兰承诺帮助查理一世入侵英格兰,并且恢复他的王位。1648 年 2 月,王党分子在南威尔士起兵,开始了第二次内战。

第二次内战只持续了 8 个月,议会军便在克伦威尔的统帅下取得胜利。战争爆发后,1648 年 7 月苏格兰军队大举南下,侵入英格兰境内。1648 年 9 月,克伦威尔率领的新模范军(New Model Army)击溃苏格兰军队,占领苏格兰首都爱丁堡,并将苏格兰并入英国,内战至此结束。

(3)克伦威尔独裁

1648 年下半年时,长老会派控制下的长期议会仍希望能与查理一世和解,并发布命令开启与查理一世进行谈判。以克伦威尔为首的新模范军领袖于是决定,要同时摧毁国王和议会的权威。1648 年年底,新模范军军官托马斯·普莱德(Tomas Pride)逮捕了 41 名赞成国王复位的议会议员,并将其他赞成者、长老会派议员赶出议会。余下议员约 200 余人,历史上被称为"残缺议会"(Rump Parliament)。

1649 年 1 月,议会成立的最高法庭判决"查理·斯图亚特作为暴君、叛徒、杀人犯及国家的敌人,应该被斩首",查理一世被当众处决。1649 年 5 月,议会正式宣布:"英国的人民和所有隶属于它的领土和地区上的人民,都是并将由此构成、缔结、建立和团结成为一个共和国",成立了一个由 41 人组成的国务会议。共和国的成立,标志着英国资产阶级革命发展到顶峰。

在共和国时期,"残缺议会"在宗教、法律、金融等方面通过了一系列法令。1653 年,由于议会拒绝自我解散,克伦威尔 4 月 20 日突然宣布解散议会,用武力驱散不驯服的"残缺议会",另组"小议会"。

在克伦威尔的授意下,"小议会"拟定了一个新的宪法草案"施政文件",实行护国公制度。1653 年 12 月,克伦威尔被宣布为终身护国公(Lord Protector)。英国从议会制共和国演化为克伦威尔个人军事独裁。

克伦威尔在其独裁时期,政治上一面打击王党分子和贵族势力,一面逮捕平等派领袖,镇压下层人民继续革命的要求,从而稳定了政治秩序;经济上没收王室、贵族、教会土地,以大面积、高价格的形式进行拍卖,使土地大都落入资产阶级和新贵族手中,从而巩固了革命成果。此外,克伦威尔对外征服了爱尔兰,并取得第一次英荷战争的胜利。

虽然这些内政外交成就强化了克伦威尔个人的权威,但军事独裁在政体上、在民主形式上是一种退步,建立在克伦威尔个人威望基础之上的护国主制度,难以持久巩固革命的成果。

(4)王政复辟

1658 年,克伦威尔去世,由他的儿子理查·克伦威尔(Richard Cromwell)继任"护国主",但由于缺乏其父的才能与威望,无法驾驭局势,第二年便辞去了职务。共和国一时群龙无首,陷入混乱状态。

1660 年 2 月 3 日,驻防在苏格兰的英军司令乔治·蒙克(George Monck)率军进入伦敦,控制了政局。随即,与流亡在荷兰的查理一世之子查理二世(Charles II,1630—1685)就复位问题进行秘密谈判。4 月 4 日,查理发表《布雷达宣言》(Declaration of Breda),承认在革命中发生的土地变更;除了追究直接处死查理一世的人之外,对其他革命的参加者不予追究;保障宗教信仰自由。1660 年 5 月查理二世登上王位,开始了复辟时期。

查理二世继位后,在经济上继续维护资产阶级的利益,承认革命以来土地变更的事实;政治上则反攻倒算,打击革命参与者,宣布参加查理一世审判的 57 人犯有"弑君罪",其中 30 人被判处死刑,克伦威尔的尸体被挖出来,施以绞刑。

(5)光荣革命(Glorious Revolution)

1685 年,查理二世去世,其弟詹姆士继位,是为詹姆士二世(James II,1633—1701)。詹姆士二世是天主教信徒,不顾国内普遍反对,违背以前政府制定的关于禁止天主教徒担任公职的规矩,委任天主教徒到军队任职。此后又任命了更多天主教徒到英国政府部门、教会、大学担任重要职务。詹姆士二世企图重新将天主教定为国教,迫害清教徒,镇压反对派,解散议会,危害了资产阶级和新贵族利益,处于众叛亲离的边缘。

詹姆士二世长期无子,议会寄希望于未来由他信奉新教的女儿玛丽继位。然而 1688 年 6 月 20 日,詹姆斯的天主教徒妻子新生男嗣,新教或将彻底与王位绝缘。为避免未来的天主教王子继位,议会决定废黜詹姆士二世,迎立玛丽和其丈夫荷兰执政奥兰治亲王威廉(William Henry of Orange,1650—1702)为英国女王和国王。

1688 年 11 月 5 日,威廉率领 1.5 万人,400 艘运输船,53 艘军舰登陆英国。虽然詹姆士任命亲信率领三万英军,在陆上迎击威廉,但英军纷纷倒戈,使威廉轻而易举地攻下了伦敦。詹姆斯二世仓皇出逃德意志,途中被截获送回伦敦。后经威廉夫妇同意,詹姆斯二世流亡法国。1689 年 1 月,议会宣布詹姆斯二世退位,由威廉和玛丽共同统治英国,称威廉三世和玛丽二世。因为这场革命没有人命伤亡或受伤,故史称"光荣革命"。至此,代表民意的英格兰议会与代表君主绝对权力的英国国王近半个世纪的斗争,以议会的胜利而告结束。

威廉三世和玛丽二世联合执政英国

1689 年,议会向威廉提出《权利宣言》,威廉接受宣言提出的要求。宣言于当年 10 月经议会正式批准定为法律,即《权利法案》(Bill of Rights)。法案规定:国王不能随意废除法律,也不能停止法律的执行;不经议会的批准,国王不能征税等。《权利法案》以法律的形式对国王的权力进行了明确的制约,保证议会的立法权、财政权和军权等,确立了君主立宪制的资产阶级统治。

**3. 革命的意义**

英国资产阶级革命推翻了君主专制,使英国确立了君主立宪制度和资产阶级的统治地位,为英国资本主义迅速发展扫清了障碍。革命后,英国出现了长期稳定的政治局面,为资本主义经济的顺利发展创造了良好环境,为英国开展工业革命和成为工业强国创造了前提。英国革命是人类历史上资本主义制度对封建制度、民主制度对专制制度的一次重大胜利,是人类政治文明发展的一个重大进步。它揭开了欧洲和北美资产阶级革命运动的序幕,推动了世界历史发展的进程,标志着世界近代史的开端。

# 二、美国独立战争

**1. 革命的背景**

(1)北美殖民地的发展和美利坚民族的形成

自 1492 年哥伦布发现美洲之后,欧洲殖民者就开始持续不断地在新大陆展开殖民活动,北美洲和南美洲一道沦为欧洲强国的殖民地。17 世纪,英国在对北美的殖民活动中逐渐占据主导地位。1607 年,英国在北美建立了第一个殖民据点詹姆斯敦(Jamestown)。到 18 世纪后半期,英国在北美大西洋沿岸已建立了 13 个殖民地。

这些殖民地根据英国王室的控制程度,可划分为三种类型:第一种是皇家殖民地(Royal Colonies),由英王直接派遣总督统治,共有 8 个,即新罕布什尔、马萨诸塞、纽约、新泽西、弗吉尼亚、北卡罗来纳、南卡罗来纳和佐治亚;第二种是业主殖民地(Owner Colonies),由殖民地的业主(英王将北美大片土地赏赐给宠臣或大贵族,受地者被称为"业主")任命总督,再由英王批准,共有 3 个,即宾夕法尼亚、特拉华和马里兰;第三种是自治殖民地(Self-governing Colonies),由殖民地有产者选举产生总督,报英王批准,共有 2 个,即罗德岛和康涅狄格。

英国在北美的殖民地

由于地理条件的差异,北美各殖民地经济成分多样。北部殖民地工商业发展较快,主要集中于造船、采矿、冶金、纺织等产业;中部殖民地土地肥沃,小麦种植业发达,被称为"面包殖民地";南部殖民地种植园经济占主导地位,实行黑人奴隶制,主要生产棉花、烟草、蔗糖等。尽管经济差别很大,但 13 个殖民地都采取了资本主义生产方式,并逐步形成了统一市场。

北美殖民地的居民,除了印第安土著和黑人奴隶,主要是来自英国的移民。其中有逃避宗教迫害、寻找宗教自由乐土的清教徒,有到北美冒险淘金、寻求发财致富的冒险家,还有贫苦的下层民众,甚至是作为白人契约奴的犯罪分子。随着北美殖民地的发展,他们逐渐形成了一个命运休戚相关的共同体——美利坚民族。

北美殖民地经济的快速发展,为美利坚统一民族的形成奠定了坚实的基础。

随着资本主义经济的发展,北美殖民地间经济联系日益密切,统一市场开始形成。主要城市被桥梁、渡船和道路网连接起来,内河、沿海航运、道路等将殖民地之间的壁垒打破。纽约、费城、波士顿等新兴城市成为殖民地的经济、政治和文化中心。北美殖民地这些崭新的变化,为美利坚民族的形成提供了物质依托,奠定了经济基础。

　　北美殖民地的特殊历史,使得北美很早就形成了富有民主精神和自治传统的政治文化。这些殖民地没有漫长的王权历史,没有专制的政治传统,一开始就浸染在资本主义自由精神的高起点上。特别是备受迫害的清教徒,给新大陆带来并传播了自由民主精神。其中最具代表性的是《五月花号公约》(Mayflower Compact)。1620 年 11 月 11 日,前往北美洲新英格兰殖民地的 102 名英国清教徒在上岸之前,其中的 41 名成年男子在"五月花号"船上签订政治声明,同意创建并服从一个政府。公约宣布"我们在上帝面前共同立誓签约,自愿结为一民众自治团体。为了使上述目的能得到更好地实施、维护和发展,将来不时依此而制定颁布的被认为是对这个殖民地全体人民都最适合、最方便的法律、法规、条令、宪章和公职,我们都保证遵守和服从。"《五月花号公约》创建了一个先例,即政府是基于被管理者的同意而成立的,而且将依法治国。北美这种民主与法治的政治文化,成为美利坚民族精神的重要内涵,对后来寻求独立,甚至建国后民主政治的发展都产生了深远影响。

五月花号公约

（2）英国与北美殖民地矛盾的激化

在殖民地资本主义经济发展和美利坚民族逐渐形成的同时，宗主国英国政府为增加财政收入，对北美殖民地进行蛮横的压榨和残酷的剥削。例如英国于1660年颁布《列举商品法》，规定殖民地的主要商品如烟草、砂糖、棉花只能运往英国；1663年颁布《主要商品法》，规定从欧洲运往北美的商品，须先在英国靠岸征税后，才能运往北美；1732年颁布《制帽条例》，禁止殖民地出口帽子到另一个殖民地，制帽作坊不许雇佣两个以上的工人；1750年颁布《制铁条例》，禁止殖民地建立铁制品工业；1764年颁布《食糖条例》，要求美洲殖民地的欧裔殖民者们必须继续大量购买英国的食糖、咖啡、酒等商品。英国为了维护本土的垄断利益，还颁布了一系列高额税收的法令。例如1765年，英国为了转嫁英法七年战争（1756—1763）造成的财政负担，颁布了《印花税法案》，对所有印刷品直接征税。1767年英国又颁布《汤森法案》，再次增加在殖民地的税收。

这些沉重的经济负担引发了北美居民的强烈反抗。因为所在的殖民地区在英国议会没有代表席位，他们喊出"无代表，不纳税"的口号。在此背景下，北美各地殖民者对英国本土与北美殖民地之间的关系展开激烈的讨论，其中主导观点认为宗主国无权向海外殖民地区征税，激进者甚至认为英国议会对海外殖民地区没有立法权。同时，北美殖民地人民抵制并中断了与英国商人的贸易往来。

殖民地的抵抗引起了英国政府的不安，导致英国向波士顿调兵，在人口只有16000人的波士顿驻扎接近7000名英国士兵。这更让殖民地人民认为宗主国想剥夺他们在北美殖民地的权利和自由。他们逐步团结起来，加强了联络和统一行动。

针对英国保留茶叶进口关税，殖民地人民从1770年开始发起了"不饮茶"运动。有些人还从荷兰走私运来大批茶叶。1773年英国允许东印度公司免征关税、不经过进口商，直接在大陆倾销茶叶。殖民地人民认为自由比喝便宜茶更重要，决心不让东印度公司的运茶船靠岸，茶船滞留在波士顿港湾。1773年12月16日夜晚，一些波士顿人化装成印第安人，在黑夜中登上茶船，将停泊在波士顿港口的英国货轮上运载的342箱、价值15000英镑的茶叶抛入海中，以此表示对英国的抗议，史称"波士顿倾茶事件"。

英国对此采取了强硬的处置措施，1774年英国政府针对波士顿所在的马萨诸塞殖民地通过一系列强制法案，旨在加强对其控制。英国封锁了波士顿港，取消了马萨诸塞的自治权，取消了马萨诸塞议会下院选举参事会的权力，规定在殖民地犯罪的英国人不得在当地审判，而要在英国或其他殖民地进行审判，还任命驻北美英军总司令托马斯·盖奇（Thomas Gage）为马萨诸塞总督，驻军波士顿市区。这一系列强硬政策，进一步激化了双方的矛盾，引发了殖民地人民更大的抗议。

在此背景下，弗吉尼亚议会呼吁召开由各殖民地代表参加的会议，商讨各殖民

波士顿倾茶事件

地"不幸的现状"。1774 年 9 月 5 日至 10 月 26 日,第一届大陆会议在费城召开,除佐治亚因总督阻挠没有代表出席,其他 12 个殖民地共有 55 名代表参加了会议。会议上弗吉尼亚代表高呼:"弗吉尼亚人、宾夕法尼亚人、纽约人和新英格兰人的区别已经不存在,我们现在不是弗吉尼亚人,而是美国人。"大陆会议决定必须彻底改变宗主国与殖民地的关系,并决定组织自主的民兵武装。英国拒绝妥协,并试图调兵遣将以武力镇压,双方矛盾愈加升级,战争一触即发。

**2. 战争的过程**

在大陆会议寻求与英国和平解决矛盾的同时,各殖民地积极进行战备活动,各地纷纷建立"公安委员会",组织、训练民兵,还建立驿马队、情报队,修建军火库。到 1775 年,北美殖民地已出现全民皆兵、同仇敌忾的革命热情,决心为捍卫自由和尊严与英国进行决战。

(1)战争开始

1775 年 4 月 18 日,安插在民兵中的英军密探向英国驻麻省的总督盖奇报告,北美民兵在距波士顿 34 公里的康科德(Concord)藏有军火。盖奇秘密派出两个团 800 名士兵去康科德搜查军火,意图销毁殖民地民兵的军械,并拘捕该地的"通讯委员会"成员。这一行动被居民获悉,并很快报告给当地的民兵组织,民兵组织立当晚派人驰赴莱克星顿(Lexington)和康科德报信,并立即作出防卫。4 月 19 日,北美民兵与英军在莱克星顿遭遇,双方对峙后英军突然开火,民兵猝不及防,死伤近十多人。随后民兵与英军正式交火,美国独立战争第一枪正式打响,史称"莱克星顿枪声"。

莱克星顿遭遇战拉开了北美独立战争的序幕。北美民兵很快扩大到 2 万人,并包围了波士顿。1775 年 5 月 10 日北美各殖民地紧急召开第二次大陆会议,13 个殖民地都派代表参加会议,经过讨论,作出了以下决定:大陆会议担负起领导各殖民地进行武装斗争的任务;发行纸币,向国外购买军火;招募志愿兵,把汇集在波士顿附近民兵整编为大陆军;任命乔治·华盛顿(George Washington,1732—1799)为大陆军总司令。

1775 年 8 月 23 日英王宣布殖民地居民的反抗运动为非法,并声言"宁可不要头上的王冠,也决不会放弃战争"。12月22日,英国当局正式调派近50000英军镇压殖民地。

独立战争初期,大陆会议内部一部分人对英国抱有幻想,革命目的模糊,不以独立为革命最终目标,认为可恶的是英国政府,而不是英国国王,只要英王更换政府,放松对殖民地的压迫,殖民地人民愿意放下武器与英军握手言和。1776年1月,托马斯·潘恩(Thomas Paine,1737—1809)出版《常识》一书,在书中猛烈抨击君主制度,指出"君主政体是我们自身的堕落和失势",指出"要不谈独立而保证这个大陆苟安一年,也是办不到的,和解在现今是个荒谬的梦想"。这一不到50页的政论小册子,很快就被抢购一空,在300万人的殖民地竟售出12万册。它彻底粉碎了妥协这一思想障碍,为北美宣布独立做好了舆论准备。

托马斯·潘恩和他的《常识》

1776年4月至6月,北卡罗来纳、弗吉尼亚、宾夕法尼亚、新泽西相继要求宣布独立。弗吉尼亚在6月12日还发表了《权利宣言》,向大陆会议提交宣布独立的议案。在这种情况下,大陆会议任命了由杰斐逊等五人起草独立宣言。1776年7月4日由大陆会议通过《独立宣言》,宣布13个殖民地脱离英国独立。

签署《独立宣言》

(2)战略防御阶段

从 1775 年 4 月至 1777 年 10 月,是北美殖民地的战略防御阶段。在这一阶段,北部地区为主要战场,英军采取主动攻势。1776 年 8 月,威廉·豪(William Howe)接替盖奇任英军统帅,以 3.2 万兵力进攻纽约。经过激战,美方死伤 1500 人,英方伤亡不到 400 人。为避免全军覆没,美军以退为进,主动放弃纽约。1776 年 9 月英军又占领费城,华盛顿被迫率军退守费城附近的福奇谷(Valley Forge)过冬。

英军在控制重要城市和海岸线后,力图速战速决。1777 年,英军统帅威廉·豪发动大规模战役,从加拿大调动两支队伍,配合纽约驻军作战。美军开始以攻击孤立的敌军支队的战术来摆脱所处的被动境地。由于英军三支队伍相互配合失误,更重要的是沿途民兵强烈抵抗,打乱了英军的部署。英军撤退至纽约中东部的萨拉托加(Saratoga)附近,大陆军以优势兵力切断撤退路线和后勤供应线,10 月 17 日,被困的近 6000 英军投降,史称"萨拉托加大捷"。"萨拉托加大捷"大大改变美国独立战争的形势,使大陆军开始掌握战略主动权。

(3)战略相持阶段

从 1777 年 10 月至 1781 年 3 月,双方进入战略相持阶段。美国开始在国际上获得支持,法国加入战争,而西班牙、荷兰亦相继支持美军对抗英军。战争爆发后,法国不敢公开支持北美,只能暗中进行帮助,一方面同英国保持中立,另一方面在金钱、武器、弹药等方面支持北美。萨拉托加大捷之后,法国公开支持北美,先后签订了《友好商业条约》《美法同盟条约》。1778 年 2 月,法国正式承认美国,并与其互订军事同盟。1778 年 6 月,法国对英国宣战,派遣远征军、舰船等直接参加战斗。法国还怂恿欧洲其他国家参加反英战争,先后有西班牙、荷兰、丹麦、瑞典、奥地利参与到反英同盟中。英国在国际社会被众列强孤立,英、美双方力量趋于平衡。

1778 年,亨利·克林顿(Henry Clinton)接替威廉·豪任英军统帅,主战场移向南部地区,兵力集中于南卡罗莱纳和佐治亚。1779 年,英军占领佐治亚,但反被美法联军包围。1780 年春,英军进围查尔斯顿(Charleston),成功逼降被围的南方美军,约 3000 名美军被俘,是独立战争中美方损失最惨重的一次。克林顿以为南方胜局已定,就率军返回纽约,派查尔斯·康瓦利斯(Charles Cornwallis)固守查尔斯顿。1781 年,南方美军相继在南卡罗来纳州和北卡罗来纳州大败英军。康瓦利斯统率英军向北撤至弗吉尼亚。美军挥师南下,一举收复绝大部分南方国土。战至此时,英军已渐露败迹。

(4)战略反攻阶段

从 1781 年 4 月至 1783 年 9 月,是北美殖民地的战略反攻阶段。1781 年 4 月大陆军开始战略反攻。8 月,康瓦利斯奉克林顿将军命令统率 7000 名英军死守弗吉尼亚的约克镇。法美联军由华盛顿统率,南下弗吉尼亚,而增援的法国舰队也进抵约克镇城外的海面,并且击退增援的英国舰队,掌握制海权。9月,法美联军共1.7万人完成对约克镇的合围。10月,驻守约克镇的英军正式投降。此后,英国放弃对美国革命的压制,双方只有数次海上和陆上的零星战斗,其余战事已大致停止。

(5)战争结束

1781年英军在约克镇的投降,标着北美战场上战争的结束,英国议会被迫赞成议和,双方进入和谈阶段。1783年9月3日,英美双方在巴黎签订《巴黎和约》,英国承认北美独立。美国成为美洲首个独立国家,共包括13个州,边界北至五大湖,西到密西西比河,南至北纬31度。

**3. 独立战争的意义**

美国独立战争具有反殖民、反压迫的民族解放性质,是世界史上第一次大规模的殖民地争取民族独立的战争。它的胜利使美国摆脱了英国的殖民统治,实现了国家的独立。同时,美国独立战争也是一次资产阶级革命,使美国确立了比较民主的资产阶级政治体制,为美国资本主义的发展扫除了障碍。美国独立战争不仅给大英帝国的殖民体系打开了一个缺口,还为世界其他地区殖民地的民族解放战争树立了范例,对以后欧洲和拉丁美洲的革命也起了推动作用。

# 三、法国大革命

## 1. 革命的背景

18世纪后期,法国是欧洲大陆典型的封建专制国家,但社会经济结构业已发生重大变化,阶级、阶层矛盾逐步显现出来,瓦解着封建体制和君主专制的基石,旧制度陷入深刻的危机之中,革命的风暴蓄势待发。

当时的法国,作为先进生产力的资本主义工商业已有了较大的发展,资本主义经济在法国部分地区已比较发达,在欧陆各国中也处于领先水平。采矿业、冶金业、纺织业、奢侈品制造业最为发达,其中采矿和冶金发展程度最高,葡萄酒、服饰、家具等产品也畅销欧洲。在工业发展的基础上,对外贸易有了较快增长,金融业也迅速发展。商业和社会繁荣度在稳步提升,法国人的生活水平有所提高。因此,法国革命的爆发,并非因为经济的危机或社会的贫困,而是因为政治制度无法适应时代的变化和社会经济发展的需要。

随着资本主义经济的发展,法国资产阶级已成为经济上最富有的阶级,但在政治上仍处于无权地位。法国在历史上长期保持着森严的等级制度,社会分为三大等级:天主教僧侣为第一等级,在当时法国约2400万人中仅有10万人;封建贵族为第二等级,约40万人;平民——资产阶级、工人和农民——为第三等级,约占总人口的 96%。"僧侣以祷告为国王服务;贵族以宝剑为国王服务;第三等级以财产为国王服务。"

三大等级的社会地位有着很大的差别,前两个等级是特权等级,占据着教会、政府和军队的职位,并享有不纳税的特权。第三等级长期处于被剥削、被压迫的状态,有较强的革命性。三大等级又可以划分为不同的阶层:第一等级中,高级僧侣出任主教,出身贵族,维护封建制度;而下层教士则一般担任乡村教师,出身平民,同情第三等级,倾向于革命。第二等级中,宫廷贵族是最反动的贵族;买来爵位实现了贵族化的资产阶级与封建制度有着内在联系,也不赞成革命。第三等级中金融资产阶级只主张改革,而不主张革命;工商业资产阶级主张经济、贸易自由,反对特权,成为革命的领导阶级;广大城市平民则是革命的主力军,是推动革命发展的中坚力量。18世纪末,第三等级同特权阶级矛盾加剧,以国王为代表的封建贵族势力同工商业资产阶级的矛盾,成为当时法国社会最主要的矛盾。

这一时期,法国日益严重的财政危机成为革命爆发的直接诱因,财政上的矛盾引发了一系列事件,最终导致了大革命的发生和君主专制旧制度的垮台。征税是封建贵族与资产阶级的矛盾焦点所在。法国官僚体系庞大,宫廷官员腐化堕落,财政不堪重负。路易十五时代过度参战又未能打赢(特别是英法七年战争),不仅使法国丧失了加拿大、路易斯安那、塞内加尔、印度等殖民地,还进一步导致国库的空虚。北美独立战争时期,法国派兵帮助北美作战,也增加了军费负担和财政压力。1789 年,法国国债总数高达 45 亿里弗尔(Livre),需支付的利息已同全年财政收入相近,国家几近破产,入不敷出。

国家债务带来社会负担,而老旧低效的财政系统无法处理政府债务。1787 年及 1788 年,路易十六召开显贵会议,要求以土地税代替人头税,要所有臣民包括贵族等级都要纳税,却遭到贵族的拒绝。朝野上下将走出危机的希望寄托在三级会议上:贵族要求召开三级会议,是想转嫁税收负担,让第三等级承担更多的税收负担;第三等级要求召开三级会议,是想提升自己政治地位,建立立宪君主制,从而维护自己的利益。1789 年 5 月 5 日,中断 175 年的三级会议在凡尔赛宫正式开幕,改造旧制度的大革命即将来临。

**2. 革命的过程**

(1)法国大革命的爆发

根据传统,僧侣、贵族和平民三大等级各自选出自己的代表,共计 1201 名代表,包括第一等级 300 名教士,第二等级 291 名贵族以及 610 名第三等级成员。第三等级成员多数均为资产阶级。1789 年 5 月 5 日,三级会议正式召开,会议的主要议题是征税问题。

三级会议一开始,第三等级围绕投票表决权问题就同第一、第二等级发生了矛盾。在 1789 年 5 月 5 日的第一次正式会议上,两个特权等级要求按照惯例,三大等级分别开会,每个等级有一票投票权。这种方法也就意味着所有对特权和不平等的反对都将以 2∶1 的票数被否决。第三等级代表要求三大等级一起开会,按人数投票。由于第三等级代表人数相当于其他两个等级的总和,这样其所有改革议案都将顺利通过。双方在这一问题上争执不休。

第一、二等级的一部分思想开明的神父和贵族,也支持改革。一些自由派神父和贵族编写的小册子在出版管制暂停后如潮水般涌现并广泛传播。例如西哀耶斯(Sieyès)出版的小册子《第三等级是什么?》中提出:"第三等级是什么? 是一切,是整个国家;第三等级在政治秩序中的地位是什么? 什么也不是;第三等级要求什么? 要求取得某种地位。"

1789 年 6 月 17 日,第三等级在第一等级一些开明派神父的支持下,宣布自身为法国的国民议会(National Assembly),邀请另外两个阶级参与,但事先声明即使另外两个阶级不加入,他们依然会对国家事务进行议决,这使得法国"三级会议"在事实上走向了终结。6 月 20 日,为了继续保持对三级会议的控制及阻止国民议会的行动,路易十六以场地装修为由,下令关闭国民议会的召开地万国大厅。于是国民议会成员转到附近一个室内网球场开会,并发表了"网球场宣言":不制定出一部王国宪法并使宪法得以实施,国民议会绝不解散。

7 月 9 日,国民议会改称国民制宪议会(简称"制宪议会")。7 月 11 日,路易十六免除了倾向于改革的财政总监内克尔(Necker)的职务,激起了民愤。内克尔因靠近第三等级而惹祸上身,他宣布皇室家庭应该按预算资金过活后,国王解雇了他,并重组了财政部。国王与民众的矛盾逐渐激化,巴黎及其他城市不断有人向国民议会表示支持,国王则在巴黎和凡尔赛集结大量军队,进驻的军队中不少并非本国士兵而是皇室雇用的外国兵团。巴黎市民担忧这些军队已接到推翻制宪议会的命令,决定以暴制暴。

攻陷巴士底狱

7月14日,愤怒的巴黎市民举行武装起义,攻破象征王权的巴士底狱(Bastille),法国大革命正式爆发。巴士底狱被当作是法国封建制度的象征,经过数小时的战斗,于当天下午被攻陷。这一天后来也成为法国国庆日。起义市民成立了巴黎市政厅委员会,成为新的市政机关,并建立了国民自卫军。随后各个城市相继爆发人民革命,推翻封建政权,建立市政机关,建立国民自卫军,史称"市政革命"。与此同时,广大农村地区也发生起义,倍受压迫的农民纷纷拿起武器,攻打封建庄园,处死地主贵族。

(2)斐扬派执政时期(1789年7月14日—1792年8月10日)

巴黎起义的胜利给制宪议会很大的鼓舞,也迫使国王做出让步,路易十六被迫承认了制宪议会的合法性。制宪议会成为国家正式的立法机构和革命领导机构,在其中起领导作用的是代表大资产阶级利益的君主立宪派,又称"斐扬派"(Feuillants)。

1789年8月5日至11日,制宪议会通过了《八月法令》,有力地打击了封建特权。法令第一句话就宣布:"国民议会现将封建制度全部加以废除。"法令规定:废除农民对土地的依附关系和劳役;废除地主的免税权、司法权、狩猎权等特权;废除教会的什一税。

8月26日,制宪议会又通过了《人权和公民权利宣言》(即《人权宣言》)。宣言提出:"在权利方面,人生来是而且始终是自由和平等的。"《人权宣言》以启蒙思想的政治理论为依据,确立人权、法制、公民自由和私有财产权等资本主义的基本原则。

人权宣言

1791年9月3日,制宪议会通过了宪法,即《1791年宪法》。宪法以《人权宣言》为序言和指导原则,实行君主立宪制政体。宪法规定:立法权归选举产生的一院制立法议会,行政权归国王,司法权由选举产生的法官掌握,实行三权分立;国王只能依据法律治理国家,没有比法律更高的权力;公民有信仰、言论、出版、集会、结社等自由；每年缴纳直接税达三天工资以上者享有选举权，称"积极公民"，未达到者称"消极公民"，没有选举权。《1791年宪法》巩固了大革命的成果，限制了国王的权力，是法国从封建贵族社会向近代公民社会转变的标志。

由于反动贵族势力的强烈反扑、国外势力的强力干涉，激发起更加高涨的革命情绪和政治要求，《1791年宪法》和君主立宪制政体无法刹住革命继续向前发展的强劲势头。路易十六对法国大革命的发展方向深为恐惧，由于感到个人及家庭的安全受到威胁，他决定离开巴黎，逃往奥地利主导统治的神圣罗马帝国边境附近。1791年6月20日，国王一家从杜伊勒里宫(Tuileries)逃出，他们自己打扮为平民，仆人则打扮成贵族。然而，第二天，国王在瓦雷内(Varennes)的火车上被认出且被捕，之后被送回巴黎。制宪议会暂停国王的权力，他和王后受到监控。

法国大革命引起周边国家不安。1791年8月27日，奥地利皇帝和普鲁士国王发表"庇尔尼茨宣言"(Declaration of Pillnitz)，宣布法国如不恢复王权，解散议会，各国君主都要出面保障法国的君主体制。俄国、瑞典、西班牙、撒丁王国等君主制国家纷纷表示支持。路易十六一面应付制宪会议，一面在暗地里积极活动，勾结国外势力，给外国君主写信，请求干涉法国革命。

议会在应对外国势力干涉问题上发生分歧，最终主战派占了上风。1792年4月，法国对奥地利宣战，不久又向普鲁士宣战。战争爆发后，法国在战场上连连失败，奥地利和普鲁士军队向巴黎逼近。国王彻底失去人民的信任，被怀疑通敌叛国，废除君主制成为法国民众的普遍呼声。1792年7月，立法议会宣布祖国处于危急中。巴黎人民掀起共和运动的高潮。1792年8月10日，巴黎人民再次起义，攻入王宫，结束了君主立宪制政体，法国大革命发展到一个新的阶段。

（3）吉伦特派执政时期（1792年8月10日—1793年6月2日）

巴黎人民第二次起义之后，代表工商业资产阶级利益的吉伦特派(Girondist)取代斐扬派，执掌政权近一年时间。1792年9月20日，法军在瓦尔密(Valmy)大败普鲁士军队，使法国暂时消除了安全威胁。9月21日国民公会成立，次日宣布法国为共和国，史称"法兰西第一共和国"。1793年1月21日，国民公会以叛国罪处死了路易十六。

吉伦特派执政期间，颁布新的土地法令，将没收来的逃亡贵族的土地作为国有财产分成小块出租或出售，对农村公有土地按户无偿分配，废除了"没有无领主的土地"这一封建原则。这是继《八月法令》之后，又一次比较深入地废除农村封建土地所有制变革，使土地在一定程度上掌握在了农民手里。

随着革命形势的发展，国民公会内部吉伦特派与更激进的雅各宾派之间的矛盾和分歧日益突出。吉伦特派认为，打倒王政、建立共和国之后，革命该停止了，主要任务应该是恢复社会秩序。吉伦特派希望压制激进势力，维护统治秩序。正如吉伦特派代表布里索(Brissot)所说："为了拯救法国，三次革命是必要的：第一次是

处死路易十六

推翻专制,第二次是废除王政,第三次应是消灭无政府状态。"雅各宾派则认为革命不能停止,要继续向前推进。

此时法国国内发生了由王党分子煽动起来的波及大部分地区的大规模叛乱,在国外也面临着新的严重威胁。1793 年 2 月,英国、普鲁士、奥地利、荷兰、葡萄牙、西班牙、那不勒斯、撒丁等国参加的第一次反法同盟,再次干涉法国革命。吉伦特派无力应对内忧外患,引起了民众的不满。1793 年 5 月 31 日至 6 月 2 日,在雅各宾派领导下,巴黎人民发动了第三次武装起义,推翻吉伦特派的统治,建立起雅各宾派专政。

(4)雅各宾派执政时期(1793 年 6 月 2 日—1794 年 7 月 27 日)

巴黎人民第三次起义之后,代表小资产阶级利益的雅各宾派(Jacobins)执政,其主要领导人罗伯斯庇尔(Robespierre,1758—1794)掌握了最高权力。在雅各宾派主导下,国民公会在 1793 年 6 月颁布一系列新的土地法令,宣布将逃亡贵族的土地分成小块出售,地价 10 年付清;农村公有土地按人口分给农民,分配权属于农村公社;宣布无条件废除一切封建权利,永佃田成为农民的私有财产。至此农村土地封建制度改革彻底完成。6 月 24 日,国民公会公布新宪法,这是法国第一部共和制宪法,但由于战争未能实施。

雅各布宾派专政期间,由于严峻的内外形势和激进的革命理念,采取了过激的恐怖政策。政治上,以建立革命政府和颁布惩治嫌疑犯法令为核心,强化革命法庭,向地方和军队派遣具有生杀大权的特派员,实行高压和恐怖统治。他们在巴黎设置断头台,被斩首的"反革命分子"多达数万人,但其中不少并非王党分子和反革命,而只是反对雅各宾派的人士。例如很多吉伦特派及其支持者被斩首,包括布里索(Brissot,1754—1793)、罗兰夫人(Madame Roland,1754—1793)、科黛(Corday,1768—1793)等,参与法国大革命的美国革命家托马斯·潘恩也被捕入狱。经济上,实行"统制经济",以全面限价为核心,严禁囤积居奇,粮食饲料限价,实行面包配给制。许多投机商人被处决。军事上,宣布全民皆兵法令。思想上,实行"非基

罗伯斯庇尔

督教化"运动,强迫人们放弃宗教信仰,实行"理性崇拜"。

雅各宾派的恐怖统治是在特殊时期采取的特殊政策。雅各宾派执政期间,面临的国内外形势异常严峻:国内王党分子试图反攻倒算;国外反法同盟军步步紧逼。这种恐怖统治在一定程度上恢复了秩序,有效地消除了异常严峻的国内外形势,巩固了大革命成果。但恢复秩序的高压举措同时也变成了打击其他派别、维护罗伯斯庇尔个人权威的工具,出现践踏人权、破坏法治的状况,违背了大革命的初衷,走向革命的反面,也注定其走向失败的命运。

1793 年底至 1794 年初,法国将外国干涉军全部赶出国土,国内叛乱也基本平息。1794 年 3、4 月间,雅各宾内部开始激烈争斗。罗伯斯庇尔以谋反的罪名,将雅各宾派中与他政见不合的丹东(Danton,1759—1794)、埃贝尔(Hébert,1757—1794)等领导人处死,使雅各宾派趋于孤立,民众也开始反对恐怖政策。反对罗伯斯庇尔的势力暗地里联合起来——这些人被称为"热月党人"(Thermidorian Party),于 1794 年 7 月 27 日(法国新历共和二年热月 9 日)发动了"热月政变"(Thermidorian Coup),推翻了罗伯斯庇尔并将他送上断头台,雅各宾派专政结束。

(5)督政府(热月党人执政)时期(1794 年 7 月 27 日—1799 年 11 月 9 日)

热月党人执政后,改变了雅各宾派过激的恐怖政策:释放了一部分不符合法律手续而逮捕的嫌疑犯,同时对过去执行恐怖政策的"恐怖主义者"也进行了追究;取消了经济恐怖政策,粮食、饲料可以进行自由贸易,放开了市场;纠正"非基督教化"运动,允许天主教重新开始宗教活动。这些政策将革命拉回到现实的道路上来,对于巩固大革命的成果有积极作用。

1795 年,热月党人领导的国民公会制定新的宪法,史称《1795 年宪法》。宪法规定法国为共和国,并将立法机构改为两院制:上院为元老院,由 250 人组成;下院称五百人院,由 500 人组成。上下两院均由选举产生,选民有财产资格限制。行政机构则由立法机构任命的 5 名督政官组成督政府（Directoireexécutif），下设各部。

　　热月党人的统治很快面临新的挑战。法国经济出现问题，物价飞涨，人民生活困苦。更加激进的巴贝夫（Babeuf）运动发展起来，革命向纵深发展。王党分子也经选举进入议会，试图从内部进行复辟。1797 年立法机构选举中，许多右翼的保皇党分子当选，督政府为打击保皇党势力，宣布选举无效。1798 年立法机构选举中，一些左翼的雅各宾派残余势力当选，督政府再次宣布选举无效。这种左右摇摆，缺乏连续性和稳定性的政策，历史上称为"秋千政策"，督政府日益走向专制。1798 年 4 月，以英国为首的第二次反法同盟组织起来，俄国、奥地利加入进来，法国再次陷入严重的外部危机。

　　1796 年，督政府派年轻将领拿破仑·波拿巴（Napoléon Bonaparte，1769—1821）远征意大利。拿破仑取得重大胜利，军人势力开始抬头。1799 年 10 月，得知国内政局不稳的消息后，正在埃及远征的拿破仑把军队交给副手，自己匆匆离开埃及，躲过英国海军的封锁，于 10 月 16 日赶回巴黎。在元老院部分议员的支持下，11 月 9 日，拿破仑被任命为巴黎成卫司令。1799 年 11 月 9 日（共和八年雾月18 日），拿破仑带领士兵驱散立法议会，废除督政府，成立执政府，自任第一执政，开始军事独裁统治，史称"雾月政变"（Brumaire Coup）。拿破仑在政变结束后向人民发布的公告中，宣称"大革命已经回到它当初借以发端的原则，大革命已经结束。"法国历史进入拿破仑时代。

　　（6）拿破仑时代

　　拿破仑·波拿巴 1769 年出生于科西嘉岛（Corsica）一个没落贵族家庭，从小受启蒙思想影响，青年时代入军校学习，1792 年被任命为炮兵上尉，1793 年晋升为炮兵准将。拿破仑在对外战争中屡战屡胜，受到执政的雅各宾派和热月党人的重用，最终发动政变，掌握了政权。

拿破仑·波拿巴

　　雾月政变后，拿破仑不断强化自身权力，巩固执政地位。1799 年，法国颁布了共和 8 年宪法，规定：第一执政任期 10 年，掌立法、行政、军事和外交全部权力，其余执政只有发言权。1802 年，拿破仑又修改宪法，第一执政成为终身职位，有权任命继承人，成为资产阶级帝制的开端。1804 年，法国通过共和 12 年宪法，改共和国为帝国。同年 12 月，拿破仑称帝，开始了法兰西第一帝国时期。拿破仑帝国虽然从形式上看是一种历史的后退，但这种帝制维护的是资产阶级革命的成果，代表的是资产阶级的利益，是一种建立在新的经济基础上的集权形式，具有进步意义。

拿破仑执政时期，实施了一系列具有重大影响的政策，巩固了大革命的成果，推动了法国历史的发展。首先，在政治上加强权力集中，建立强有力的政府。共和 8 年宪法虽然宣布法国为共和国，但权力高度集中，权力中心是执政府，拿破仑为第一执政，有权任命地方主要官员，省和大区的议员也由第一执政任命。拿破仑还设立了警务部和巴黎警察总署，直接对拿破仑个人负责，并创立了享有特权、忠于拿破仑的近卫军。1804 年，拿破仑加冕称帝后，权力更加集中，由第一执政变为皇帝并实行世袭。拿破仑并不是由当时的教皇庇护七世（Pius VII）加冕，而是自己将皇冠戴到头上，然后为妻子约瑟芬（Joséphine，1763—1814）加冕为皇后，以示他的权力至高无上，不受天主教会控制。

其次，在经济上加强整顿，发展资本主义经济。拿破仑将财政管理权集中到中央，任命有经验、有才能的人出任财政部长；直接派员到各省、大区、市镇收税；建立法兰西国家银行，稳定金融业；鼓励工商业发展，实行发明专利、举办博览会，刺激经济发展。这些经济政策顺应了资本主义发展的潮流。

再次，签订《教务专约》，变教会为支持力量。1801 年 7 月，拿破仑同罗马教皇签订《教务专约》，专约规定：天主教是"大多数法国人的宗教"，承认天主教的合法地位（但不是国教）；主教由第一执政任命，经教皇批准、授职；永远取消什一税，教皇不干涉教会财产购买者。

最后，颁布《拿破仑法典》（《法国民法典》），从根本上保护资产阶级利益。1804年颁布的《拿破仑法典》，是拿破仑对后世影响最为深远的执政举措之一。《拿破仑法典》是在雾月政变的当天晚上就由拿破仑下令起草的，很多条款由拿破仑本人亲自参加讨论做最终确定，共进行一百多次会议，基本上采纳法国大革命初期提出的比较理性的原则。法典包括总则、3 编 35 章，共 2281 条。它确认了财产所有制原则和自由、平等原则，肯定新的土地关系，维护和保障交易自由、等价交换和雇佣关系，保护资本主义私有制和资本主义经济秩序。法典即使是在两个多世纪后依然是法国的现行法律。《拿破仑法典》是大陆法系的重要支柱和源流，对后世德国、西班牙、奥地利、比利时、荷兰、意大利、瑞士等欧洲国家的立法有重要影响，包括日本在内一些亚非拉地区国家的民法也深受其影响。

拿破仑在历史上最令人印象深刻的是其杰出的军事才能。他指挥法国军队连续打败第二、三、四、五次反法同盟，控制了德意志 21 个邦组成的莱茵同盟，迫使奥地利君主取消了"神圣罗马帝国"，封锁了不列颠诸岛，禁止任何国家和地区同英国贸易，还一度攻占了伊比利亚半岛。辉煌的军事胜利使拿破仑成为欧洲除英、俄以外大多数国家事实上的最高统治者。拿破仑兼任意大利国王、莱茵邦联的保护者、瑞士联邦的仲裁者、法兰西帝国殖民领主(包含各法国殖民地、荷兰殖民地、西班牙殖民地等),并分别封他的兄弟约瑟夫、路易、热罗姆(Jérôme)为西班牙、荷兰、威斯特伐利亚(Westphalia)国王。1810 年 4 月,奥地利王室被迫将公主路易丝嫁给拿破仑,拿破仑帝国达到鼎盛时期。

　　拿破仑战争巩固了大革命成果,沉重打击了国外干涉势力。但这些战争既有巩固革命成果、提升法国民族自豪感的正义战争,也不乏侵略、征服他国,并最终导致拿破仑失败的不义战争。1812 年 6 月,拿破仑以 60 余万大军入侵俄国,俄军采取撤退不抵抗的坚壁清野战略,1812 年 9 月 12 日,法军以深重的代价进入莫斯科。拿破仑本以为俄国沙皇亚历山大一世将会妥协,未料到迎接他的却是莫斯科全城的大火,法军面临着即将到来的冬季而没有遮蔽之所。而此时在国内又有人策划政变失败,令拿破仑不得不返回法国。俄罗斯的严冬使法军损失惨重,很多人被冻死饿死。俄国哥萨克(Cossack)骑兵沿途袭扰,导致了法军进一步的伤亡和被俘。此次战争法军几乎全军覆没,最后回到法国的只有不到 10 万人,帝国元气大伤,开始走向衰落。

拿破仑军队侵俄惨败

　　1813 年 3 月,英国、俄国、普鲁士、奥地利、瑞典等组成第六次反法联盟,再次同拿破仑作战。10 月,拿破仑在莱比锡(Leipzig)会战中失败。1814 年 3 月,反法联军攻入巴黎。4 月,拿破仑宣布退位,被流放到地中海厄尔巴岛(Elba)。5 月,路易十六的弟弟路易十八即位,波旁王朝复辟。

　　1815 年 3 月,拿破仑从厄尔巴岛逃回法国,集结支持者,国王路易十八派去的法国军队并没有攻击他,反而纷纷倒戈相迎。3 月 20 日,拿破仑顺利占领巴黎,恢复帝位,路易十八出逃。英、俄、普、奥等组成第七次反法联盟,进行武装干涉。6 月 18 日,拿破仑在滑铁卢(Waterloo)战役中失败,被流放大西洋圣赫勒拿岛(Saint Helena),结束了军事和政治生涯,直到 1821 年在该岛去世。此次复辟总共101 日,史称"百日皇朝"。

### 3. 革命的特点及影响

18 世纪的法国革命,与封建制度进行了最为彻底、最为坚决的决裂,对封建制度进行了彻底、完全的否定,带有经典性和代表性,所以被称之为"大革命"。在反对欧洲专制势力的干涉过程中,法国革命的精神和影响传遍整个欧洲,传向世界,对后来爆发的欧洲、拉美资产阶级革命产生了深远影响,在人类政治文明发展史上占有举足轻重的地位。法国革命也极大地推动了政治思想的发展,在大革命中产生的一些政治实践和政治文化,成为后来政治文明发展的思想资源,如人民主权思想、平等观念、民族主义等。如列宁所讲:"这次革命……给资产阶级做了许多事情,以致整个 19 世纪,即给予全人类以文明和文化的世纪,都是在法国革命的标志下度过的。"

法国革命的特点是彻底、激烈、曲折。革命彻底消灭了封建土地制度,消灭了君主制度,建立起了主权在民、保护资产阶级所有制的民主共和国。革命异常激烈,政变、叛乱、起义、镇压不断,鲜血浇灌了法国革命。革命进程一波三折,立宪君主制、共和国、帝国、王朝复辟等交替发生,政体形式变化急促。

法国革命之所以如此,是由多方面因素共同作用的结果。首先,专制王权过于强大,资产阶级的新贵族太少,购买贵族头衔的资产阶级却很多,革命对象的阵营太大太强,经济利益上的尖锐对立,导致只能实行暴力革命,并且必须发动更多的下层民众参加,才能形成浩浩荡荡的革命大军,涤荡封建主义;但发动起来的下层人民,特别是广大农村以小农为主体,以占有小块土地和绝对平等为诉求,推动革命沿着上升的路线狂奔。其次,卢梭"人民主权"观念的影响。卢梭认为,主权在民,直接民主是主权在民的具体实现方式。受卢梭思想影响的罗伯斯庇尔,主张实行一院制、人民裁决等更为直接的民主,在情绪化、非理性的极端气氛中推进革命,调动起法国民众的民族主义,民族主义与民主主义相互影响、相互推动,也是一个重要原因。总之,法国大革命是在特殊条件下发生的一场资产阶级革命,对于它的激进要做历史的分析。

# 第七章　工业革命的发生及影响

## 一、工业革命发生在英国的原因

当世界历史步入近代之际,英国并非领头羊。葡萄牙、西班牙、荷兰等最早开展海外殖民扩张活动的国家,早已通过大宗海外贸易和广袤的殖民地为本国聚敛起惊人的财富。相比之下,英国只能算一个后来者,其海外贸易规模和殖民地的数量,都无法与前者相比。况且当时英国绝大多数人生活在农村,主要靠务农为生,收入偏低,而且邻国法国一直对英国怀有敌意,两国战事不断,导致大量财富消耗于无谓的对外战争当中,国计民生一度呈凋敝之势。可是,为什么后来者成为领跑者,英国率世界风气之先,首先发生了工业革命?

对于英国的工业革命,不能单纯用气候、地理、人口的生物变化或其他某个外在因素来解释,也不能用偶然因素或纯粹的政治因素来分析,它是 18 世纪后期起作用的种种有利力量的结合。

### 1. 宗教改革与新思想的确立

中世纪以来,皇权和教权摩擦不断,但随着民族国家的渐趋壮大,世俗君主开始向教会权威发起挑战。英王亨利八世借离婚案揭开了英国宗教改革的序幕。1529 年,亨利八世(1491—1547)请求教皇克莱门七世(Clement VII)宣布他和妻子凯瑟琳的婚姻无效,被拒后便决意把英国教会从教皇的控制下抽离出来,置于王权之下。他制定了一系列法令打击教会、加强王权,其中最重要的是 1534 年的《至尊法案》(Acts of Supremacy)。法案规定,国王及其继承人是英国教会在世间唯一的至高无上的首脑,有决定英国教会的教义、崇拜礼仪、宣判异端和任命神职的权力。改革后的教会称安立甘教(Anglicanism),即英国国教。在这场宗教改革中,封闭了 3000 所以上的修道院,没收了约占全国耕地 1/6 的天主教会土地。这些被没收的土地,通过封赠、低价出售,大都落到资产阶级和新贵族之手。至此,英王可运用至高王权制定一系列有利于英国崛起的政策,如政府长期推行重商主义政策和海外扩张政策,打击了海上劲敌西班牙和荷兰,加速了资本原始积累,为工业革命的到来打下坚实的经济基础。

1603 年詹姆斯一世登基后,迫害只认同《圣经》为唯一最高权威的清教徒

(Puritan)。查理一世在宗教政策上继承其父的顽固不化,加紧迫害清教徒。其后的查理二世和詹姆斯二世都是虔诚的天主教徒,更是企图在英国恢复天主教。在这种状况下,资产阶级和新贵族开始要求彻底清除国教中的天主教因素,发起清教运动,从而使英国出现了宗教宽容、信仰自由的宽松环境。清教思想中的"上帝选民说"最有影响力,为资产阶级所追捧。"上帝选民说"认为上帝自创世以来就把世人分为"选民"和"弃民",前者注定得救,后者注定沉沦,"选民"和"弃民"的标志就是人在现世生活中的成功和失败。这种"得救预定论"的宗教思想鼓吹入世的精神,从神学角度论证了个人奋斗的必要性,鼓舞资产阶级追逐财富,形成一种积极的商业竞争氛围,为工业革命的到来作了思想准备。

**2. 资产阶级政治革命的胜利**

英国 17 世纪发生了政治革命,通过内战的形式推翻了专制主义的统治,建立了共和制度。虽然后来出现了斯图亚特(Stuart Dynasty)的复辟(1660—1688),但1688 年的"光荣革命"以妥协而结束,确立了立宪君主制。1689 年的《权利法案》限制了国王的权力。立宪君主制的代议政治标志着资产阶级式民主的开始,议会成为主权机构,逐步演变为由议会中的多数党执政,组织责任内阁。少数党则为在野党,对内阁起监督作用。议会制和内阁制的形成保证了英国政局的稳定,有利于经济发展,加速了工业化的准备。

**3. 教育和自然科学的进步**

宗教改革后,教权屈于王权之下,神职人员不再垄断国家事务,国家事务开始世俗化。这就要求更多的公职人员掌握世俗知识,拥有良好的教育背景,从而促进了国家对教育的重视和发展。同时,借助宗教改革的有利舆论环境,人文主义者反对教会和神学对教育的垄断,提倡教育要为人的现世发展服务。在人文主义者教育思想的倡导下,学校课程的开设明显有益于科学教育、劳动教育的发展。实用技术教育学校主要由清教徒组织创办,设置了自然科学、语言、数学和商业等令人大受裨益的实用学科,为英国工业革命储备了大量具有相当文化水平、掌握一定技能的劳动者。

机器的发明必须以自然科学的进步为基础。16 世纪前,整个欧洲受宗教神学和经院哲学影响,科学技术发展滞缓。宗教改革后,天文学、物理学等自然科学在摆脱教会的束缚后蓬勃发展,民众在科学的洗礼下思想经历了一次根本性蜕变。他们开始发现,世界从根本上是世俗的、科学的,从而树立起新的科学世界观和科学思想,带动了 17 世纪英国科学运动的蓬勃发展。1600 年皇家学会(Royal Society)的成立是这一运动的重要起点,1688 年运动集大成者牛顿的划时代巨著《自然哲学的数学原理》的出版标志着大科学时代的真正到来,奠定了"大工业的真正科学的基础"。

#### 4. 技术人才大量的涌现

18 世纪,英国的科学家主要是实验家,并且多半是从实践中来的工程师、仪器制造者和工匠。18 世纪中叶,各种学会在各地纷纷出现。最早的是 1766 年在伯明翰成立的太阳学会,接着又出现了曼彻斯特学会,会员都是一些注重实用的人。他们组织自己的科学团体,建立自己的学校,广泛吸收世界各地的先进技术,为工业革命培养了一批技术人才。

英国的技术人才还有相当一部分来自他国。16 世纪下半叶,法国长达数十年的胡格诺战争(Huguenot War,1562—1598)迫使部分法国新教徒带着资金和技术逃亡英国,对英国毛织业技术的改善起到重要作用。16 世纪末 17 世纪初,三万多尼德兰工匠为躲避尼德兰革命(The Netherlands Revolution,1566—1609)的战祸逃到英国,对于英国纺织工业的强大提供了技术支持。英国重要的工业部门都不乏外国技师的参与,如早期的炼铁工业中有瑞典技师,纺织机器的先导丝带织机由德国人发明,后传入英国。欧洲大陆工匠不断移居英国,把熟练的技术带到英国,提高了英国原有的工业技术水平。

#### 5. 手工工场创造的条件

16 世纪中叶英国进入手工工场时期,17 世纪初以呢绒制造业为主的手工工场扩展到全国各地。17—18 世纪新兴的部门发展起来,最突出的是棉纺织业,重工业中的冶金业、采矿工业在工业革命前也有相当程度的发展。沿海一些城市还兴起了造船业的手工工场。

手工工场细致的劳动分工使工人长期从事某一机械工作,久之就会培养出经验丰富的熟练技师,具备发明机器的潜能。手工工场的劳动分工带来生产工具的专门化,从而为由简单工具结合而成的工厂的机器生产创造条件。如伯明翰一手工工场所使用的各种不同用途和性能的槌子达 500 种之多,制针的手工工场有 18 道不同工序。劳动操作的简单化使得机器能够代替人的双手劳动。手工工场作为一种生产组织形式也是现代大机器工厂的先驱。总之,手工工场在劳动分工、生产专门化以及生产组织形式等方面,都为过渡到大机器生成即工业革命阶段创造了条件。

#### 6. 对外贸易的积累

自 16 世纪下半叶起,英国政府就奉行重商主义政策,发展对外贸易。国王亨利七世极力扶植造船业,对建造排水量超过 100 吨的船只给予补贴。伊丽莎白一世不仅批准成立了许多特权贸易公司,而且自己直接投资。都铎王朝(Tudor Dynasty)的重商政策,为继后的斯图亚特王朝、克伦威尔政权(Oliver Cromwell, Lord Protector)及 1688 年政变后的英国政府所承袭。为开拓广阔的国外市场,英国通过多次与荷兰、法国、西班牙的战争取得了海上霸权和对外贸易垄断权。对外贸易扩大了市场对英国工业产品的需求,使英国有机会获得扩大工业生产的原材料,使贸易对象具有购买英国产品的能力。对外贸易产生的利润为工业扩张和农业发展提供了资金。

**7. 圈地运动的影响**

圈地运动自13世纪起就陆续开始,它带来了农村社会结构的转变。在圈地运动发生的早期阶段,近代大工业还未诞生,城市旧式工业难以吸纳大量的乡村移民,他们被迫转入纺织、冶铁、木材加工、酿酒等家庭副业,形成所谓"原工业"。多数学者认为,英国在17世纪进入"原工业化"时期,即"工业化前的工业化"。"原工业化"时期英国传统的农村经济结构发生转变,由单一的农业种植业向多种非农产业并存的经济结构过渡,大量农村人口直接或间接地脱离了农业生产。圈地运动虽然没有直接导致失业农民大量地被吸收到城市中去,但大量农村人口转变为手工业者,推动了英国农村城镇化的进程,并最终由城镇拓展为城市。圈地运动还结束了中世纪以来占统治地位的奉行"平均主义"的敞田制,推动了土地的集中和农场制经营方式的发展,为农业技术改良提供了必要的前提。如英格兰伯克郡(Berkshire)的乡绅杰斯洛·图尔(Jethro Tull)在继承父亲的土地后,出于利益的考量开始改良农业技术,于1701年发明了条播机。条播机的发明,被认为是英国农业生产技术革命的开端。

**8. 近代经济制度的创新**

英国较早建立了近代银行,开展各种金融业务,加快了工业资本的形成。英国还发明了国债制度。殖民扩张和争夺商业霸权的战争需要大笔开支,引起国家收支不平衡,1717年英国发行国债5400万英镑,1763年增至1.26亿英镑。国债利息集中到资本家手里,其中大部分转化为工商业资本。为偿还国债支付的利息,英国政府实行近代税收制度,不仅对消费品纳税,就是结婚、生孩子、丧葬都要纳税。1755 年英国税收比 1688 年增加了将近 3 倍,这意味着人民手中大量的财富通过国家机构这个渠道源源不断地流入大资产阶级的金库中去了。

**9. 自然条件的优越**

煤和铁是发展工业所必备的基本条件,英国不仅这两项资源蕴藏丰富,并早已在采煤工业和炼铁工业中领先。英国四面环海,拥有漫长的海岸线和众多的良港,且境内任何地方离海岸线不超过 90 公里,各地工业原料和产品可经海道运输,特别是英国的大商业中心早期都建在沿海岸的河口,这个便利得以充分发挥作用。而且,工业革命前,英国进行了大规模的国内公路建筑及运河开凿,遍布全国的运河网和公路网把伦敦、布里斯托尔(Bristol)、伯明翰、利物浦等城市和工业区联系在一起,不仅使货物运输畅通,大大降低了运输成本,而且推动了国内统一市场的形成。

# 二、工业革命的进程

所谓"工业革命",是指从手工工场向大机器生产过渡的全面社会改造工程。它既是生产技术的巨大变革,又是生产领域的深刻革命,因而大大促进了资本主义生产力的迅速发展,提高了生产的社会化程度,为资本主义制度战胜封建制度奠定了强大的物质基础和先进的技术基础。同时,它也造成社会结构的改变,社会出现了资产阶级和无产阶级两大阶级,并且两大阶级在新的生产关系中矛盾日趋激化。

**1. 英国的工业革命**

马克思指出,工具机或工作机是 18 世纪工业革命的出发点。纺织业在很长时期内是英国工业最重要的部门,纺织工作机的发明、改进和推广是英国工业革命的起点。毛纺织业作为英国传统的优势产业,在 16—18 世纪期间支持了英国经济的发展,为以后棉纺织工业的兴起以及国家工业化打下了深厚基础。从 18 世纪开始,棉纺织业因社会需求大,利润高,自身易于接受新技术、使用新机器等特点快速发展起来,在英国政府政策的激励和支持下,推动英国产业结构从农业国转变成为以工业和贸易为主的工业化国家,并作为英国工业革命的号角,使其在世界上率先走上工业革命的道路。

棉纺织业的重大发明是织布机。在织布机的技术改进之前,工人用双手操作,生产数量低,质量差。1733 年,机械师约翰·开伊(John Kay)发明"飞梭",改变了过去用手穿梭的织布操作,工人只要用脚踏动踏板,就可以使梭子把纬线与经线编织起来,因而提高了织布效率,同时还加宽了布的幅宽。织布技术的改进推动了纺纱机的发明,1764 年织布工人哈格里夫斯(James Hargreaves)发明珍妮纺纱机,把引纱和捻纱的操作机械化,纺出既细又匀的纱线。但珍妮纺纱机纺出的纱线不结实,并且用人力来转动,极不方便。1768 年,钟表匠阿克莱特(Richard Arkwright)

制成一架用水力带动的纺纱机,使生产过程用自然力代替了人力。可水力纺纱机生产出来的线虽结实但不均匀,1779 年童工出身的克隆普顿(Samuel Crompton)综合珍妮机与水力纺纱机的优点,制造出缪尔(Mule)纺纱机("骡机"),纺出的线既结实又均匀,而且效率很高。骡机的出现,使织布又显落后,于是又推动了织布业的进一步发展。1785 年,牧师卡得莱特(Edmont Catlett)发明自动织布机,将织布的工作效率提高 40 倍,从而改变了织布业落后的局面。从此,英国出现了大规模的织布工厂。到 18 世纪末,英国的纺织业基本上都使用机器,不再用手工操作了。由于纺织工厂的出现,与纺织有间接关系的工业,如漂白、染色等化学工业,也相应采用了机器。纺织业生产实现机械化后,英国的棉布生产无论是数量或质量都提高了,畅销国内外市场。

珍妮纺纱机　　　　　　　　　　　　骡　机

　　技术的发明不仅改变了手工劳动的状况,而且推动了工厂制这种新的生产组织形式的出现。随着蒸汽机的发明和应用,英国的纺织业很快实现了机械化和工厂化。棉织织品产量迅速上升,1760 年到 1827 年间增长了 20 倍。

　　在英国工业化的过程中,第一个先导部门是棉纺织业,其后是冶铁业、铁路业和机器制造业。贯穿这个过程中的最重要的发明是瓦特(James Watt,1736—1819)的蒸汽机。

　　随着纺织机和其他新工作机的出现,动力机也需要有所变革。仅用水力作机器的动力有很多困难,如工厂的建筑要受到季节与地区的限制。为了解决这一困难,需要新的发明。1763 年,在格拉斯哥大学担任实验室仪器修理员的瓦特着手改造旧式蒸汽机,并于 1769 年获得成功。这种蒸汽机把热效率提高了 3 倍,并节约了煤耗量,但仍不能为机器提供动力。此后,瓦特继续努力改造,最后靠密封的活塞和联动装置提供旋转的动力,从而解决了机器运转问题。瓦特蒸汽机的出现为整个工业和交通运输业提供了一种有效的通用动力机,从此动力机、传动机、工作机结合成了机器生产的系统。这一人类生产技术上的重大发明得到了迅速的推广使用,到 1815 年,英国全国已经有几千台蒸汽机在运转。蒸汽机的广泛应用使生产技术和经济关系发生了急剧变革,带来了大机器生产的时代,因此 19 世纪被人们称作"蒸汽时代"。

瓦特改良的蒸汽机

工业上蒸汽机的广泛使用必然扩大对金属的需要,从而推动了冶炼业和采煤业的发展。1784 年,工程师柯尔特(Henry Colt)发明"搅炼和碾压法",使生铁产量增加 14 倍。苏格兰、英格兰开凿了许多新的煤井,煤的产量迅猛增长。1700 年英国煤产量 260 万吨,到 1790 年增加到 760 万吨,1795 年超过 1000 万吨。煤铁产量的剧增促进了机器制造业的发展,从而又推动了交通运输业的技术革命。

交通运输业发展迅速。1760—1774 年,英国议会通过了不下 452 项关于道路修筑和保养的法令。经过筑路工程师的不懈努力,到 19 世纪 20 年代,英国的公路交通网初步成形。运河建设也随着工业化的兴起而开始。英国第一条运河是 1761 年投资开凿的从沃斯利(Worsley)矿区到曼彻斯特的河道。之后,英国掀起运河建设的热潮:1772—1790 年,默西河(Mersey)、特伦特河(Trent)和泰晤士河之间相继以运河连接,使得伦敦和布里斯托尔(Bristol)、伯明翰、利物浦和赫尔港(Hull)之间实现了内陆航运;英格兰中部地区和伦敦之间的大金克森运河(Grand Junction Canal)也在 1793 年开通。到 1830 年,英格兰已拥有运河 3101 公里,苏格兰和爱尔兰开通运河 1609 公里以上。

公路和运河建设虽然部分上解决了问题,但长期来看,仍无法满足工业生产飞速发展的需要,因此新的交通方式铁路便应运而生了。轨道交通早在 17 世纪的英国就已出现,但只有在工业革命开始后,才真正成为推动经济发展的巨大力量。工业革命中冶炼业的发展为铁轨的大量应用创造了条件:1767 年在科尔布鲁克代尔(Coalbrookdale)首次使用铸铁制作的轨道运送矿物,从此铁轨逐步取代木轨。工业革命中动力技术的变革,为蒸汽机车的使用打下了基础。特里维希克(Richard Trevithick)等人早在 18 世纪末就开始对蒸汽机牵引机车的探索,而真正完成这一任务的是史蒂芬逊(George Stepenson),他在 1814 年制成第一部滑轮蒸汽机车,并于 1821 年完成改进工作。从此,铁路时代开始了:世界上第一条公用铁路(斯托克顿 Stockton 港口到达林顿 Darlington 矿区)1825 年建成并投入使用。1830 年,利物浦至曼彻斯特的铁路线开通,头一年就运送乘客 4 万人次。从此英国掀起了铁路建设的热潮,到五六十年代铁路建设进入大发展时期,1850 年英国铁路的总长度达 10460 公里。

史蒂芬逊

　　机器制造业的形成是英国工业革命的最后阶段。在机器制造业诞生以前,机器是由熟练工匠用手工和简单的机器制造加工制造的。机器质量由工匠的技能决定,机器部件没有统一的标准,不能互相替换,因此不能满足经济发展的需要。只有用工作母机制造机器,才能保证生产过程的全面机械化,机器制造业应运而生。各种机械不断被发明制造出来,到19世纪上半叶英国已经能够制造各种类型的工作母机,并能够用这些工作母机加工各种几何图形的部件。工作机的发明和应用使机器能够成批生产,为大工业确立了技术上的基础和立足点。到19世纪40年代,英国的机器制造业已有相当的规模,能够为各个工业部门提供所需要的机器设备。50年代开始,机械化进入机器制造业本身,实现了机器制造业的机械化。1851年在伦敦举办的博览会上,英国的机器制造业显示出很高的水平,这次博览会被认为是英国工业革命完成的标志。

　　总之,英国的工业革命是以技术革命为中心内容的一场社会变革,是人类历史上生产力空前发展的巨大转折。这次工业革命的过程是从轻工业到重工业,从工作机到发动机,发明促进发明,各工业部门连锁反应,最后形成一个机器生产的完整体系。工业革命对英国经济发展的影响是前所未有的,它极大地解放了英国的生产力,确立了英国"世界工厂"的地位。

### 2. 欧洲大陆及美国工业革命的进程

　　英国工业革命为欧洲大陆及美国树立了一个强国之路的典范,它们纷纷起来仿效英国。而英国过剩的资本也急需国外投资市场,这又为欧陆及美国开展工业革命提供了重要推动力量。

　　(1)法国工业革命

　　法国大革命摧毁了封建制度,为法国资本主义的发展开辟了道路,从而也奠定了工业革命的基础。1825年英国取消禁止机器出口的法令后,大量机器输入法国,提高了法国的工业技术水平。七月王朝(1830—1848)时期,工业革命真正开始起飞,取得长足进展。纺织工业由于英国纺织机器的引进发展迅猛,1846年有动力织布机3万多台,还发明了用氯漂白棉布的技术和可以制造复杂图样的织布机。法国铁矿资源丰富,此时冶铁业得到了较快发展,生铁产量从1818年的11万吨增长到1848年的40万吨。煤矿资源贫乏,虽然1828—1847年从年产量177万吨增至515万吨,但每年依靠进口的煤仍为二百多万吨。体现在纺织业中,以水力装置带动工作机的企业明显多于使用蒸汽机的企业。作为工业发展重要标志的铁路,自1831年建成第一条后发展很慢,到1842年政府才通过修建全国铁路的法令,逐渐修起由巴黎通往各主要城市的铁路。

　　到第二帝国时代(1852—1870),法国的经济进入大踏步前进的阶段。政局的安定为工业发展提供了有利环境,拿破仑三世政府的经济政策也顺应了工业资本主义发展的潮流。政府支持大的合股公司发展。1863年的法令规定,资金在2000万法郎以内的公司可自由建立,不需申报、批准,这就为集资进行固定资本的更新创造了便利条件。为促进工商业发展,政府对重要工业部门减轻税收并在商业中实行商标制。1853—1856年减收产品税的部门有煤、生铁、钢、机器制造、粗毛制品等行业。1857年的商标法则保护了优质产品和专利权。在工业发展的基础上,帝国于19世纪60年代实行了自由贸易政策。1860年法国与英国签订互相给予最惠国待遇十年的商约,随后又与意、西、葡、比、奥、荷、普以及德意志关税同盟诸国订立商约。1855年和1867年还先后两次降低国内航运税。政府十分重视修筑铁路、疏浚运河和加强城市建设。帝国将铁路修筑权承包给大公司,成效明显。建成了以巴黎为中心,通往斯特拉斯堡、马赛、波尔多、布列斯特等大城市的铁路网。运河航道到1869年也有了4700公里。城市建设发展迅速,仅在巴黎就新建7.5万座建筑物和十余座桥梁,建成了全市下水道工程。随着工业发展,法国的金融业开始出现新变化,投资企业、促使小企业合并为大企业的新型银行发展起来。在这种情况下,政府于1865年下令允许银行支票在全国合法流通,大大方便了资金的流通与周转。此外,在农业上,帝国政府颁布了排水法、开垦法等法令,兴修水利,拓垦荒地,提高技术,促进了发展。

　　在政策适当的环境下,法国工业资本主义发展迅猛。1850—1870年的20年内工业总产值增长2倍,对外贸易额增长3倍。农业也开始由工业装备起来,化肥、脱粒机、收割机、刈草机的使用日益普遍。农业劳动生产率提高,帝国时期农业人口由占总人口的61.5%降到49%。故而此时被称为法国的"农业黄金时代"。第二帝国晚期,重工业、机器制造业的迅速发展和工业装备农业的状况表明,法国的工业革命已经完成。

　　不过,整体看来,法国的工业发展水平还是落后于英国。特别是小农经济活跃,城市化进展缓慢,工业结构不合理。当然,从生产力总量来说,法国当时仍是仅次于英国的世界第二工业大国。

（2）德国工业革命

19世纪30年代当英国工业革命即将完成的时候,四分五裂的德意志也走上了工业革命的道路。1834年以普鲁士为首的18个邦国建立德意志关税同盟,取消同盟内的关税壁垒,制定统一的税制,加速了商品的流通,推动了德国工业的发展。纺织工业捷足先登,1846年关税同盟各邦建成313家纺织厂,萨克森的开姆尼兹(Chemnitz)成为棉纺织业的中心。采矿业和冶金业也得到一定发展,但仍然主要集中在矿区所在地的山区,用当地的矿砂、木炭和水力作为原料和动力炼铁。19世纪40年代末鲁尔(Ruhr)煤矿开发,冶铁中心从山区转到鲁尔区,以煤代炭的冶炼渐多。1835年从纽伦堡(Nürnberg)至费尔特(Fürth)的第一条铁路通车。1848年德国的铁道线达到2500公里。但从整体看来,19世纪中期以前的德国工业仍以手工工场和小手工业为主。1848年时,手工工人占全德工人总数的2/3以上。19世纪中期以后,德国工业才迅速发展起来。

从19世纪初施泰因-哈登堡改革(Stein-Hardenberg Reform)开始,到50年代,普鲁士政府陆续进行农业方面的改革,容克(Junker)地主经济完全走上了资本主义道路,农业机械化水平大为提高,1850—1870年德国农业净产值从50亿马克增长至67亿马克。农业的发展,在原料、市场、劳动力等方面配合了正在进行的工业革命。

到1852年,关税同盟扩大到德国全境,以经济为纽带,突破政治分裂状态,把全德意志连接成统一的国内市场,大大促进了资本主义工商业的发展。19世纪50—60年代德国出现了工业高涨。各种名目繁多的信贷机构和股份公司纷纷出现,它们集中社会游资投入工业生产,在很大程度上克服了工业资金不足的弱点。全德统一市场的形成促进了交通运输业的大发展。1850—1870年德国掀起修筑铁路的热潮,铁路线长度增加几倍,达到1.88万公里。铁路运货量增长了27倍。修筑铁路对冶金业及相关的其他工业有很大刺激。1850—1870年德国的煤产量增加了4.1倍,生铁产量增加了5.6倍,钢产量增加了近28倍。在19世纪50—60年代德国的工业高涨中,重工业的发展最为突出。这就为德国较快地发展成资本主义工业强国奠定了基础。

19世纪中叶,普鲁士肩负起了统一德国的重任,在铁血宰相俾斯麦(Bismarck,1815—1898)的所谓"铁血政策"下,通过与丹麦、奥地利和法国的三次王朝战争,在1871年完成了德意志统一大业。德意志统一的完成,为德国经济的发展开辟了更广阔的前景。德意志帝国政府于1873年建立了帝国银行,实行了金本位货币制度,统一了商业法规和度量衡,对交通运输业进行统一管理,实施了保护关税政策。所有这些措施对最终消除分裂状态,加强国内统一市场和促进经济向更高层次发展创造了极为有利的条件。

俾斯麦

　　普法战争后对法国的掠夺为德国经济的发展带来了巨大好处。50 亿法郎的赔款有相当一部分转化为工业资本。割占来的阿尔萨斯(Alsace)蕴藏着重要的非金属矿钾盐,洛林(Lorraine)则是重要的铁矿石产地,储量占全法铁矿总储量的85％。钾盐对德国化学工业的发展有重要价值。洛林的铁矿给鲁尔产煤区的冶金工业注入了新血液,使鲁尔很快成为德国的钢铁基地。到 19 世纪 80 年代,德国的煤、生铁和钢的产量已分别达到 5910 万吨、273 万吨和 62 万吨,进入世界先进行列。1889 年工业总产值超过农业,德国工业革命完成。

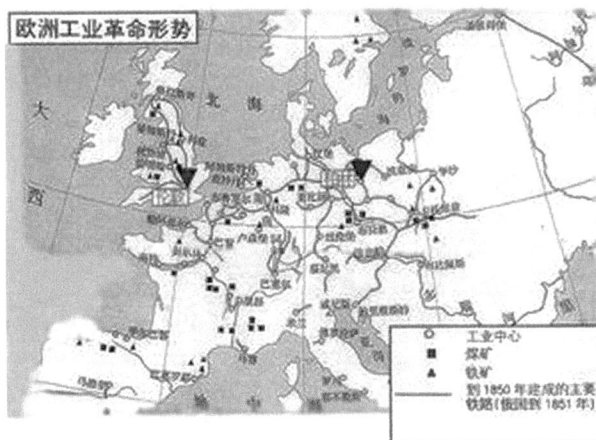

(3)美国工业革命

　　美国的工业革命首先开始于纺织工业。1790 年斯莱特(Samuel Slater)仿造英国人的设计,制成了珍妮新式纺纱机。1793 年惠特尼(Eli Whitney)发明的轧棉机使清理棉花的工效提高了近 100 倍。1813 年波士顿商人洛厄尔（Percival Lowell）又引进了英国织布机的制造技术。至此，美国棉织业的纺、织两个环节的技术革命大体完成。新英格兰地区成为最早的棉纺织业基地。1830—1850 年美国的棉织工厂由795 座增加到 1000 多座。继棉织业之后，到 19 世纪 30 年代中期，服装业、制革业、玻璃业、羊毛织业等轻工业部门也先后实现了机械化。南北战争后，美国的工业革命进入决定性阶段，技术革命扩展至重工业部门。1860—1900 年煤产量由1400 万吨增至 2.4 亿吨，1860—1890 年生铁产量由 92 万吨增至 935 万吨，两项皆居世界第一位。在钢铁工业方面，19 世纪中叶威廉·凯利（William Carey）发明了酸性转炉炼钢法，炼出了质量合格的钢。后为冶炼含磷量高的矿石，又改用平炉冶炼。1870 年至 1890 年，钢产量由 10 万吨增至 435 万吨，超过英、法两国。1859 年在宾夕法尼亚及其他地区发现了油田，美国石油产量大幅度上升，1865 年为 250万桶，1880 年达到 2600 余万桶。美国工业的发展速度远远超过英、法等老牌资本主义国家，至 19 世纪 80 年代初已跃居世界第一位。美国的工业化基本完成，工业总产值超过农业的 2 倍。

南北战争消灭了南部的种植园奴隶制度。但是，战火对南部的生产和居民生活造成了严重的破坏。1867 年后棉花价格下降，许多大种植园主不得不低价出售土地。来自北部的土地投机家和南部的高利贷者、银行家购买土地或承包种植园，办起资本主义农场。许多保留了土地的原种植园主，开始用分成制的方式将土地分块出租给黑人。于是南部的农业经济逐渐转向资本主义。已获得自由的黑人，除少数拥有自己耕地者外，绝大多数是无地少地者。他们成为既无土地又无生产工具的租地者，每年要将收成的一半或一半以上交给地主。租佃制是从种植园奴隶制经济向资本主义农场经济的过渡形式。

富尔顿

在南方重建时期,北部的工业资本大量涌进南部,有些种植园主也投资于工业,南部的工业革命也逐渐开展起来。纺织、木材加工、烟草等轻工业,采矿、钢铁等重工业,都有了较大程度的发展。

西部的开拓对交通运输业提出了新的要求。独立后,一些私人公司投资修筑了收费公路,联邦政府也拨款修建公路干线,其中最主要的是穿过马里兰、宾夕法尼亚和俄亥俄的坎伯兰(Cumberland)大道。这些公路的建成使东西交通得到初步的改善。1807 年富尔顿(Robert Fulton)发明了汽船,汽船业在西部兴盛起来。密西西比河成了内陆交通运输的主动脉。1825 年伊利运河的开通,将大湖区与东部大城市沟通起来,极大地改善了西部与东北部间的经济联系。到 1850 年,全国运河总长度已达 5955 公里。1833 年凿通的俄亥俄—伊利运河最为重要,它成为从伊利湖,经俄亥俄河,连接密西西比河的水路干道。

为了从根本上改变国家交通运输状况,1862 年和 1864 年,美国国会两次通过了建筑横贯大陆铁路的方案,鼓动私营公司向铁路投资,政府实行补贴。19 世纪后半期美国掀起了兴建铁路的狂潮。1869 年中央太平洋铁路和联合太平洋铁路接轨,第一条横贯大陆的铁路线建成。随后,圣塔菲铁路(Santa Fe Railway)、北太平洋铁路、南太平洋铁路和大北方铁路等 4 条横贯大陆的干线相继竣工。1900 年美国铁路总长度达 32 万公里,超过了欧洲铁路长度的总和。

随着交通事业的发展,大大小小的商业运输线一直延伸至远西部地区,东部的商人和企业家争先恐后到西部投资。工业化的北部,生产棉花、甘蔗的南部和生产粮食为主的西部,在各自专业化经济发展的基础上,加强了相互之间的物资交流,国内贸易达到异常活跃的程度。1839—1860 年,西部对北部的商品售出额增长了14 倍,对南部的商品售出额增长了 5.6 倍。芝加哥成为连接三方的重要交通枢纽和商品转运站。1880 年芝加哥有 7 条铁路通往东部,6 条铁路通往西部,3 条铁路通往南部。1875 年前,每天进入芝加哥的火车达 750 列。一年流入该市的商品价值为 700 万美元。

在东北部工业区的带动下,通过西部的开拓和南部的改造,19 世纪末美国国内各地区的经济逐渐结合成一个不可分割的整体。这个基本上靠市场调节机制和客观经济规律的支配而发展成的统一经济实体,使美国成为世界上经济实力最强大的国家之一。美国工业革命完成。

## 三、工业革命对英国及世界的影响

马克思说:"资产阶级在它的不到一百年的统治中所创造的生产力,比过去一切世代创造的全部生产力还要多,还要大。自然力的征服,机器的采用,化学在工业和农业中的应用,轮船的行驶,铁路的通行,电报的使用,整个大陆的开垦,河川的通航,仿佛用法术从地下呼唤出来的大量的人口——过去哪一个世纪能够料想到在社会劳动里蕴藏有这样的生产力呢?"恩格斯说:"工业革命对英国的意义,就好像哲学革命之对德国,政治革命之对法国一样。"的确,工业革命不仅是一场技术革命,而且是一次深刻的社会变革,它在经济、社会、文化、思想等各个层面都开创了一个崭新的时代,对英国社会以至整个人类社会都发生了巨大的影响。

**1. 生产力大提高和海外贸易大发展**

工业革命极大地提高了社会生产力。从效率上看,1830 年,300 名女工用手工纺出的棉纱量,如果使用机器,只需要一名女工就可以完成。18 世纪初,在英国炼一炉铁大约需要三周,到 19 世纪中叶仅需 20 分钟。从产量上看,1800 年英国煤和铁的产量分别是 1000 万吨和 25 万吨,1850 年这一数字增至 4900 万吨和 225万吨。没有工业革命,这种生产效率和产量的大幅提升是不可想象的。工业革命的鼎盛时期,英国生产了约占世界总量三分之二的煤、约一半的铁、七分之五的钢(世界总量不大)、约一半的棉布(限商业化产量)、四成的金属器件(按价值论)。

海外贸易的扩张与工业革命的发展基本上是同步的,国内经济的发展推动英国不断加快贸易自由的步伐。1846 年英国废除《谷物法》,免除农产品进口关税;1853 年开放殖民地市场,解散特权贸易公司;1854 年废除航海条例,实行航运自由;1859 年改革关税制度,逐步取消进口关税,废除出口税;1860 年取消对殖民地的贸易垄断,英法两国签订自由通商条约,条约包括航运、投资、贸易等内容,以后又有英意、英荷、英德等自由通商条约,相互提供最惠国待遇。英国的自由贸易政策较之垄断贸易政策,比较容易被各国和殖民地国家接受,以往的不平等贸易增加了平等的成分,各国贸易政策逐步由对抗转向包容,自由贸易成为世界趋势。

**2. 社会结构发生变化**

生产方式和产业结构的变化带动了社会结构的改变,其中最重要的工业资产阶级和工业无产阶级两大阶级的形成。

工业资产阶级比原工业化时期的商人资产阶级更具活力,更懂得在竞争中求发展,而且以使用机器的产业为依托去加强竞争力。他们所拥有的产业,在对农业的改造能力上、吸收自由劳动力的容量上、占有国际市场的实力上、对社会的影响力上,都是原工业化时期所无法比拟的,正如《共产党宣言》中所言,"它按照自己的面貌为自己创造出一个世界"。

随着资产阶级的发展,无产阶级即现代工人阶级也在同一程度上得到发展。现代工业把家长式的师傅的小作坊变成了工业资本家的大工厂,手工工人被卷入到这股大潮中,成为工人阶级的一员。由于机器的推广和细密的分工,无产者的劳动失去独立的性质,变成机器的单纯的附属品,要求他做的只是极其简单、极其单调和极容易学会的操作。但是,随着工业的发展,无产阶级不仅人数增加了,而且结合成更大的集体,力量日益增长。机器使劳动的差别越来越小,使工资几乎到处都降到同样低的水平,因而无产阶级内部的利益、生活状况也越来越趋于一致。

人们的阶级观发生重大变化。工业革命的纵深发展激化了社会矛盾,英国工人的反抗斗争在工业革命初期就开始了,到工业革命完成时达到高峰。整个过程经历了一个从自发到自觉的发展过程,前者以"卢德运动"(Luddite)为代表,后者是宪章运动;前者以破坏机器为斗争手段,后者以反抗和推翻社会剥削制度为斗争方式,尤其是宪章运动具有重大的历史意义。

### 3. 人口急速增长和城市化进程加速

18世纪中叶以前,英国人口增长缓慢,1651—1751年从522万人增加为577万。工业革命开始以后,人口增长速度加快,1741—1751年间增长率约3.5%,1751—1761年7%,之后一直保持这一速度,1780—1790年增长速度为11%,19世纪20年代达到16%的最高峰。这种前所未有的人口增长速度被称为英国的"人口革命"。工业和现代农业的发展,加快了经济增长的步伐,提供了更多就业机会,传统的婚姻家庭形式和就业形式改变,这些变化使旧的人口控制机制失效,因而导致英国人口史无前例地高速增长。

工业革命开始后,城市也以前所未有的速度和规模发展起来。城市的广阔发展空间和无限的机遇,加上工业发展带来的大量就业机会,使一些不满现状、希望通过个人奋斗改变人生轨迹的人们,成群结队来到城市,推动了城市化的进程。1800年,伦敦人口约100万,1850年增至200多万。1800年欧洲超过10万人口的城市有23个,总人口550万;到1900年10万人口以上的城市达到了135个,总人口4600万。

工业化的生产方式与城市化的兴起也促成了家庭结构的变化,随着人们生活方式和价值观念的变化,以往适应于田园牧歌式的稳定的大家庭逐渐解体,取而代之的是父母和子女组成的"核心家庭"。

生活方式也发生变化,不仅衣食住行大大不同于以往,休闲作为社会生活中的一个重要方面也发生改变:工作和娱乐分离开来,理性休闲运动兴起,娱乐出现商业化倾向。

### 4. "城市病"出现及得到初步治理

在人口迅速城市化的同时,"城市病"开始出现。

居住条件恶劣。大量人口在短时间内涌入城市,造成居住的拥挤,贫民窟开始出现。恩格斯在《英国工人阶级状况》中记载,每一个大城市都有一个或几个挤满了工人阶级的贫民窟。贫民窟的街道通常是没有铺砌过的,坑坑洼洼,到处是垃圾,没有排水沟,有的只是臭气熏天的死水洼。排列得乱七八糟的两层或一层砖房非常密集,以至于空气很难流通,特别是很多人挤在一个小小的房间里,空气之糟是可以想象的。

卫生状况极为糟糕。城市居民大都是刚从农村出来的农民,农村的那种散居所养成的习惯还没有改变。如生活垃圾到处倾倒，污水随处泼洒，不少城市居民还保留着养猪的习惯，所以到处是猪圈。由于厕所不够，人们不得不随地大小便。据记载，曼彻斯特的议会街每380人才有一个厕所，居民区每30幢住满人的房子才有一个厕所。在工人的家里，鸡，猪，甚至马都挤在同一个房子里。大部分城市没有良好的排水系统，一般污水都是通过大大小小的"阴沟"通往厕所或死水塘；情况最好的是将污水排入流经城市的河流，如经过曼彻斯特的艾尔克(Elk)河成了一条大污水沟。

工业发展导致的环境污染事件不断发生。恩格斯在《英国工人阶级的状况》中详细记述了当时英国曼彻斯特污染的情况。1873年、1880年、1882年、1891年和1892年，伦敦多次发生可怕的有毒烟雾事件。

居住的拥挤和卫生状况的恶化导致瘟疫横行。对于工人居住区来说，猩红热、伤寒、霍乱是最容易发生的，而且一旦发生就不可收拾，往往危及成千上万人的生命。1831年始于英国桑德兰(Sunderland)工人贫民区并迅速流行于全国的霍乱，在利物浦夺去1500人的生命。次年又在伦敦肆虐，导致5300人死亡。19世纪下半叶城市人口的平均寿命大大低于农村，下层民众的平均寿命大大低于上层。这种情况主要是由城市发病率高、儿童死亡率高所造成的。

问题出现之日，也就是解决问题之始。1848年，英国议会通过《公共卫生法》，并成立卫生部(The Board of Health)，负责改善居住环境等问题。环境方面也不断立法，1833年的《水质污染法》，1863年的《制碱业管理法》，1869年的《保护野生动物法》表明环境法在英国初步形成。不仅解决直接导致"城市病"产生的表层问题，更要解决深层问题。1834年英国颁布新的《济贫法》，改进管理，保障新时代下人们的最低生活水平，维护社会稳定。1870年颁布《初等教育法》，实施强迫义务教育，提高国民素质。

工业革命时期的英国社会立法都是为解决工业革命所带来的诸多问题而制定的，在不同程度上都具有开创性，不仅为当时社会、经济的运行提供了法制保障，也为以后的相关立法提供了示范，大大增强了人们的法制观念和以法律来解决问题的意识。

**5. 催生了现代民主思想**

随着工业革命的发展，到19世纪，资产阶级已不再是占社会小部分的群体，在与土地贵族的较量中，深刻意识到政治权力对于经济利益的影响。他们开始发现，必须干预国家政治，因为政治总是干预他们。1815年，英国政府公布保护土地贵族利益的《谷物法》，受到侵害的工业资产阶级立即组织起来，参与并领导议会改革运动，并不时召开群众大会，拉拢工人阶级一同对抗贵族，最终在1832年通过议会改革法案，工业资产阶级获得政治选举权。1832年仅仅是建立民主制度的开始。数据表明，这一次的议会改革不过增加了32万选民，人数也只是从总人口的2%

增加到 3.3％,绝大多数的英国人,尤其是工人阶级,仍然被限制在政权之外。但是,1832 年议会改革开创了通过改革实现政治民主化的道路,较之早先的法国大革命,改革更理性、更成熟地在维持经济发展速度的同时,让渡政治权利,以保持社会稳定。1832 年的改革法案并不是民主化的终点,而只是一个转折点。原先处于社会底层、游离于国家政治生活之外的工业资产阶级通过改革被吸收进来,这是前所未有的先例,不但工业资产阶级达到了自己的目的,也赋予更低层的工人阶级以信心。1867 年议会改革,赋予城市工人政治选举权;1884 年第三次议会改革,基本实现了成年男子的普选权。

英国民主化进程和工业革命的开展有着密不可分的联系,工业革命改变了原有的社会结构,冲破了过去一成不变的等级制度,使得生产力极大提高,社会流动性大大增强,平等和民主的意识深入人心。这些都是民主化进程开展的必要条件。同时,英国民主化进程的最大特点就是避免了流血冲突的革命,而以渐进式的改革来达成目的,这样做不但每一步名实相符,而且降低了民主化成本,这一点也是由于工业革命先于改革开展所决定的。工业革命使得资产阶级成长壮大,充当了民主化进程的主导者和缓冲人,促进了社会和解,使得社会在改革中没有分裂。

**6. 依附性世界体系建立**

先进生产方式的传播使东方从属于西方,"西方中心论"出现。工业革命催生了两个市场,一是相对发达国家的市场,一是落后国家的市场。前者主要发挥销售终端产品的功能,从而保证现代工业产品的广阔市场;后者主要发挥原料市场的功能,以之保障现代工业从原料到生产再到销售的生产链条。两者缺一不可。当然,不管是发达国家还是落后国家,原料供给与产品销售,其实都是打通的,这里不过是强调其侧重点而已。不过,两个有着不同侧重点的市场,对工业革命的走势发挥了相当不同的作用。产品市场的连带作用启动了欧美工业化进程,原料市场则主要生成了依附性发展的世界体系。即便这两个性质不同的市场有转换的可能,如美国在殖民地时期和独立后的转换堪称典型,但成功转换的国家不多。先进的西方、落后的东方之世界格局形成了。一方面,先进的生产技术和生产方式传播到世界各地,猛烈冲击着旧思想和旧制度;另一方面,英国等资本主义国家又在世界范围内大肆抢占商品市场和原料产地、拓展殖民地,加剧了当地的贫困落后,使东方从属于西方。

# 第八章　欧美政治文明的发展

通过 17、18 世纪的政治革命,资产阶级在欧美上升为统治阶级,人类政治文明发展到资本主义阶段,但还面临着制度建设和完善的重要任务。19 世纪,随着工业的迅猛发展,工业资产阶级的地位和影响进一步提升,为进一步巩固自己的主导地位,他们先后在欧美掀起了声势浩大的政治民主化浪潮,汇聚成"民主化运动的第一次长波"。通过一系列的政治改革,欧美资本主义国家建立起相对稳定的政治架构和运行机制。

## 一、英国议会制度的改革

### 1. 议会权力的强化

英国的议会实践和传统源远流长。在"光荣革命"前的 400 多年中,英国政治生活的重要内容是国王与议会的权力角逐。早在 1265 年,英国贵族在同英王亨利三世(Henry III,1207—1272)的斗争获胜后,便成立了由贵族、骑士和市民参加的议会。13 世纪末,议会经常召开,但由于各个阶层利益不同,常常不在一起开会。1343 年,议会分裂为上院和下院,上院由高级教士和贵族组成,而下院由骑士和市民组成。议会从召集、选举、开幕到解散逐渐形成一套完整的程序和规章制度。此后,议会下院权力不断扩大,到 15 世纪末,下院已经有提出财政议案和法律议案的权力。英国革命中,议会成为资产阶级同代表封建势力的斯图亚特王朝斗争的政治中心。1688 年"光荣革命"后,英国议会制度得以进一步发展完善。

在实施君主立宪制之初,英国议会并非掌握所有权力,国王仍然掌握一定的行政和立法方面的权力。1689 年 10 月,议会通过《权利法案》,规定国王无权废止法律;非经议会同意,国王不得征税;未经议会同意,国王不得组织常备军;国王不得干涉议会的言论自由;必须定期召开议会。国王权力进一步受到限制,议会权力提高了,立法权、军权和财政权完全收归议会,国王手中只剩下行政权。

1701 年,议会又通过《王位继承法》,规定王位继承人必须信奉英国国教,天主教徒或同天主教徒结婚者不得继承王位;王位继承顺序由议会立法确定,君主无权决定。这一系列法案的目的在于限制王权,扩大议会权力,它们确立了议会高于王权、司法权独立于王权的原则,杜绝了回到君主专制时代的可能。

**2. 内阁制度的形成**

英国的内阁制被称为"责任内阁制",是指内阁由议会产生并对议会负责的一种行政权力的组织形式。内阁首相由议会多数党领袖担任,首相和大臣定期向议会报告工作,接受议会质询。英国内阁的建立是没有任何成文法律作为依据的,它是在历史发展过程中逐步形成的。

中世纪时,英国实行御前会议(贤人会议)制度,国王负责召集,一些大贵族和宗教领袖等作为"贤人"参加。11 世纪诺曼底人征服英国后,征服者威廉一世对贤人会议进行改造,使之成为规模较大的"大会议"(Great Council),每年至少召开三次,主要讨论司法、财政等重大问题。同时,又设置"小议会"(Curia Regis),负责处理日常行政事务,这便是内阁的前身。

亨利七世(Henry VII,1457—1509)时期,小议会被改造为枢密院(Privy Council),成为主要的政府常设机构。查理二世(Charles II,1630—1685)、詹姆士二世(James II,1633—1701)时期,国王通过安排亲信进入枢密院,在事实上控制了枢密院。"光荣革命"后,《权利法案》规定行政权归属于国王,实际上也就承认了国王有组阁、进行行政管理的权力。威廉三世(William III,1650—1702)执政期间,在枢密院基础上设置了由高级官员组成的内阁委员会协助君主管理国务。

1714 年,根据 1701 年《王位继承法》,德国汉诺威选帝侯乔治继承了英国王位,称乔治一世(George I,1660—1727)。乔治一世即位后,正式组建了新的内阁,后来由于不懂英语、不熟悉英国事务等原因,他不再亲自出席内阁会议,内阁便推举一个首席大臣(一般是财政大臣)担任主席,这成为英国首相(Prime Minister)制度的开端。

1714 年辉格党(the Whigs)领袖罗伯特·沃波尔(Robert Walpole,1676—1745)任财政大臣,位居大臣之首,成了实际的政府首脑,主持内阁会议。沃波尔任相期间曾历仕乔治一世及乔治二世两朝,于 1721 年取得实权,此后主导政局约 20

罗伯特·沃波尔

年之久。1721 年建立的沃波尔内阁,被视为英国第一届责任内阁,沃波尔被认为是英国事实上的第一任首相。1742 年 2 月,辉格党发生内部分裂,沃波尔和他领导的内阁因失去议会下院多数支持而集体辞职,开创了内阁对议会下院负责的先例。沃波尔辞职后,其继任者开始使用"首相"的头衔。沃波尔组阁及其活动,已经脱离王权控制而相对独立地行使行政权力,极大地推进了英国内阁制度的发展,推动了向议会下院负责的责任内阁的形成。

### 3. 政党制度的发展

英国政党是在资产阶级革命后的斯图亚特王朝复辟时期产生的,始于当时王位继承的争议。议会在 1679 年就作为天主教徒的詹姆斯二世的王位继承权问题展开激烈争论,形成两大政治派别:反对詹姆斯继位的议员们被政敌称为"辉格"(Whig),苏格兰语意即"强盗";赞成詹姆斯继位的议员们被政敌贬称为"托利"(Tory),意即"爱尔兰歹徒"。两派后来遂以此自称,逐渐形成两党政治。

辉格党代表资产阶级和新贵族利益,主张限制王权,提高议会权力;托利党则代表地主贵族和高级教士利益,主张维护君主权力。两党在 1688 年一致反对詹姆斯二世,联合发动了"光荣革命"。

由于辉格党在"光荣革命"中起到了主要作用,革命后数十年里,辉格党在多数时期都是执政党。后来辉格党出现分裂,一些成员转而加入托利党,使托利党实力增强,1770 年代至 1830 年代一度长期执政。

19 世纪工业革命完成后,工业资产阶级和无产阶级的出现令英国社会出现结构性变化,而原来的统治阶级也出现变动。代表地主、贵族和垄断资本利益的托利党,秉持保守主义理念,于 1833 年改名为保守党;代表新兴的工业资产阶级利益的辉格党,主张自由主义政策,于 1839 年改名为自由党。

早期的两党政治主要限制在议会之内,直至 1832 年的选举改革扩大了普选权后,两党为争夺选民,争相在议会外建立选区协会,19 世纪中叶已发展成有严密中央和地方体系的全国性政党。

进入 20 世纪后,自由党的位置逐渐被工党所取代。1900 年 2 月,英国总工会创立了英国劳工代表委员会,由工会组织和费边社(Fabian Society)、独立工党以及社会民主联盟组成,1906 年改称工党。工党早期依附自由党,并在一战期间加入了自由党的联合内阁,但从 1924 年开始,自由党衰落,工党与保守党轮流执政,直至今日。

### 4. 选举制度的完善

"光荣革命"后,英国的议会选举制度十分不完善。例如英格兰南部 10 郡 300多万人口,拥有 235 个下议院议席,而北部 6 郡 300 多万人口,却只有 68 个下议院议席。到 19 世纪初,选民人数低于 100 人的选区高达 113 个,低于 50 人的选区就达 56 个,这类人口稀少的选区被称为"衰败选区"(Rotten Boroughs)。在农村,地主控制着选举,农民只拥有名义上的选举权。苏格兰和威尔士则有着更加严格的选民财产资格限制,选民人数极少。

在国内选举改革民主运动的压力下,英国议会于 1832 年通过了议会改革法案。一方面,重新分配了下院议席,取消和减少了"衰败选区"的议会代表名额,将空出的议席分配给人口较多的新兴工业城市。另一方面,降低了选举权的财产资格限制,规定城市居民中年收入 10 英镑以上的房主和年交付 10 英镑以上房租的房客,农村居民中年收入 10 英镑以上的土地所有者,以及租地期限 60 年以上且年收入 10 英镑以上的土地租赁者,或租地期限 20 年以上且年收入 50 英镑以上的土地租赁者,都享有选举权。此次改革使很多中产阶级获得了选举权,选民人数有了明显的增加,并且打破了土地贵族控制议会的局面,工商业资产阶级的代表越来越多地进入议会。

1867 年,英国再次实施选举改革,进一步降低了选民的财产资格限制。规定城镇房主和每年支付租金不少于 10 英镑、居住不少于 1 年的房客均拥有选举权;农村选举权给予收入不少于 5 英镑的土地所有者和每年交地租不少于 12 英镑的土地租赁者。这次改革使城市工人阶级大部分获得选举权,选民人数从 135 万激增到 225 万,工商业资产阶级在议会中取得了主导地位,结束了土地贵族对下议院的控制。

1884 年,议会又通过了第三次选举改革法案,再次降低选民财产资格限制。选民人数增加到 500 万人左右,基本实现成年男子的普选权。1885 年,议会再次通过改革法案,重新调整了议席分配,进一步完善了选举制度。1918 年的选举改革,第一次赋予妇女以选举权,规定男满 21 岁、女满 30 岁者均有选举权。1928 年,英国最终实现了男女选举权的平等。1969 年,选民年龄降低至 18 岁。英国的选举制度,在不断的改革中得以逐步完善,最终确立了自由、平等和普遍的现代选举制度。

## 二、美国联邦制度的发展

### 1. 1787 年宪法与联邦制的形成

独立战争之前,北美 13 个殖民地是独立、分散的。独立战争爆发后,严峻的形势迫使各殖民地联合起来,第二届大陆会议于 1777 年 11 月通过《邦联和永久联盟条例》,简称《邦联条例》,1781 年条例经各州批准正式生效。《邦联条例》将国家名称定位"美利坚合众国"(United States of America),国家的最高权力机构是一院制邦联国会,由各州分别选出 2~7 名代表组成,各州都有一票表决权。国家不设元首,邦联国会休会期间,设立诸州委员会作为常设机构处理日常事务,诸州委员会中每个州只有 1 名代表。邦联国会设立外交部、财政部、陆军部、海军部和邮政管理部。征税、征兵、发行货币、对外贸易等权力都掌握在各个州手中。

　　美国取得独立战争的胜利后,加强中央政府权力的必要性越来越突出。首先,邦联政府成立后,面临财政困难,为支付各项开支不得不大量发行国债,加强中央政府的权力以增加税收变得十分迫切。其次,各州政府出于本州利益考量,纷纷设置关税壁垒,阻碍了商品流通,妨碍了国内统一市场的发展。再次,独立之初的美国经济实力较弱,无法与欧洲强国抗衡,而松散的邦联政府无力采取有效措施保护本国工商业。最后,美国内外形势还很严峻,印第安人经常侵袭白人,驻扎在西北边境的英国军队虎视眈眈,需要强有力的联邦政府为新生的国家提供安全保障。

　　在这种背景下,改革松散的邦联体制,建立联邦制国家的呼声越来越高。但同时也有不少人反对加强中央政府的权力,主要是一些南方种植园主、小州人士和激进的自由主义者。1786 年 9 月,5 个州的行政长官在安那波利斯(Annapolis)举行会议,讨论如何修改邦联条例以促进各州之间通商往来。会后他们邀请各州的代表来到费城进一步讨论发展联邦政府的事宜。1787 年 5 月至 9 月,来自 13 个州的55 名代表在费城召开制宪会议,经过近 4 个月的激烈讨论,通过了《美利坚合众国宪法》(被称为"1787 年宪法"),在美国建立了联邦制。1788 年 6 月,宪法正式生效。1789 年 4 月,华盛顿(Washington,1732—1799)就任美利坚合众国第一届总统,完整的联邦政府正式形成。

第一任总统华盛顿

　　1787 年宪法加强了联邦中央政府的权力,实行三权分立原则。宪法规定美国采用联邦制的国体,规定了联邦政府与各州之间的权力与责任。宪法将国家权力分为三部分:立法权、行政权和司法权。这三部分权力相互之间保持独立,互相制衡,每种权力都有限制另外两种权力滥用的职能。

　　此后,尽管美国宪法历经多次修改,但是 1787 年宪法的基本原则至今依然发挥着重要的作用。1787 年宪法确立了美国的联邦体制,改变了松散的邦联状态,使中央政府的权力大大加强,为美国历史发展迎来新的曙光,为美国走向强大奠定了坚实的基础。

### 2. 南北战争与联邦制的巩固

1787 年宪法建立起了美国的联邦体制之后，虽然联邦中央政府权力得以加强，但由于自殖民地时期就形成的南方与北方社会经济的差异长期存在，南方以奴隶制种植园经济为主，北方则以资本主义工商业为主，南北裂痕始终难以消除。随着资本主义经济的发展，特别是 19 世纪 20 年代北方开始工业革命，30 年代制革、毛纺、制铁和玻璃制造等工业部门实现机器生产，工商业渐趋发达，南北矛盾越来越突出。

南北矛盾首先表现为经济贸易政策上的矛盾：北方为了保护本国工商业利益，需要提高关税，实施贸易保护；南方为了出口农产品，进口廉价工业品，需要降低关税，实现贸易自由。为此南方种植园主还发起了抗议运动，否认联邦政府有权干涉各州重大事务，南卡罗莱纳州甚至以退出联邦相威胁。

其次，南北矛盾还表现在西部新开发土地的建州问题上。南方种植园主主张将西部新建的州作为蓄奴州加入联邦，以扩大种植园经济，增加南方在国会的席位；北方工商业资产阶级则主张西部新建的州作为自由州加入联邦，以保障自由劳动制度，促进资本主义工商业发展，并增加北方在国会的席位。

1804 年，"梅森—迪克逊线"（Mason-Dixon Line，北纬 39 度 43 分）成为北方自由州和南方蓄奴州的分界线。截至 1819 年，自由州和蓄奴州的数目均为 11 个，意味着双方在参议院席位的相等。1819 年，密苏里建州，申请加入联邦，南北争执激烈，各不相让，1820 年通过了《密苏里妥协案》（Missouri Compromise）。这一妥协案确定密苏里为蓄奴州，同时从马萨诸塞州划出一个新州，即缅因州作为自由州；同时规定北纬 36 度 30 分以北地区永远禁止奴隶制。

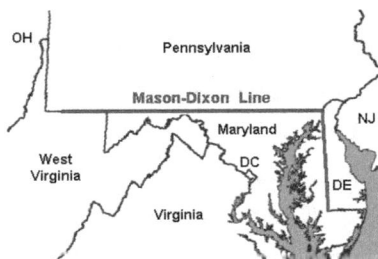

梅森-杰克逊线

1849 年，加利福尼亚建州，并制定了禁止奴隶制的州宪法，但在加入联邦时遭到南方种植园主的强烈反对，并以南北分裂威胁。次年，南北方达成了《1850 年妥协案》，规定加州作为自由州加入联邦，同时制定《逃亡奴隶法》，允许在全国范围内缉捕逃亡奴隶，并严惩包庇和收留逃亡奴隶者。

1854 年，堪萨斯州和内布拉斯加州建立。按照规定，这两个州位于北纬 36 度 30 分以北，应建立自由州，但在南方的压力下，国会通过了《堪萨斯—内布拉斯加法案》,规定新州的建制由当地居民"自决"。1855 年 3 月,南方操纵了堪萨斯立法议会的选举,制定了维护奴隶制的法律。10 月,自由民另行召开会议,制定了反对奴隶制的法律。1856 年 5 月,奴隶主袭击了自由民的一个定居点,自由民开始武装起来同奴隶主展开斗争。武装冲突持续半年之久,是为"堪萨斯内战"。

　　1860 年大选中,反对奴隶制的亚伯拉罕·林肯(Abraham Lincoln,1809—1865)被推选为共和党候选人。林肯来自美国西部肯塔基州一个贫困的开垦家庭,年轻时当过雇农、船工、乡村邮务员和土地测量员助理,后来在伊利诺伊州通过自学法律成为律师。从政后,先后担任伊利诺伊州议员和国会众议院议员。1858年,在一系列的辩论中明确反对扩张蓄奴制,并因此在参议院选举中失败。1860年,作为一个来自摇摆州的温和派,林肯获得共和党的总统提名。林肯的竞选纲领提出"不再让给奴隶制一寸土地",保护关税,并许诺实行"宅地法",给每个移民免费分配小块公共土地。这些举措将严重影响南方奴隶主的利益,一向依靠奴隶制发展产业的南方对此强烈反对。

　　1860 年 11 月,林肯当选为美国第 16 任总统,引起南方种植园主的极度恐慌。1860 年 12 月,南卡罗来纳州宣布脱离联邦,随后,密西西比、佛罗里达、阿拉巴马、佐治亚、路易斯安那和得克萨斯州等州纷纷响应,先后召开代表大会,通过脱离联邦的法令。1861 年 2 月 9 日,南方 7 州组织建立了一个新的南方政府——"美利坚联盟国"(Confederate States of America),选举杰斐逊·戴维斯(Jefferson Davis,1808—1889)为总统,首都设在弗吉尼亚州的里士满(Richmond)。4 月 12 日,南方联盟政府开始发动武装起事,炮轰北方军队驻扎的萨姆特要塞(Fort Sumter),北方政府被逼应战,林肯宣布南方 7 州为叛乱州,南北战争爆发。

　　战争初期,南军准备充分,屡屡获胜,英法甚至承认了南方政权。1861 年,北军向南方联盟的行军被南军击退,退回华盛顿。1862 年春,北军再次进攻弗吉尼亚,一度兵临里士满,但在南方名将罗伯特·李(Robert Lee,1807—1870)的指挥下,南军连续取得多次战役的胜利,击退了北军。1862 年 9 月,罗伯特·李将军率军攻入马里兰州,逼近华盛顿,但在安提耶坦(Antietam)战役中被击退。此后南军虽然连续取得了弗雷德里克斯堡(Fredericksburg)战役和钱斯勒斯维尔(Chancellorsville)战役等战役的胜利,但 1863 年罗伯特·李将军的第二次北侵在关键性的葛底斯堡(Gettysburg)战役中失败。这次战役被认为是整场内战的转折点。

　　为争取战争的胜利,林肯采取了一系列具有积极意义的措施。1862 年 5 月,颁布了农民渴望已久的《宅地法》(Homestead Acts),规定凡未参加叛乱的年满 21岁的公民,自 1863 年 1 月 1 日起,只要支付 10 美元的费用,就有权登记 160 英亩或者 160 英亩以下尚未分配的国有土地,耕种 5 年以上就归自己所有。这一措施极大地调动了广大农民支持联邦政府和投身战争的热情,因为战争的胜利是落实《宅地法》的先决条件。

　　1862 年 9 月,林肯又发布了《解放黑人奴隶宣言》(The Emancipation Procla-
mation),宣布自 1863 年 1 月 1 日起,所有南部叛乱各州种植园主的奴隶应当视为
自由人,赋予这些黑人在陆海军服役的权利。这一宣言给予南方种植园主以毁灭
性打击,使美国内战的性质随之发生根本变化,即由维护联邦统一的战争演变为一
场解放黑人奴隶的战争。《宅地法》和《解放黑人奴隶宣言》的颁布,决定了北方在
军事上的最后胜利。

解放黑人奴隶宣言

　　1863 年以后,北方扭转了战局。获得解放的黑人纷纷参军作战,壮大了北方
的军事力量。林肯也及时调整军事指挥官,格兰特(Ulysses Grant,1822—1885)、
谢尔曼(William Sherman,1820—1891)等年轻有为的将领得到任用,立下了新的
战功。格兰特在西部占领了整个密西西比河流域,将南方分割成东西两个部分,改
变了全国的战略格局。1864 年,谢尔曼率军攻占了南方许多重镇,切断了南方军
队的补给线。1865 年 4 月,联邦军队攻占里士满,罗伯特·李率部投降。5 月 26
日,南军全数投降,内战宣告结束。
　　南北战争对美国联邦制度意义深远,这场战争彻底铲除了南部分裂势力,维护
了联邦统一,废除了种植园奴隶制,为美国成长为一个繁荣富强的大国奠定了重要
基础。1865 年 4 月 14 日,林肯遇刺身亡。林肯在国家的危难时刻,领导美国人民
经过艰苦的战争,争取到了一个自由和完整的美利坚合众国,为美国的国家统一和
社会进步做出了杰出贡献,在美国历史上享有崇高的威望。

## 三、法国共和制度的确立

　　1789 年法国大革命至拿破仑时代,革命、政变和复辟相继发生,立宪君主制、
共和国和帝国先后出现,政体形式不断变化。拿破仑帝国覆亡之后,法国政治文

明在此后半个多世纪时间里,经历了一个漫长的探索和发展过程,经过频繁而混乱的政权更替——累计又经历了两个共和国、两个王朝和一个帝国,共和制度才最终得以确立。

**1. 波旁王朝复辟(1814—1830)**

1814 年春,反法联军进入法国后,拿破仑退位,波旁王朝复辟。由于前国王路易十六的独生儿子路易十七(Louis XVII,1785—1795)已于 1795 年死于狱中,路易十六的弟弟被立为国王,称为路易十八(Louis XVIII,1755—1824)。经历了拿破仑"百日皇朝"的插曲后,路易十八再次复辟。

鉴于法国大革命的教训,路易十八采取了同资产阶级妥协的、相对温和的施政措施。他颁布了《1814 年宪章》,作为复辟后法国新的宪法,国王的权力受宪章的限制,在一定程度上具有君主立宪制色彩。这部诞生于大革命之后的宪法注定是具有妥协性的。因为经受大革命的洗礼后,旧的君主专制政体已经不可能被除极端保王派之外的法国人接受的,但大革命所带来的暴力与血腥又使得资产阶级和一般民众对激进政策深怀恐惧,因而旧制度的某些原则与大革命的某些原则实现了相互妥协。一方面是旧王朝的复辟,主权属于国王,王权来自上帝,天主教为法国国教。除了在税务问题上,议会的角色仅属咨询性,国王有权力否决议案,并且有权任命部长。选举权仅限于拥有巨额财产的成年男子,使得在近 3000 万总人口中只有约 10 万人有投票权。另一方面承认法律面前人人平等,认可《拿破仑法典》,众多革命时期的司法、行政和经济改革得以保留,与教廷的关系也仍然以1801 年《教务专约》为准则。

1824 年,路易十八一病不起,由于无子女,王位由他 67 岁的弟弟阿图瓦(Artois)伯爵即位,称为查理十世(Charles X,1757—1836)。查理十世是个极端守旧者,追求更进一步的保守统治。他相信君权神授论,认为君主应拥有绝对权力,曾放言宁愿伐木为生,也不屑成为英式立宪君主。他即位后推行了一系列反民主政策,引起人民的强烈不满。

1830 年,查理十世及其官员推行《七月赦令》:修改出版法,限制新闻出版自由;解散新选出的国会;修改选举制度。赦令破坏了 1814 年宪章的精神,特别是使即将举行的新选举中近四分之三的合资格选民失去了投票资格,劳动群众和自由资产者对此十分气愤。《七月赦令》的颁布,触发了"七月革命"出现。

1830 年 7 月 28 日,"七月革命"爆发。工人、手工业者、大学生和国民自卫军建筑街垒,夺取武器库,攻占市政厅。7 月 29 日,起义者控制了巴黎,占领卢浮宫和杜伊勒里宫(Palais des Tuileries),外省发动的起义也取得胜利。起义群众要求宣布成立共和国,并在巴黎市政厅成立了以大银行家拉菲特(Lafitte)和国民自卫军总指挥拉法耶特(La Fayette,1757—1834)为首的市政委员会。波旁王朝的统治被推翻,查理十世被迫逊位,流亡英国。8 月 9 日,众议院将王位授予查理十世的远房堂弟奥尔良公爵路易·菲利普（Louis Philippe，Duke of Orléans，1773—1850），建立了奥尔良王朝（也称"七月王朝"）。

路易·菲利普

### 2. 七月王朝（1830—1848）

"七月革命"推翻了查理十世的统治后，各派围绕国体问题又发生了重大争议，最后大资产阶级掌握了主导权，建立了君主立宪政体。具有波旁王室血统的改革派贵族奥尔良公爵路易·菲利普依靠资产阶级的支持登上王位，史称"七月王朝"。

1830年8月14日，法国颁布新宪章。这一宪章虽与路易十八的宪章非常相近，但依托的基础有所区别。1814年宪章是国王"恩赐"，而1830年宪章是议会表决通过后国王予以接受。国王的名称也不再是君权神授意义上的"法兰西之王"，而改成了"法兰西人之王"。

路易·菲利浦在位期间始终维护资产阶级的利益，多次立法、改革以增强资产阶级在法国政府里的影响力。他用革命的三色旗取代波旁王朝的白色旗，成为法国国旗；支持保障民权的理论，取代"君权神授"的君主专制体制；放宽选民条件限制；废除出版审查法和保守的宗教法令等。

七月王朝时期，议会制得以加强。一方面，选举权有所扩大。七月王朝初期，共有17万选民，随着社会财富的增加，到1846年时，选民增加到24万人。另一方面，议会对政府的监督作用有所加强。内阁既需得到国王的信任，也需得到议会的支持，议会可以推翻内阁，议员向政府提出质询的制度有了发展。

但到王朝后期，路易·菲利浦施政倾向保守谨慎，经济危机不断发生，外交上也缺乏拿破仑时代的荣耀，人民普遍不满，希望变革。1848年2月，政府禁止举行一场以宴会为名的改革宣传集会，使不断增加的不满情绪达到顶点。巴黎民众上街游行，要求推翻国王和首相，并进行改革，史称"二月革命"。路易·菲利浦放弃王位，逃亡英国，法国进入了第二共和国时期。

### 3. 第二共和国（1848—1852）

1848 年，二月革命推翻七月王朝后，成立了临时政府。2 月 25 日，临时政府宣布成立共和国，史称"法兰西第二共和国"。4 月，选举产生了制宪议会，这是法国历史上第一个由全体男性公民直接普选产生的议会。5 月，已完成历史使命的临时政府宣告解散，议会选举产生的"执行委员会"成为新政府，温和共和派在其中占主导地位。

同年 11 月，制宪议会制定了共和国宪法。新宪法宣告"法兰西是民主、统一而不可分割的共和国"，并确立了新的宪政体制。宪法规定由 750 名议员组成立法议会，任期 3 年；总统任期 4 年，掌管行政权，任免部长与颁布法律，统领武装力量，但无权解散议会；议会和总统皆由男性公民直接普选产生。12 月，拿破仑一世的侄子路易·波拿巴（Louis Bonaparte，1808—1873）当选为总统。

路易·波拿巴

由于 1848 年宪法确立的宪政体制导致总统与立法议会的冲突，1851 年 12 月，路易·波拿巴调动军队发动政变，解散了议会，成为法国唯一的统治者。其后举行的公民投票对政变的合法性给予追认。马克思在《路易·波拿巴的雾月十八日》一文中对路易·波拿巴模仿拿破仑发动的政变评价道："黑格尔在某个地方说过，一切伟大的世界历史事变和人物，可以说都出现两次。他忘记补充一点：第一次是作为悲剧出现，第二次是作为笑剧出现。"

1852 年 1 月，波拿巴公布新的宪法，即 1852 年宪法，将总统任期延长至 10 年。这部宪法表面上以普选制作为权力的渊源，实则确立了以总统为中心的独裁政体，高度模仿拿破仑的共和 8 年宪法。列宁曾对 1852 年宪法作出评价，称它是"以一种特别丑恶的形式恢复了君主制"。

1852 年 12 月，路易·波拿巴称帝（称为"拿破仑三世"），法兰西第二共和国告终。在法国历史上，第二共和国是存在时间最短的政权。它是最后一个经暴力革命建立的政权,其间男性公民的普选权首次得到确认,奴隶制度被完全废除。

### 4. 第二帝国(1852—1870)

1852 年 12 月 2 日,深信"拿破仑神话"的法国人民在恐怕国家陷入无政府状态之下,在公投中几乎一致支持路易·拿破仑登上权力之巅。他于是自任"法国人的皇帝",建立了第二帝国。拿破仑三世的上台,标志着波拿巴王朝的复辟。

拿破仑三世执政期间,采取了一系列积极措施,推动了法国经济社会的发展。他通过促进铁路建设、公共工程和金融机构来鼓励工业化和经济发展,取得了经济上的繁荣。对巴黎大部分地区进行了拆除和重建,建设了新的街道、公园和排水系统,改善了巴黎的面貌。拿破仑三世还支持教育和社会改革,建设了不少医院、托儿所和养老院,由政府出资补贴使面包维持低价,还为工人制定了自愿社会保险制度。

在对外政策方面,拿破仑三世努力模仿其叔拿破仑一世,采取扩张性的政策,谋求恢复法国的大国地位与国际威望。在 1854—1856 年的克里米亚(Crimea)战争中,拿破仑三世联合英国取得了对俄国的胜利,使法国的威望得到恢复。1857 年,法国又与英国结盟,借"亚罗号(Arrow)事件"对中国发动了第二次鸦片战争。到 19 世纪 50 年代末,拿破仑三世不仅得到本国多数民众的支持,而且在国际事务中取得了一些霸权,使法国恢复了强大和繁荣。

但拿破仑三世逐渐得意忘形,在对外战略中失去了应有的理性和谨慎,不断发动对外战争,谋求建立在欧洲大陆和世界范围的霸权。1859 年,他以"解放"意大利为借口向统治意大利北部的奥地利宣战,企图实现其领土野心。但很快又对意大利民族解放运动的高涨感到震惊,抛开意大利人单独同奥地利缔结停战协定。这次战争使他逐渐开始失去民众的支持。1862 年,他又试图征服和控制墨西哥,结果引发了美国的干涉,以失败告终,进一步失去民心。

随着普鲁士的崛起和德国统一进程的加速,法国深感不安,1870 年 7 月拿破仑三世轻率地发动了普法战争。法军多次受挫,在色当(Sedan)战役中大败于普军。9 月 1 日,拿破仑三世投降,被普鲁士军队俘虏。9 月 4 日巴黎爆发革命,推翻了法兰西第二帝国,建立"国防政府",宣布帝国灭亡,并与普鲁士签订了投降条约。拿破仑三世流亡英国,于 1873 年去世。拿破仑三世的倒台,标志着法国君主制的正式结束。

### 5. 第三共和国(1870—1940)

经历了新一轮的立宪君主制、共和国、帝制的继续之后,法国仍然面临着政体选择和宪法制定的问题。1870 年 9 月,法兰西第二帝国在色当战役战败后垮台,法兰西第三共和国成立。第三共和国是法国经历八十多年的政权更替及动乱后,第一个长久而稳定的共和政权。

第三共和国初期,主张君主制的保王派势力很大。保王党人在 1871 年的议会选举中成为多数派。其中忠于波旁王朝的正统派主张拥立查理十世之孙亨利,忠于七月王朝的奥尔良派也同意拥立亨利,期望无子嗣的亨利死后可以由他们所支持的奥尔良派继承人巴黎伯爵腓力(路易·菲利普的孙子)继位。亨利获得了正统派和奥尔良派的共同支持,复辟王国的希望大增。但他坚持放弃象征革命与共和的三色国旗,恢复波旁王朝的白色百合花国旗,否则就不接受王位。分歧无法达成一致,而共和派的影响日益扩大,最终保王派恢复君主制的目标未能实现,君主制复辟的可能性逐渐消失。

1875年2月,维持共和体制的宪法(史称"1875年宪法")在国民议会中以一票优势获得通过,确立了法兰西第三共和国的宪政体制,共和制取得了最后的胜利。这部宪法在法国一直适用至二战结束,迄今为止是法国历史上寿命最长的一部宪法。1875年宪法由2月24日通过的《参议院组织法》、2月25日通过的《公共权力组织法》和6月16日通过的《公共权力关系法》三部分组成。宪法规定法国为共和国;立法机关由参议院、众议院组成,参议院议员间接选举产生,众议院议员直接选举产生;总统由参众两院选举产生,是国家元首和军队统帅;内阁由总统任命,对议会负责。

1884年,法国国民议会通过宪法修正案,规定:共和制政体不得成为修宪的对象;凡统治过法国的各王朝家族成员不得被选为共和国总统。共和制政体得到进一步的巩固。从此之后,法国历史上再也没有出现君主制和帝制,共和政体取得了最终胜利。

# 四、德国和意大利的统一

## 1. 德国的统一

自中世纪晚期至近代早期,当西欧其他民族正在不断形成统一的民族国家时,德意志民族却长期处于分裂状态。中欧的德语区包括超过300个政治实体,它们大小不一,统治方式也各自不同,有封建邦国、教会领地、自由城市等不同形式。这些政治实体大部分是"神圣罗马帝国"的一部分,但神圣罗马帝国组织松散,并非统一的民族国家,帝国皇帝由封建领主选举产生,并无实权,甚至没有明定的帝国首都。自15世纪起,在绝大部分时间中,帝国的选帝侯们都选举奥地利王室哈布斯堡(Habsburg)家族的领袖为神圣罗马皇帝。法国大革命时期,普鲁士、奥地利等德意志邦国干涉法国革命,遭到拿破仑的进攻。1806年,拿破仑入侵德意志,在奥斯特里茨(Austerlitz)战役中击败了俄罗斯、英国和奥地利的联军,同神圣罗马帝国末代皇帝、奥地利君主弗朗茨二世(Franz II)订立了《普雷斯堡和约》(Peace of Pressburg),解散了神圣罗马帝国。法国的侵略和压迫激起了德意志民族意识的觉醒,从而掀起了一场民族运动,要求建立一个自由统一的德意志民族国家。

在拿破仑失败之后,德意志地区建立了松散的德意志邦联(1815—1866),哈布斯堡家族的奥地利皇帝操控邦联的大权。然而这一政治架构没有考虑到 18 世纪以来普鲁士在帝国政治中的崛起。在勃兰登堡(Brandenburg)选帝侯于 18 世纪初建立普鲁士王国之后,其领地范围通过战争和继承逐渐得到扩张。后来在腓特烈大帝(Friedrich the Great,1712—1786)治下,普鲁士的实力进一步提升,成为不可忽视的欧洲强国。奥地利和普鲁士的二元领导问题深深植根于德意志政治之中,并因此形成了两套统一方案:由奥地利统领各邦实施统一的"大德意志方案";以及排除奥地利,由德意志其他各邦在普鲁士领导下实现统一的"小德意志方案"。奥普两种方案的对立,最终酿成这两大强国的军事对决。

德意志长期四分五裂,无法实现统一,深层的原因是各邦的经济基础主要是分散的封建经济,各邦之间的横向经济联系不够紧密;资本主义发展迟缓,资产阶级不够强大,建立资本主义发展所要求的统一市场、统一关税、统一民族国家的愿望并不强烈。这是德意志民族统一迟迟不能实现的重要制约因素。德意志的统一,离不开新的经济基础,即资本主义经济的发展。

19 世纪,德意志资本主义经济的发展为民族国家的统一创造了初步的物质基础。早在 18 世纪 80 年代,德意志的莱茵兰就建立起了第一批近代机械厂,但由于内部分裂和战争,工业发展迟缓。进入 19 世纪 20 年代,德意志的工业发展开始加速,金融业也迅速发展。30 年代,还出现了股份公司。铁路建设迅速,成为德意志工业革命和资本主义经济发展的重要标志。到 1845 年,全德铁路线已长达 2871千米。铁路建设带动了机械、采矿、冶金等部门的发展。

德意志资本主义经济的发展,促进了"关税同盟"的建立,为实现统一奠定了基础。德意志经济学家弗里德里希·李斯特(Friedrich List,1789—1846)针对四分五裂、邦国林立造成的关税混乱局面,沉痛地说:"38 条关税界限窒息了内部商业,它们无异于捆绑着人躯体各部的 38 条绳索,使血液不得流通。"他呼吁建立全德意志统一的关税税制。1819 年,在李斯特领导下,成立了"德意志工商业协会",致力于消除各邦经济分裂造成的限制。1820 年,南部 6 个邦缔结"关税条约"。1828年,巴伐利亚(Bavaria)和符滕贝格(Forchtenberg)结成商业同盟,这成为后来德意志"关税同盟"的重要基础。

在建立关税同盟问题上,普鲁士态度积极。1828 年,普鲁士同黑森-达姆斯塔特(Hessen-Darmstadt)缔结双边商业条约,接着又与南部各邦缔结商约,瓦解"中德商业同盟",并随即将其合并。1834 年 1 月 1 日,普鲁士领导的德意志关税同盟正式宣告成立。同盟包括 18 个邦,占到德意志领土的 3/4,后来新成员不断加入,两年后同盟境内人口占到德意志总人口的 80% 以上。德意志关税同盟的成立具有十分重要的意义,它统一了关税,建立了德意志大市场,为资本主义经济的发展和资产阶级的强大提供了有利条件。同时,普鲁士在关税同盟中发展壮大了自己,团结了各邦,为争取德意志统一打下了坚实基础。

进入 19 世纪五六十年代,随着资本主义经济的持续发展,普鲁士的经济社会性质发生了深刻变化,为德意志统一做好了最后准备。在关税同盟的有利条件下,普鲁士的重工业获得了快速发展,特别是由于普鲁士地理位置的优势,控制着多数商路和南北交通,普鲁士经济发展在诸邦中处于领先地位。到 1852 年,除奥地利及其个别地区,德意志各邦相继加入关税同盟,以普鲁士为中心的小德意志地区实现了一体化。

1861 年,威廉一世继承普鲁士王位,决心完成德意志统一大业。1862 年 9 月,威廉一世任命俾斯麦为普鲁士宰相。俾斯麦(Bismarck,1815—1898),出生于普鲁士勃兰登堡贵族世家,早年属于保守派,认为德意志统一是一种幻想。自 1851 年任普鲁士驻德意志联邦议会的全权代表后,态度发生了根本改变,认为德意志统一是不可逆转的历史潮流,普鲁士应当把握德意志统一的领导权。

俾斯麦

俾斯麦认为,德意志统一非武力不能解决。就任宰相后,俾斯麦在议会预算委员会上公开声称:"德国所瞩望的不是普鲁士的自由主义,而是它的威力。……普鲁士必须积累自己的力量以等待有利时机,这样的时机我们错过了好几次了。维也纳条约所规定的普鲁士疆界是不利于健全的国家生活的。当代的重大问题不是通过演说与多数人的决议所能解决的(这正是 1848 年和 1849 年所犯的大错误),而是要用铁和血来解决的。"于是,俾斯麦获得了"铁血宰相"(Eiserner Kanzler)的称号。

俾斯麦就任首相后,推行兵制改革,取消后备军,增加常备军,军队数量大大增加;增加军费预算,加强普鲁士的军备,提拔洛恩(Lorne)、毛奇(Moltke,1800—1891)等一大批杰出的军事将领;取消新闻自由,加强舆论控制,为增加普鲁士军事实力和统一创造适宜的舆论氛围。在国际方面,俾斯麦支持俄国镇压 1863 年波兰起义,博得俄国好感;游说拿破仑三世,许诺以莱茵河左岸的土地为补偿换取法国在普奥战争中保持中立。德意志统一的内外条件已经全部具备。

德意志的最终统一是通过三次王朝战争完成的：1864 年的普丹战争、1866 年的普奥战争和 1870 年的普法战争。1863 年秋，围绕石勒苏益格（Schleswig）、荷尔施泰因（Holsteinische）两公国的归属问题，普鲁士和丹麦的矛盾激化。石勒苏益格、荷尔施泰因自 1460 年就结成联盟，归属于丹麦国王领有，但一直没有合并。荷尔施泰因同时又属于德意志联邦，居民也以日耳曼人为主。石勒苏益格在德意志境外，也有部分日耳曼人。这两个公国从来不可分割，丹麦王国对此做过保证。1863 年丹麦颁布新宪法，宣布将石勒苏益格并入丹麦，招致德意志国内日耳曼民族的反对，俾斯麦趁机发动对丹麦的战争，并将奥地利作为盟友拉入。1864 年 2 月，战争开始，丹麦很快战败议和。根据 10 月签订的合约，丹麦将两公国交于普奥共管。不久，普鲁士占领了石勒苏益格，奥地利占领了荷尔施泰因。

丹麦战争结束后不久，俾斯麦全面准备对奥地利的战争。除得到俄国、法国保持中立的承诺外，俾斯麦还与意大利王国订立同盟条约，使奥地利被孤立。1866 年 6 月，普鲁士出兵占领荷尔施泰因，挑起对奥战争。开战后，普军进展顺利，7 月 3 日在捷克境内的萨多瓦（Sadová）大败奥军主力，14 日进逼维也纳。奥军无力再战，遂请法国出面调停。为避免法奥结盟，俾斯麦没有向维也纳进军，同意进行议和。8 月，普奥签订了《布拉格条约》。条约规定，奥地利退出德意志联邦并解散邦联；承认普鲁士占领荷尔施泰因和吞并在战争中协助奥利地的汉诺威、黑森、拿骚（Nassau）与法兰克福自治市；承认普鲁士有权在美因河（Main）以北建立北德意志联邦；奥地利将威尼斯归还意大利；普奥两国均不过问南德四邦（巴伐利亚、符登堡 Württemberg、巴登 Baden、黑森-达姆斯塔特）的领土问题。普奥战争是德意志统一过程中关键的一步，奥地利从此被排除在德国统一进程之外。

普奥战争结束后，普鲁士建立起包括 24 个邦国在内的北德意志联邦，普鲁士国王为联邦主席，俾斯麦兼任联邦总理大臣，联邦范围内取消关税和交通限制，建立统一的货币、度量衡、邮政等，北德意志地区实现了统一。

北德意志联邦建立后，就只剩下南德四邦没有统一。南德四邦受法国影响较深，法国也不愿意失去这四个邦，更不希望在身边出现一个强大、统一的德意志。所以，法国成为德意志统一道路上的最后一道障碍。俾斯麦决心击败法国，最终完成德意志统一。1870 年，普鲁士和法国围绕西班牙王位继承问题发生矛盾，7 月普法战争爆发。德意志联邦和南德诸邦组建了 50 万人的德意志民族军，同法国军队作战。拿破仑三世亲临前线督战，结果在色当会战中，法军战败投降，拿破仑三世也被俘，德意志军队挺进巴黎。1871 年 1 月，德意志帝国在巴黎凡尔赛（Versailles）宫正式宣布成立，德意志的统一最后完成。

德国的统一结束了德意志地区邦国林立、四分五裂的状况，建立了独立、统一的民族国家，为资本主义经济的迅速发展创造了优越的条件，使德意志帝国很快成

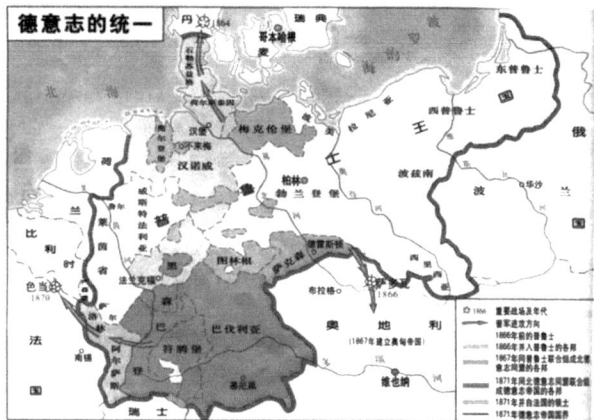

为欧洲大陆最为强大的国家。德意志的统一和强大,还打破了欧洲旧的政治秩序,在一定时期稳定了欧洲局势,为周边国家的资本主义发展创造了条件。但是,德意志的统一是在普鲁士贵族地主阶级(容克 Junker)的领导下通过王朝战争实现的,君主政体的保留、皇帝权力过大、议会权力甚微,使统一的德意志帝国保留了许多封建主义的因素,制约了政治民主化的发展,并最终阻碍了资本主义发展。统一战争极大地激发了普鲁士军国主义和民族主义情感,在发挥积极作用的同时,也对德意志民族精神产生负面影响,使德国后来走上了军国主义扩张的道路。总体而言,统一符合历史发展的进步趋势,是德意志历史发展的转捩点。

### 2. 意大利的统一

意大利自近代以来长期处于国外势力的干涉和封建割据的统治之下,四分五裂。当时意大利分裂为 8 个邦国和地区,即伦巴底(Lombardy)和威尼斯王国、撒丁(Sardegna)王国、教皇国、托斯坎纳(Toscana)公国、摩德纳(Modena)公国、帕尔马(Parma)公国、卢加(Luga)公国和两西西里王国(那不勒斯王国)。奥地利控制着半岛北部的伦巴底和威尼斯;西班牙波旁王朝控制着半岛南部的那不勒斯和西西里岛;罗马教皇盘踞着半岛中部的"教皇国",将这片领土视为"教会财产";只有撒丁王国是唯一没有受到外部势力控制的独立王国。同时,在一些封建邦国内部,又存在许多小的封建割据势力。长期的外来势力统治和国家内部的分裂,使意大利人民遭受巨大痛苦,奥地利首相梅特涅(Metternich,1773—1859)甚至说意大利只是一个"地理概念"。但资本主义经济的缓慢发展,推动着意大利向统一国内市场、统一民族国家的历史方向发展,特别是在反对外来干涉势力过程中激发起了意大利民族主义意识的觉醒。自 19 世纪起,意大利人民为实现民族独立和国家统一,进行了长期不懈的斗争。

19 世纪中期以后,撒丁王国成为意大利统一的领导者和组织者。撒丁国王维克托·伊曼纽尔二世(Vittorio Emanuele II,1820—1878)是一位强有力的君主,将王国的未来命运同意大利的自由和统一事业紧密地联系在一起。1852 年,国王任命资产阶级贵族加富尔为首相。加富尔(Cavour,1810—1861)出生于贵族家庭,自幼受到良好的教育,游历过英、法,倾心君主立宪制度,参加过 1848 年革命。他力主意大利统一,并希望撒丁王国能强大起来,成为意大利统一运动的领导者。加富尔就任首相后,采取了一系列鼓励工商业发展的措施,使撒丁王国成为意大利半岛上最发达的国家。

加富尔

　　打破奥地利在意大利的统治是意大利独立和统一的关键。1858 年 7 月,加富尔与拿破仑三世会晤,双方协议:组成同盟对奥地利发动战争;战争结束后,意大利收回奥地利长期占领的伦巴底、威尼斯;撒丁王国将自己的萨瓦(Sava)和尼斯(Nice)两省割让给法国。加富尔以割让领土的办法换取法国对反奥战争的支持。1859 年 4 月,反奥战争爆发。除法国和撒丁王国的正规军之外,爱国志士加里波第(Garibaldi,1807—1882)也组织志愿军参战。6 月,奥地利军队被赶出伦巴底。反奥战争激发了意大利北部、中部的革命运动。起义各邦要求与撒丁王国合并,因担心法国反对,加富尔拒绝了合并要求。但就在革命蓬勃发展的时候,拿破仑三世背叛协议,1859 年 7 月与奥地利单独谈判。奥地利将伦巴底交由法国,再由法国转交给意大利;威尼斯仍归奥地利;恢复意大利中部各邦的君主统治。加富尔迫于形势,勉强接受。但中部意大利各邦坚决抵制君主政权的恢复,1860 年 3 月举行公民投票,正式决定与撒丁王国合并。

　　1860 年 4 月,西西里岛首府巴勒摩(Palermo)爆发人民起义,反对西班牙的统治。5 月 6 日加里波第率领 1000 余人从热那亚(Genova)远征西西里岛,5 月 11 日

加里波第

在西西里岛登陆，5 月 27 日攻占巴勒摩，随后解放了全岛。8 月，加里波第率领 1 万多人的队伍，渡过墨西拿（Messina）海峡，向那不勒斯进军。9 月，进入那不勒斯城，推翻了西班牙统治，建立了临时政府，加里波第被拥戴为西西里国家元首。

加富尔为将意大利统一的主动权控制在手中，并防止加里波第势力的扩展，1860 年 9 月 11 日急忙调动 4 万大军进军罗马教皇国，随后进入那不勒斯境内。加富尔提议在南部意大利举行公民投票，表决把西西里并入撒丁王国的问题。民主派反对这一主张，建议在意大利南部建立共和国。但加里波第担心这会使意大利发生新的南北内战，他认为意大利人首先应该把屋子里的外人赶走，然后再安排房间里的秩序，随即同意公民投票。10 月 21 日根据投票结果，西西里正式并入撒丁王国。

1861 年 3 月，意大利王国宣告成立，撒丁王国维克托·伊曼纽尔二世成为意大利国王。意大利王国的实权掌握在自由派贵族和大资产阶级手中，实行了一些资产阶级改革，把原撒丁王国的资本主义立法扩大到整个意大利王国。

1866 年 6 月，普奥战争爆发，意大利同普鲁士签订协议并参加对奥战争。战争结束后，意大利收回了威尼斯。1870 年 9 月，拿破仑三世在普法战争中被俘，意大利乘法国兵败之际，进军罗马，推翻教皇国政权，教皇避居梵蒂冈城堡。1871 年 7 月，意大利王国首都由都灵迁往罗马。意大利的统一最终完成，从此以一个独立、统一的民族国家出现在世界舞台上。

意大利的统一结束了外部控制和内部分裂的历史，成为意大利历史发展的重要转折点。同时，独立、统一的意大利为资本主义发展创造了良好的条件，为实现现代化打下了坚实基础。但是，意大利的独立和统一是在撒丁王国的领导下，通过

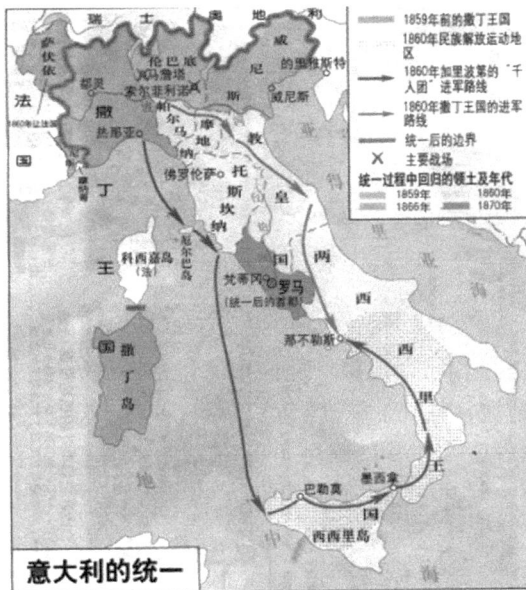

意大利的统一

王朝战争实现的,尽管实行了立宪君主制,但君主的权力过大,议会的权力过小,很多封建主义因素得以保留,影响了意大利政治民主化的发展。这不仅影响了意大利现代化的持续发展,也为后来引发战争、危害世界人民埋下了祸害的种子。

# 第九章　西方文明的全球扩张

自地理大发现时代以来,西方文明的发展不再局限于欧洲,而是不断向全球各地扩张。这种扩张是随着西方国家对外的殖民侵略而展开的。从 15、16 世纪葡萄牙和西班牙的早期殖民活动,到 17、18 世纪荷兰、法国和美国的殖民竞争,再到 19世纪末 20 世纪初西方资本主义国家主导的世界体系的形成,西方文明走出欧洲,向五大洲全面扩张,建立起了对其他文明的优势和统治。20 世纪 90 年代以来,随着经济全球化的发展,西方文明在政治、经济、文化上的优势依然在延续和强化。

## 一、西方国家的早期殖民扩张

地理大发现以后,随着新航路的开辟和美洲大陆的发现,西欧国家开始掀起了海外殖民扩张和争夺殖民地的狂潮。新航路的开辟使原本相对孤立的世界各地区建立起了全球性的联系,也为西欧新兴的资本主义国家提供了对外殖民扩张的空间,使这些国家殖民者的足迹遍及美洲、非洲和亚洲。虽然不同国家殖民主义政策各有特点,但总体上都是以船舰开路,强行展开不平等贸易,变更多的殖民地半殖民地为自己的商品销售市场和廉价原料供应地,使之作为其经济附庸纳入世界资本主义体系。西欧资本主义国家为了争夺殖民地和海上霸权,还进行了长期的殖民战争和商业战争。带有资本主义性质的殖民活动,成为资本原始积累的重要手段之一。

首先开辟新航路的葡萄牙和发现美洲新大陆的西班牙,率先开始建立殖民帝国。其中葡萄牙是西方国家中最早建立的殖民帝国,早在 1415 年就开始向非洲西海岸扩张。1488 年,葡萄牙航海家迪亚士(Bartolomeu Dias,1451—1500)发现好望角,为葡萄牙开辟通往东方的新航线奠定了基础。此后,葡萄牙的势力迅速向印度洋地区扩张,东非海岸的莫桑比克、蒙巴萨等地先后落入其手中。1509 年,葡萄牙击败了奥斯曼土耳其帝国,成为印度洋上的霸主。1510 年,葡萄牙占领了印度的果阿(Goa),定为东方殖民地的首府,派总督统治。1511 年,葡萄牙又攻下马六甲,进而在东南亚的苏门答腊、爪哇、加里曼丹、苏拉威西和摩鹿加等地建立了许多商站和殖民据点。一时间,印度洋成了葡萄牙的势力范围。1553 年,他们又通过对明朝官员行贿的手段,占据了中国澳门。葡萄牙人还积极开展在美洲的扩张,于1500 年登陆巴西的塞古罗港(Porto Seguro),在巴西建立了殖民地。

西班牙建立的全球性殖民帝国是世界历史上最大的帝国之一,鼎盛时期其面积达到近 2000 万平方公里。从 1492 年哥伦布登陆美洲开始的三个世纪里,西班牙在美洲大陆和加勒比海地区就不断地进行着征服和殖民。西班牙征服者先后摧毁了阿兹特克(Aztec)、印加(Inca)和玛雅(Maya)三大印第安文明,并对南北美洲大片领土宣称拥有。1519 年,西班牙人建立了哈瓦那城,并控制了加勒比海最大的岛屿——古巴岛。同年,登陆墨西哥并建立韦拉克鲁斯(Veracruz)。此后西班牙殖民者荷南·科尔蒂斯(Hernán Cortés,1485—1547)带兵深入内陆,于 1521 年征服了强大的阿兹特克帝国,将墨西哥纳入西班牙帝国版图。同是在 1519 年,西班牙人在中美洲巴拿马地峡南岸建立巴拿马城,并开始侵入了南美太平洋沿岸地区,积极在南美大陆建立殖民地,在 1530 年代建立新格拉纳达(即今哥伦比亚),在 1536 年建立布宜诺斯艾利斯(今阿根廷首都)。1533 年,佛朗西斯科·皮萨罗(Francisco Pizarro,1475—1541)征服秘鲁一带的印加帝国,两年后西班牙人在秘鲁建立利马城,并以此作为逐步控制南美其他地区的基地。1534 至 1535 年,西班牙北上探索了北美西岸地区,将之命名为加利福尼亚,并开始逐步深入北美内陆。到 16 世纪中叶,西班牙已占领了除巴西以外的中南美洲大陆,以及加勒比海上的古巴、牙买加、圣多明哥、波罗黎各等西印度群岛大部分岛屿。此外,它还在亚洲侵略和占领了菲律宾群岛。

葡萄牙和西班牙是西方国家殖民扩张的先驱,两大殖民帝国在 16 世纪如日中天。但葡萄牙和西班牙当时都是封建国家,资本主义经济并不发达。它们致力于从殖民地掠夺财富。16 世纪末,世界贵金属开采量的近 83% 被西班牙占有。葡萄牙在 16 世纪仅从非洲东海岸就掠得黄金 27.6 万公斤,还有难以数计的象牙。此外,两国还通过贩卖黑人奴隶获得暴利。然而,这些巨额的财富在这两个封建国家里并未能有效转化为资本。宫廷和贵族的穷奢极欲,庞大的官僚机构和不断的对外战争,大量消耗着这些殖民财富。另外,还有很大一部分用来购买外国输入的奢侈品,从而使这些钱财转入了其他国家商人的腰包。这种情况使得两国的殖民优势难以持久,最终衰落下来。

16 世纪末和 17 世纪初,英国、荷兰和法国也走上了殖民扩张的舞台,并与葡、西两国展开竞争。这些国家内部资本主义发展的程度比较高,国势强盛,都在推行资本主义重商政策。它们的殖民活动具有更加典型的资本主义性质,一开始是直接由资产阶级的海外贸易公司进行的,而不是由政府出面。这三个国家在争夺殖民地的过程中争端不断,最终英国战胜荷兰和法国,成为新的殖民霸主。

1588 年,英国打败西班牙的"无敌舰队",开始建立海上霸权并向海外积极扩张。1600 年,英国东印度公司成立,之后十余年时间便在印度洋一系列岛屿、印度、印度尼西亚和日本等地建起了 20 多个商站,其中最重要的是在印度的孟买、加尔各答和马德拉斯(Madras)的商站。到 18 世纪,该公司已控制了印度的大片土地。英国还在北美展开殖民,1607 年在弗吉尼亚的詹姆斯敦建立第一块永久的海外殖民地。此后,英国占领或夺得了美洲的巴巴多斯、魁北克、牙买加、弗吉尼亚、卡罗来纳、康涅狄格、缅因、马萨诸塞湾、纽芬兰、新罕布什尔、新泽西、罗德岛、纽约(从荷兰手中夺来的新阿姆斯特丹)、宾夕法尼亚等,主要集中在北美大西洋沿岸、加拿大部分地区以及加勒比海西印度群岛。其中在北美大西洋沿岸的殖民地,到 18 世纪上半期已连成一体,共 13 个。大英帝国成为全球首屈一指的殖民帝国。

荷兰的殖民扩张于 16 世纪末展开。1596 年,荷兰人霍特曼(Houtman,1540—1599)率领的一支荷兰船队到达东南亚爪哇岛的万丹(Banten)。1602 年,荷兰东印度公司成立。该公司从葡萄牙人手中夺取了非洲的好望角殖民地、亚洲的锡兰(今斯里兰卡)、印度的马拉巴海岸和科罗曼德海岸以及马六甲,进而又夺得了马来群岛的爪哇、苏门答腊、婆罗洲部分地区、摩鹿加群岛和西里伯斯,葡萄牙在印度洋的占有地几乎全部转入荷兰人手中。荷兰东印度公司从政府那里得到了从好望角到麦哲伦海峡之间广阔地区的贸易垄断权。1619 年,荷兰攻占爪哇岛上的雅加达,命名为巴达维亚,作为荷兰东印度公司在东方的总部。约在 1640 年左右,荷兰东印度公司又在日本长崎建立贸易据点,垄断了西方与日本的贸易。在西半球,荷兰于 1621 年成立了西印度公司。其后两年,该公司在北美洲哈德逊河口殖民,建立了新阿姆斯特丹(今纽约),在南美洲占领了圭亚那。荷兰一度成为垄断海上贸易的霸主,取代了原来占据此地位的葡萄牙人与西班牙人。但之后与英国展开了长期的竞争,进行了三次英荷战争,最终失去其优势地位。

17 世纪初,法国也开始了殖民扩张的历程。1605 年,法国在北美新斯科舍(Nova Scotia)建立了永久定居点,揭开了对外殖民的序幕。数年后,建立起魁北克城,这一地区成为了一个以皮毛贸易为主的殖民地,称为新法兰西(又称加拿大)。其后,法国更把其势力扩展至圣劳伦斯河河谷一带。在短短几十年中,法国的殖民地已遍布美洲,包括北美洲的加拿大、阿卡地(Acadie)、密西西比河流域和路易斯安那,南美洲的圭亚那部分地区和加勒比海上的安德列斯群岛等。法国的殖民地扩张不只在新大陆进行,同时也在其他地方发展。1624 年,法国在西非的塞内加尔建立第一个贸易站。获得王室授予垄断权的东印度公司、北方公司、中东公司等到处开辟殖民地,发展殖民贸易。非洲的波旁岛、马达加斯加,印度的本地治里、金德纳格尔等地陆续成为法国的殖民地。但法国更大的野心在于欧陆霸权,对发展殖民地的兴趣有限,殖民扩张落后于英国。18 世纪,法国同英国之间爆发了一系列冲突,法国在竞争中失败,被迫割让了在印度的殖民地,并失去了新大陆的大部分殖民地。

随着西方列强的殖民扩张和贸易、传教等活动,不同文明之间的交流逐渐频繁。商品、人员等实现了世界范围的流动,全球贸易网络初步形成。新航路的开辟大大提升了海路在世界贸易中的重要性,传统的印度洋贸易与新兴的大西洋贸易、太平洋贸易齐头并进,使地区间经济联系大大扩展,出现了全球性的经济关系。国际商贸的商品组成也发生了质的变化:1500 年以前,主要的跨区域贸易首推欧亚贸易,货物主要是奢侈品,如香料、丝绸、宝石、香水等;到近代早期结束之时,这种数量非常有限的奢侈品贸易已让位于大宗的生活必需品贸易。

特别是大西洋贸易,连接了欧洲、美洲和非洲。新航路开辟之初的贸易主要是葡萄牙和西班牙两国从美洲运回黄金、白银以及可可、烟草、皮革等特产,同时从非洲运送黑奴到美洲和加勒比海地区。17 世纪“三角贸易”兴起,并成为大西洋贸易圈中的典型模式。在此模式中,欧洲出口武器、甜酒、纺织品和金属用具,进口美洲的物产以及非洲的黄金和象牙;美洲出口蔗糖、咖啡、棉花、染料、烟草、毛皮以及黄金、白银,输入武器、金属用具、呢绒制品以及黑奴;非洲进口欧洲的武器、金属用具和甜酒,输出黑奴、黄金和象牙。英国、荷兰和法国这些大西洋贸易的后起之秀在其中扮演了重要的角色。

全球经济关系的形成推动了国际劳动分工的出现和发展。在殖民贸易中,美洲生产原料,非洲提供奴隶劳动力,亚洲提供奢侈品和一些日常用品,而西欧出口手工艺制品。这种劳动分工是以残酷的剥削为代价的。巴西、西印度群岛及英属北美殖民地南部的种植园经济为世界市场提供大宗原料,但是这些原料的生产是建立在黑人奴隶制上的。西欧是世界贸易的主要受益者,从贸易中获取了巨额的利润。西欧的商人组织和指挥着这些全球性的贸易,而他们背后的国家给予支持。全球贸易为资本的原始积累提供了途径,不断扩大的海外市场对于欧洲制造品的需求持续增长,推动了欧洲的生产技术革新,使西欧率先开始工业化的历程。

在西欧各国海外殖民扩张的过程中,殖民者摧毁了许多殖民地原有的文明,将西方文明拓展到世界各地,打破了原有的相对平衡的多元文明格局。葡萄牙、西班牙、英国、荷兰和法国等西欧殖民主义者,连他们的西方基督教文化一齐涌向其他地区。对于欧洲国家来说,殖民活动使他们得到了财富,推进了资本主义经济发展;但对于被殖民国家来说,这是一场前所未有的灾难。美洲的阿兹特克文明、印加文明和玛雅文明被毁灭,印第安人的部落遭到严重的种族灭绝,剩余的人口被同化或被限制在保留地内。亚洲和非洲的儒家文明、佛教文明、印度教文明和伊斯兰教文明等,虽然没有被毁灭,但也受到了西方文明的严重冲击。从早期殖民扩张开始,西方文明的全球扩张一直持续展开,使整个世界都受到欧洲文明的影响。

# 二、西方主导的世界体系的形成

18世纪60年代从英国开始的工业革命,加强了资本主义对外扩张和掠夺的能力,使西方先进国家在技术推动下进一步向全球扩张。工业革命前,资本主义扩张建立在船坚炮利以及商业资本扩张的基础之上;工业革命后,其扩张则建立在占据工业发展优势的基础之上。同时,工业革命使世界资本主义的力量得到极大的加强,改变了它与封建势力的力量对比。随着一批大国跨入资本主义时代,西方资产阶级国家对全世界的征服活动也加强了。资本主义国家除了通过出口商品、输出资本等相对和平的方式扩张势力之外,也不惜动用武力瓜分殖民利益。它们在对外征服扩张的过程中,既给各殖民地、半殖民地人民带来了巨大的灾难,又将资本主义的因素和西方文明带到了这些地区,使全世界都被卷入了资本主义的浪潮。

19世纪60年代后期开始的第二次工业革命的浪潮,使主要资本主义国家的生产和资本走向高度集中,由自由资本主义进入垄断资本主义(帝国主义)阶段。在自由资本主义阶段,自由竞争占统治地位,西方国家的殖民剥削以商品输出为主;在帝国主义阶段,垄断占统治地位,西方国家的殖民剥削转变为以资本输出为主。资本输出即资本主义国家为获得高额利润,用过剩资本向其他国家投资或贷款。垄断利润带来了大量"过剩资本",由于世界市场发展显示出的吸引力,垄断资产阶级为了追逐垄断性高额利润,把过剩资本输出国外,殖民地、半殖民地成为他们理想的投资场所。

资本输出的基本形式可分为两种:借贷资本输出和生产资本输出。借贷资本输出是通过对殖民地、半殖民地提供贷款等方式所进行的间接投资,是一种非生产性高利贷性质的资本输出。生产资本输出是在国外直接兴办各类企业,从事生产经营活动的直接投资。这些直接投资,利用殖民地工资低、原料价格低、地价便宜等条件,榨取剩余价值并垄断自然资源和原料,通过这种方式,实现对殖民地、半殖民地经济命脉和内政外交的控制,强化对其统治和剥削。

在帝国主义各大国中,英国是资本输出最发达的国家。从1882到1913年,英国在国外的资本输出从不到1.5亿英镑增加到40亿英镑,大约增加了27倍。例如英国对印度的资本输出,包括修建铁路、建筑水利工程以及开办工厂、企业和公司等多种形式。法国紧随其后,1869—1914年,在国外的资本输出从100亿法郎增加到600亿法郎,增加了5倍。德国的资本输出虽然开始较晚,但也发展极快。到1914年第一次世界大战前,英国、法国和德国等主要帝国主义国家的全部对外投资已增加到440亿~480亿美元。

西方帝国主义国家的资本输出,使殖民地、半殖民地的经济走上了畸形发展的道路。帝国主义国家向殖民地和半殖民地进行资本输出,其目的是掠夺财富,榨取高额利润。这种新的殖民剥削手段,对殖民地、半殖民地的社会经济有很大的破坏作用。为了掠夺的需要,它们强制这些地区发展某些有利可图的经济部门,结果造成了这些地区在一定程度上形成了经济单一化的特点,同时也使这些地区形成了对整个资本主义世界体系的经济上的依赖性,成为了西方工业强国的农业和原料附庸。例如古巴专门种植甘蔗,巴西大量种植咖啡,委内瑞拉片面发展石油,玻利维亚以开采锡矿为主,科特迪瓦主要生产可可和咖啡,乍得主要种植棉花,加蓬主要出口木材,马来西亚主要生产橡胶,印度尼西亚种植各种经济作物和开采石油等,都是典型的表现。不过资本输出在客观上也推动了殖民地、半殖民地资本主义经济的发展,特别是民族资本主义的诞生和成长。

随着帝国主义列强资本输出的加强,世界上几乎所有国家和地区都进一步地被卷入资本主义世界市场之中。资本主义各国越来越要求独占更多的投资场所、商品市场和原料产地。它们争前恐后建立自己的帝国,积极参与对世界领土的瓜分。从 19 世纪 70 年代起,西方帝国主义列强掀起了争夺殖民地和瓜分世界的狂潮,其对象主要是非洲和亚洲。英国和法国在这一轮新的殖民扩张浪潮中表现最为突出,德国、意大利、美国和日本等新兴资本主义国家也走上殖民扩张道路,积极参与了对世界的瓜分。

19 世纪后期,英国继续积极向海外进行殖民扩张。英国靠着其重炮和商品打开了其他民族国家闭关锁国的大门,在亚洲、非洲、北美洲和大洋洲占领大量的殖民地。1880 年,英国海外殖民地达 1944.3 万平方公里,相当于本土面积的 82 倍,早已经成为世界最大的殖民帝国,被称为“日不落帝国”。但英国并未满足,继续对外扩张。例如在非洲,英国于 1882 年军事占领埃及,1896—1898 年武装征服苏丹,1899 年实现对南非的全面占领等。到 19 世纪末 20 世纪初,从埃及开始一路向南,经苏丹、肯尼亚、坦桑尼亚、赞比亚、津巴布韦,纵贯非洲大陆直到最南端的南非,均是英国殖民地。在一战结束后的 1921 年,大英帝国达到其领土扩张的顶峰,覆盖地球上 25% 的土地和 25% 的人口,领土面积高达 3400 万平方公里,成为世界历史上面积最大、跨度最广的国家。

法国作为仅次大英帝国的第二大殖民帝国,也继续展开殖民扩张。法兰西第三共和国时期,法国殖民帝国迅速扩大。在北非,法国以早已成为其殖民地的阿尔及利亚为基础,向东把突尼斯、利比亚纳入势力范围,后来又将摩洛哥变为自己的保护国。在中非和西非,法国逐渐把毛里塔尼亚、塞内加尔、几内亚、马里、科特迪瓦、贝宁、尼日尔、乍得、中非及刚果等地纳入自己的控制下。在东非,法国占据了吉布提一带的东非海岸。在东南亚,法国将越南、柬埔寨及老挝变成其殖民地,建立起法属印度支那,更向中国租借广州湾。同时,法国还在南太平洋建立起殖民地,包括新喀里多尼亚和法属波利尼西亚群岛等。在第一次世界大战后,法国的殖民版图达到颠峰,高达 1234.7 万平方公里,面积约占世界陆地面积的 1/10。

　　德国由于在 1871 年才完成统一，海外殖民扩张落后于英、法等老牌资本主义列强。但德国统一后，很快走上了积极对外扩张的道路。1884 年，德国在大洋洲建立了德属新几内亚殖民地，开始了构建殖民帝国的步伐。德国的殖民扩张进展迅速，到 19 世纪末 20 世纪初，已建成了全球性的殖民帝国：在大洋洲将密克罗尼西亚群岛、马里亚纳群岛、加罗林群岛和萨摩亚等纳入其殖民地范围；在东非吞并了坦噶尼喀、卢旺达和布隆迪等；在西非占领了喀麦隆和多哥；在非洲南部，控制了德属西南非洲（今纳米比亚）和博茨瓦纳；在中国，强占了胶州湾，并将山东纳入其势力范围。其中在对西南非洲的征服过程中，由于当地的赫雷罗人（Herero）和纳马人（Nama）顽强抵抗，德国殖民政府对其展开种族灭绝行动，导致近 10 万人（80% 的赫雷罗人和 50% 的纳马人）死于集中营内。

　　意大利和德国一样，到 19 世纪后期才完成统一，对外殖民活动开始得较晚。统一后的意大利，国家实力弱于英、法、德等强国，但其殖民扩张同样十分积极。意大利的殖民活动主要集中于东非和北非。1889 年，意大利在东非的厄立特里亚建立了殖民地。1889 年至 1890 年间，意大利又在东非的索马里兰（今索马里）建立了殖民地。1911 年，意大利与奥斯曼土耳其发生战争，土耳其战败，双方签订了《洛桑条约》，这一条约使意大利得到了北非的昔兰尼加和的黎波里等领土，并与法国协议，共同分割了北非海岸。此外，东非的埃塞俄比亚（当时名为阿比西尼亚 Abyssinia）是意大利殖民扩张的重要目标。1895 年至 1896 年间，意大利发动了第一次意大利-埃塞俄比亚战争，但以失败告终，占领埃塞俄比亚的目标未能实现。直到墨索里尼执政后，意大利于 1935 年至 1936 年间又发动了第二次意大利-埃塞俄比亚战争，最终占领了埃塞俄比亚。

　　美国在 19 世纪后期也展开了殖民扩张活动。1893 年，美国海军陆战队登陆夏威夷，支援当地的美国人发动政变，逼迫夏威夷女王退位，推翻了夏威夷王国。美国从此控制了夏威夷群岛，并于 1898 年将其正式吞并。1898 年，美国对西班牙发动了战争，史称美西战争。西班牙战败，美国夺取了原西班牙殖民地古巴、波多黎各、菲律宾和关岛。1899 年，美国进一步向太平洋扩张，同德国达成协议，瓜分了萨摩亚群岛。同年，又正式将威克岛占为己有。美国对外扩张的步伐一直延续到二战以后，最终取代英国成为全球性霸权国家。

　　日本通过明治维新效仿西方，进入资本主义国家行列，国家实力迅速崛起，很快走上对外扩张的道路。1879 年，日本吞并了琉球，迈出了对外扩张的第一步。1895 年在中日甲午战争中打败了中国，迫使中国割让了台湾和澎湖列岛，并控制了朝鲜半岛。1904 年又在日俄战争中打败了俄国，成为具有世界影响的海上强国。1910 年，日本迫使朝鲜政府签订《日韩合并条约》。条约的签署标志着日本正式吞并朝鲜，朝鲜从此沦为日本的殖民地。

　　到 19 世纪末 20 世纪初，整个世界已基本被帝国主义列强瓜分完毕，全球各地都被纳入帝国主义的殖民体系之中。亚洲的绝大多数地区已经沦为殖民地或半殖民地,非洲的绝大部分称为殖民地或保护国,宣布独立的拉丁美洲国家实际也成为依附于欧美国家的半殖民地。西方主导的全球范围的资本主义世界体系基本形成。

1900 年时,非洲 90.4% 的领土,亚洲 56.6% 的领土,美洲 27.2% 的领土,以及大洋洲的全部,都沦为帝国主义的殖民地。整个非洲大陆只剩下利比里亚和埃塞俄比亚两个独立国家。在面积达 4351 多万平方公里的亚洲地区,至少有 2434 多万平方公里的土地处在欧洲统治之下。其中约 1683 万平方公里的土地由俄国统治,约 518 万平方公里的土地归英国统治,152 万平方公里的土地被荷兰统治,64 万平方公里的土地由法国统治,美国、德国也各自侵占了殖民地。

除这些殖民地之外,世界的其余部分则由那些名义上独立、实际上已经半殖民化的国家组成。如拉丁美洲各国和亚洲的中国、伊朗、土耳其、泰国等,都被纳入帝国主义的势力范围,不同程度地沦为半殖民地和附庸国。这些国家都由西方帝国主义列强的经济和军事势力控制;它们之所以能保持名义上的政治独立,仅仅是因为西方列强对其瓜分事宜不能达成一致意见。

随着全球殖民地被瓜分完毕,西方主导的资本主义世界体系最终形成了。世界越来越紧密地联成一个整体,世界经济第一次真正具有了全球性的特征,各国在政治经济意义上也有了相当程度的相互依赖。同时,也形成了人类历史上少数资本主义国家奴役和控制世界上多数国家和地区的不合理的状态,整个世界分成了少数压迫民族和大多数被压迫民族。在这个世界体系中,世界经济体分成了核心区、边缘区和半边缘区三个部分,现代工业文明之下的西方国家处于体系的核心区,其他国家则被迫接受不平等的国际分工,在外来的现代生产力的冲击下呈现低度发展和边缘性发展。殖民地、半殖民地的民族资本主义始终受到本国封建势力和外国帝国主义的阻碍和限制,因而发展是缓慢和畸形的。同时,西方的霸权不仅在政治、经济领域表现得很明显,而且在文化领域也表现得很明显。西方文明以强势文化的姿态在世界扩张,与其他文明产生碰撞与交锋,并使一些文明消失在人类历史的进程中。

列强扩张与争夺的加剧,也使得西方主导的资本主义世界体系中孕育着新的更大的冲突。19 世纪后期,资本主义国家的发展不平衡,列强间力量对比出现变化,德国、美国、日本等国迅速崛起,实力不断增强。这与当时它们对殖民地和势力范围占有的状况是极不对称的。1900 年,当世界已被列强瓜分完毕时,最大的殖民帝国——英国——所占殖民地面积为 3271 万平方公里,是德国的十倍多;法国占有 1098 万平方公里;甚至连荷兰、比利时、葡萄牙这些西方资本主义国家中的小国,也占有了共计 674 万平方公里的殖民地,远远超过了德国、美国和日本三国殖民地的总和。后起的帝国主义强国不能容忍这种状况,在世界没有被瓜分完毕的时候,它们之间的矛盾和争夺往往通过宰割和分配新的"自由"土地而暂时得到缓和。但是,当世界已被瓜分完毕时,必然要出现重新瓜分世界领土的斗争。1898年的美西战争、1899—1902 年的英布战争、1904—1905 年的日俄战争,就是最早的重新瓜分殖民地的三次帝国主义战争。但这些战争毕竟只带有局部争霸的性质,并不能根本改变帝国主义列强因发展不平衡而带来的各种矛盾。重新瓜分世界的角逐不断加剧,最终导致了第一次世界大战的爆发。

# 三、全球化时代西方文明的扩张

20 世纪 90 年来以来,经济全球化加速发展,成为世界经济和国际关系发展的基本趋势之一。经济全球化使经济活动超越国界的限制,商品、资本、技术和服务在世界范围内跨国界的自由流动不断增强,各国之间相互联系、相互依赖的程度日益加深,越来越成为牵一发而动全身的有机整体。所有国家、地区和国家集团的所有经济部门和经济环节都成为这个整体不可分割的组成部分。

经济全球化的源头可以追溯到早期殖民扩张时代,它是资本主义经济发展带来的必然结果。正如马克思和恩格斯所指出的:"资产阶级,由于开拓了世界市场,使一切国家的生产和消费都成为了世界性的了……过去那种地方的和民族的自给自足和闭关自守状态,被各民族的各方面的互相往来和各方面的互相依赖所代替了。物质的生产是如此,精神的生产也是如此。"近现代以来,经济生活国际化的进程不断加快。

二战后,特别是 20 世纪 80 年代,各国的经济已经相互渗透、相互依存,趋于一体。数以万计的跨国公司编织成全球性的网络,各国经济都成了世界经济整体的组成部分;新科技革命更是提供了基本手段和物质条件;日益严重的全球性问题客观上要求加强全球范围的合作。经济全球化的雏形已经显露,作为反映这一客观现实的"全球化"一词,也不断见诸西方的报端。

进入 90 年代之后,这一词汇被更为频繁地使用。90 年代初两极格局的终结,为经济全球化在当代的加速发展创造了政治基础,导致了真正意义上的统一的世界市场的形成。而信息技术的日新月异、市场经济体制的迅速扩展和全球公共问题的陆续涌现,更使经济全球化进程成为无法阻挡的历史潮流。时任联合国秘书长加利在 1992 年的联合国日(10 月 24 日)宣布:真正的全球化的时代已经到来。

经济全球化是一个复杂、多层面的事物,它不仅仅意味着全球市场的出现,还体现在生产、金融、企业形式和行业组织等各个方面。其中最显著的变化是在全球化进程中国际贸易的空前发展。20 世纪 90 年代,世界各国的国际合作意识明显增强,积极开展广泛的国际交流与合作,国际贸易增长率大大高于世界经济增长率。1990 年至 1995 年,世界各国国内生产总值(GDP)年均增长率为 1%,而同时期世界贸易出口量年均增长率却达到6%。从国际贸易的领域来看,除了传统的商品贸易外,新兴的服务贸易发展势头强劲。国际旅游服务、运输服务、金融服务等都有较快发展,而发展最快的是国际电信服务。1996年,国际电信服务收入达到6700亿美元。1990年至1995年,全球移动电话拥有量以年均50%以上的高速度增长。1995年年底,移动通信入网者约1亿户,1998年8月已达2亿户。电子邮件和电子商务也迅猛发展,整个世界通过互联网联系在一起。1998年,全世界商品出口总额为54148亿美元,比1950年增加了100多倍。同一时期,世界服务贸易额也迅速增加到13263亿美元。1998年,世界商品贸易和服务贸易占全年世界国内生产总值总额的23.4%,这意味着当年有1/4的国内生产总值是通过国际贸易实现的。

同时,国际劳动分工也更加趋于专业化。传统的国际劳动分工是一种垂直分工,各国之间按照不同产业进行分工:西方发达国家从事高利润的资本与技术密集型产品的生产,发展中国家进行低利润的农矿产品、原材料或劳动力密集型产品的生产。随着经济全球化进程的推进,出现了水平型的国际分工,即某一产品的不同型号、不同零部件,乃至生产流程中的不同工艺环节在全球范围内进行分解,由不同国家的生产者分工合作。这是一种较高层次的专业化生产形式,必须以资本、技术、劳动、管理等生产要素的跨国流动为前提,还需要有效地跨国界组织生产。例如美国福特公司的莱曼汽车,由德国设计,澳大利亚制造发动机,美国、加拿大合作生产变压器,日本生产车身薄板,新加坡提供无线电设备,韩国提供电器设备和轮胎……一部整车从设计到装配涉及七八个国家。经济全球化使世界各国的经济资源得以在全球范围内有效配置,发达国家的资金、技术、管理经验和发展中国家的资源、廉价劳动力、广阔市场能够实现优化组合,促进世界经济的发展与各国经济效益的提高。

不可忽视的是,经济全球化的迅速推进,实际上强化了现存的有利于西方发达经济体的国际政治经济秩序,在一定程度上有利于西方国家主导的世界体系的延续。在旧的国际专业化分工和不平等交换机制的基础上,世界体系的"中心"地区与"外围"地区之间在事实上形成了一种严重不对称的"相互依赖"态势,甚至可以说是一种不平等依附关系。在经济全球化进程中,发达国家处于主导地位,掌握了世界最先进的生产力、大量的资本和高新科学技术,在全球分工体系中占据优势地位,是经济全球化的最大受益者。而对于发展中国家来说,经济全球化是一把双刃剑。一方面,发展中国家有机会吸收更多的外资、技术和管理经验,进行经济调整与改革,从而提高制造业和工业的国际竞争力;另一方面,经济全球化加剧了发展中国家的竞争压力和经济风险。发展中国家想改变在国际分工中的不利地位、扭转在全球市场竞争中的被动弱势地位的努力,往往被占据经济、科技、军事、文化优势的西方发达国家的强大竞争实力和先进竞争战略击得节节败退,国际经济分工的垂直性特征难以改变。发展中国家处于相对弱势的地位,在与发达国家的竞争中处于不利地位。

在冷战结束以来的全球化时代,美国成为西方文明全球扩张的主力。美国凭借其国家综合实力的绝对优势,建立起了全球范围的霸权。随着冷战的结束,原有的美国和苏联两个超级大国争霸的局面不复存在,美国成为唯一的超级大国。美国一国的实力,远远超乎其他国家之上。在军事实力上,美军的军队规模一直位于世界前列,其军事花费约占全世界总军费开销的47%,并拥有全世界最大的核武器库和最精良的武器装备。军费投入是一个国家军事力量发展的基础,美国军费的遥遥领先从一个侧面反映了其军事实力的显著优势。同时,根据五角大楼发布的《2013财年美国海外基地结构报告》,美国在全球范围内还拥有军事基地共计598个,分布在全球40多个国家,海外驻军总数高达40万。此外,美国在全球范围内广泛建立了其主导下的军事联盟体系,盟国约60个左右,遍布全球五大洲。

在经济实力上,美国经济规模长期居世界首位,相对于其他国家也具有巨大的领先优势。根据国际货币基金组织(IMF)公布的数据,2014年国内生产总值(GDP)排名前10位的国家分别为:美国,17.418万亿美元;中国,10.380万亿美元;日本,4.616万亿美元;德国,3.859万亿美元;英国,2.945万亿美元;法国,2.846万亿美元;巴西,2.353万亿美元;意大利,2.147万亿美元;印度,2.049万亿美元;俄罗斯,1.857万亿美元。美国一国的GDP比排在第二位的中国和排在第三位的日本两个国家GDP的总和还要高出约2.4万亿,它相当于德国的4.5倍,英国的5.9倍,法国的6.1倍,巴西的7.4倍,意大利和印度的8倍多,俄罗斯的9倍多。仅占全世界4.4%人口的美国,国内生产总值占到全球总量的四分之一,人均则超过5万美元,高居人口5000万(含)以上国家首位。

美国凭借其军事和经济实力的极大优势,致力于在全球范围内构建和护持其霸权,谋求干涉他国内政外交,主导国际事务,构建统治地位。失去有效制约的单极霸权使美国在国际事务上横行无忌,长期奉行强权政治,动辄使用军事力量,多次肆无忌惮地发动对外战争或对外军事行动。例如1998年12月,美国联合英国发动"沙漠之狐"行动,以伊拉克未遵守联合国安理会决议为由,对伊拉克发动大规模空袭。1999年3月至6月,以美国为首的北约在"人道主义干预"的名义下发动科索沃战争,对南联盟实施了长达78天的轰炸,中国驻南大使馆亦被炸毁。2001年10月,为报复本·拉登的"基地"组织发动"9·11"事件,以美国为首的多国联军对阿富汗基地组织和塔利班政权发动了阿富汗战争。2003年3月,美国以萨达姆政权拥有大规模杀伤性武器为借口,联合多个国家发动了伊拉克战争,对伊展开军事打击,并推翻了以萨达姆为首的伊拉克复兴社会党政权。此外美国还卷入了2011年爆发的利比亚内战和叙利亚内战。美国扩张性的霸权战略,成为全球化时代国际和平环境面临的重要挑战。

　　在经济全球化背景下,美国的霸权不仅体现在政治、军事和经济领域,其在文化领域的霸权和扩张也成为不可忽视的时代特征。其中最典型的表现是美国文化产品有着巨大的全球影响力。全球化的影响是多方面的,不仅覆盖经济生活领域,也涉及文化生活领域。法国前外长韦德里纳(Védrine)曾指出:"美国今天的霸权地位已经延伸到了经济、货币、军事、生活方式、语言和铺天盖地地涌向全球的大众文化产品等领域。这些文化产品左右着人们的思想,甚至使美国的敌人也为之着迷。"美国流行音乐风靡全球,美国电影和电视则在全球播放。时代华纳、环球影视、派拉蒙和哥伦比亚等实力强大的影视公司,每年会生产数十部投资上亿的大制作,席卷了全球票房。2016年全球票房榜前十名几乎皆为美国大片,票房累计达到88.53亿美元。当前,美国已经掌控了全球75%左右的电视节目,在一些发展中国家,美国电视节目的播出比例高达60%~80%。美国著名学者弗雷德里克·詹姆逊(Fredric Jameson)提出,"对我们许多人而言,这是界定全球化的真正核心:世界文化的标准化;美国的电视,美国的音乐,好莱坞电影,正在取代世界上其他一切东西"。美国文化在客观上形成了"入侵"全球的现象。

　　美国文化在全球的扩张造成了不同民族的文化、生活方式、语言的变化,改变着第三世界人们的思想和价值观。这种状况既是经济全球化客观推动的结果,又与美国推行的文化战略是分不开的。美国在意识形态领域通过各种形式宣扬其政治理念和价值观念,谋求影响发展中国家民众的思维方式、行为方式和生活方式。通过高扬普世价值的旗帜,美国正在以一种潜移默化的方式,全方位地向世界传播其价值观。全球化时代的美国,致力于使以美国文化为中心的西方文化,成为当今世界的主流文化,用西方的价值观支配世界。

　　美国的全球霸权与文化扩张,从一个侧面反映出全球化时代西方文明在全球范围的新一轮扩张。西方文明以其在近现代历史发展中形成的独特地位,不但表现出对世界经济的强大影响力,而且在全球化的过程中越来越表现出其扩张性的倾向。这种扩张不仅是物质层面的,还是精神文化层面的。正如西方学者所描述的,"资本主义卖的不再仅仅是商品和货物。它还卖标识、声音、图像、软件和联系。这不仅仅将房间塞满,而且还统治着想象领域,占据着交流"。经济全球化必然要求建构与全球性生产和全球性分工相联系的各民族共享的文化,经济全球化的进程实际上伴随着文化全球化的进程。在经济全球化背景下,西方文明正借助经济活动和信息技术实现文化上的扩张,向他国输出其生活方式、价值观念和政治制度,试图实现西方文化的全球化。从文化帝国主义角度来看,是西方模式的现代化向全球的扩展。大批边缘、半边缘国家的政治、经济、文化被进一步纳入资本主义世界体系。

　　我们对这种历史现象要有全面和科学的认识。在人类社会历史的发展进程中,经济和文化一直都是密不可分的。文化是一个历史的范畴,是社会经济的反映,每个社会、每个时代都有与其相适应的文化,并随着社会经济的发展而发展。全球化时代,经济的全球化发展使世界不同国家和民族的文化联系空前增强,各文化之间相互交流与融合的机会不断加大。随着经济全球化进程的加快,人类文化的发展也不可避免地会受到深刻的影响,各种文化自然也会呈现出某种全球化的交融趋势。但这种全球文化的交流与融合,不应成为全球文化的同质化,即一些西方学者所提出的用单一的文化取代多样性文化的文化全球化路径。在经济全球化的背景下,单一的西方主流文化的形成,是西方强势文化对世界各地民族文化的入侵,必将以牺牲多元的民族文化为代价,使各地区传统的文化逐步走向衰亡。这种文化全球化路径是不可取的。

真正的文化全球化,应当摒除一切形式的文化霸权和文明隔阂,以一种公正平等的态度对待所有的文明。人类文明的历史,是各个民族多元文化共同发展的历史。几千年来,中国文化、印度文化、阿拉伯文化、非洲文化等各地区的民族文化,与西方文化一道,共同构建了人类历史发展的绚烂历程。正是多元的民族文化的存在和发展,以及不同文化之间的交流和融合,才使人类文明在各个历史时期呈现出色彩缤纷的多样性。在全球化时代,正如习近平总书记所指出的,"要尊重世界文明多样性,以文明交流超越文明隔阂、文明互鉴超越文明冲突、文明共存超越文明优越",建设一个开放包容的人类命运共同体。

# 后　记

　　《西方文明史》第三版在第一、二版的基础上，作了大幅度的内容调整。这次整部教材由三位任课教师李秀珍、刘静、金新以及研究生莫苗苗共同编撰完成，在西安交通大学出版社魏照民编辑的鼎力相助下，得以顺利出版，在此表示诚挚的感谢。

　　全书撰写工作的具体分工如下：

　　李秀珍：前言、绪论、第一章、第二章；

　　刘静：第三章、第四章、第五章；

　　金新：第六章、第八章、第九章；

　　莫苗苗：第七章。

　　全书的统稿、定稿、插图及校对由李秀珍负责完成。

编　者

2018 年 3 月